LA POESÍA ESPAÑOLA
DEL SIGLO XX

LA POESÍA ESPAÑOLA DEL SIGLO XX

Y LA TRADICIÓN LITERARIA

Artículos presentados en el III Simposio celebrado en Birmingham en marzo de 2001 y organizado conjuntamente por el Departamento de Estudios Hispánicos de la Universidad de Birmingham y los Institutos Cervantes de Londres y Leeds y Manchester

ORGANIZADO POR
Trevor J. Dadson
Derek W. Flitter
Universidad de Birmingham

Enrique Wulff
Instituto Cervantes de Londres

Salvador Estébanez
Instituto Cervantes de Leeds y Manchester

EDICIÓN AL CUIDADO DE
Trevor J. Dadson
y Derek W. Flitter

THE UNIVERSITY
OF BIRMINGHAM

UNIVERSITY PRESS

Copyright © University of Birmingham Press 2003

While copyright in the volume as a whole is vested in the University of Birmingham Press, copyright in individual chapters belongs to their respective authors, and no chapter may be reproduced wholly or in part without the express permission in writing of both author and publisher.

First published in the United Kingdom by The University of Birmingham Press, Edgbaston, Birmingham, B15 2TT, UK.

All rights reserved. Except for the quotation of short passages for the purposes of criticism and review, no part of this publication may be reproduced, stored in a retrieval system, or transmitted, in any form or by any means, electronic, mechanical, photocopying, recording or otherwise, without the prior permission of the publisher.

ISBN 1-902459-46-6

British Library Cataloguing in Publication data
A CIP catalogue record for this book is available from the British Library

Printed in Great Britain by Antony Rowe Ltd
Typeset by Book Production Services, London

ÍNDICE DE MATERIAS

	Prólogo *Dominic Keown*	vii
1	Símbolo y tradición en los jardines del alma juanramonianos *Derek W. Flitter*	1
2	Máscaras poéticas y suplementos psicológicos en dos poemas del *Romancero gitano* *Richard Cardwell*	16
3	El conceptismo de Miguel Hernández *Arthur Terry*	33
4	La copla del río: la transformación de una imagen tradicional *Derek Gagen*	45
5	La poesía de José Bergamín y el Siglo de Oro *Nigel Dennis*	56
6	Carlos Barral: complicidad y singularidad del orfebre *Juan Antonio Masoliver Ródenas*	70
7	'Contra Jaime Gil de Biedma' y el 'fatigado tema' del doble *Jordi Larios*	94
8	El diálogo con la tradición en la poesía de Jaime Gil de Biedma *Montserrat Roser i Puig*	111
9	El arte de glosar: las 'mudanzas' de Antonio Carvajal y la tradición barroca andaluza *Trevor J. Dadson*	125
10	Luis Antonio de Villena y un nuevo realismo poético *Chris Perriam*	154
11	La reescritura como rasgo postmoderno en la obra de Luis Alberto de Cuenca *Francisco Javier Letrán*	168
	Indice	182

Prólogo

DOMINIC KEOWN
Fitzwilliam College, Cambridge

'Poetry is the subject of the poem'

No pecaría de exagerado postular que el mundo académico de nuestros días parece seguir perdido en el afán obsesivo de reducir el proceso asimilador de la literatura a una más que fácil aplicación de la visión totalizadora de la particular teoría al uso. Por lo tanto, nos resulta del todo gratificante leer estas ponencias del III Simposio Internacional de Poesía de la Universidad de Birmingham que, en la nitidez de su enfoque y la sencillez de su detallada aproximación al texto, nos proporcionan una valiosa interpretación que en ningún momento se aparta de la observación del artefacto poético.

Evidentemente, el tema monográfico del encuentro –la poesía y la tradición– haría anticipar semejante *prise de position*. La característica más impresionante de esta orientación colectiva, no obstante, será precisamente la decisión por parte de todos los ponentes de ceder el protagonismo al verso sin más, con un ejemplar *close reading of the text* tan evocador del admirable grito de guerra textualista de Wallace Stevens que sirve de título a este proemio.

Este nuevo encuentro con el texto, sin embargo, difícilmente puede considerarse reduccionista. Todo lo contrario. Los ensayos que lo componen atestan más bien un instinto hacia la apertura, facilitando y fomentando la especulación en toda una serie de campos que ultrapasan la inicial consideración estética. Si el arte poético nos ha de remitir inevitablemente al proceso de la creación en verso, será del todo pertinente no ignorar que la meditación lírica no surge de la nada y, por lo tanto, su relevancia –más específica en unos casos, menos en otros– se extiende a todas las esferas de la experiencia humana, desde lo más hondo de la intimidad a lo más explícitamente social, fenómeno que queda perfectamente ilustrado a lo largo de estas páginas.

De hecho, la poesía como expresión de la experiencia vivida en un particular contexto histórico constituye una pieza clave en la larga tradición europea. Desde sus orígenes clásicos hasta nuestros días las exigencias coyunturales han reclamado continuamente la atención. No nos habría de sorprender, por lo tanto, que un individuo tan destacado en la lucha antifranquista como José Bergamín lo evidenciase en su expresión creativa. La contribución de Nigel Dennis nos facilita de esta manera una visión equilibrada de los dos lados de esta ecuación lírica. El ensayo sobre el exiliado luchador nos invita a contemplar el compromiso de su poesía precisamente desde la perspectiva textual de la tradición en su calidad de 'ensimismamiento y enfurecimiento'. La experiencia del exilio, como es natural, implicaría una penosa revisión de la desesperada situación ontológica; y la re-elaboración de los versos de los maestros del Siglo de Oro con toda su apasionada violencia especuladora nos parece del todo coherente. Curiosamente, la saña de estas nuevas 'furias y penas' también tiene su relación con el entorno sociohistórico, viéndose repartida entre los contrincantes políticos del autor en Méjico de una forma más que evocadora de sus inveterados antecesores del renacimiento español.

La aproximación que nos ofrece Masoliver a la amistad literaria del grupo de Barcelona de la posguerra, los denominados poetas de la experiencia, también nos facilita una lectura de su verso que va más allá del mero referente textual. Aparte de poner en evidencia la deficiencia del término 'generación' para calibrar la produccion poética –insuficiencia clasificatoria que tanto ha perjudicado la plena asimilación del verso español desde la nefasta invención del 98– el ensayista nos proporciona una entrañable visión del hedonismo compartido entre dos figuras clave de la recuperación literaria posterior al cataclismo: Jaime Gil de Biedma y Carlos Barral. La estrechez de su relación vital-literaria evoca necesariamente otra anterior entre Garcilaso y Boscán pero, ahora sí, con un contenido estético ligado al contexto histórico en su loable afán de comunicar con el lector a través de la 'superación del monólogo' habitual en la expresión puramente ensimismada, y tan característica del acto creativo de la versión oficial de los primeros decenios de la desdeñable dictadura.

Efectivamente, la grata recuperación de un Gil de Biedma casi olvidado será la tónica de este simposio. La erudición literaria del catalán no requiere comentario y Jordi Larios suministra una fascinante exposición de las raíces literarias decimonónicas –Baudelaire, Poe y Stevenson– de la famosa creación del 'otro' –el doble o *doppelganger*– tan familiar en la obra y 'la muerte' del entrañable burgués. Montserrat Roser, asimismo, vuelve a realzar la gran deuda creativa de Gil respecto de la tradición anglosajona, especialmente del abrazo de la estética *camp* que, con su inspiración en la figura del *dandy* wildeano y por medio del *performance* (la 'exhibición' o el 'numerito'), hace constar la reprimida identidad homosexual del poeta en un ambiente nada propicio.

Las ponencias dedicadas al genial catalán, sin embargo, demuestran una actitud hacia la tradición –propensión enfatizada en todos los estudios– que tildaríamos de más sana y dinámicamente asimiladora de lo que nos inclinaría a sospechar la más que familiar obsesión con la *ansiedad* señalizada por el prestigioso teórico Harold Bloom. Gil de Biedma vive en la tradición y por ella. Por lo tanto, su acto de renegociación del tropo o lugar común en absoluto revela la insoportable inquietud respecto de la convención que el americano identifica como esencial de la creación lírica. En esta monografía queda patente el descubrimiento de que la herencia lírica es más bien abierta, considerada y constructiva, nada más lejos de la preocupación patológica imaginada por el distinguido profesor.

De hecho, los estudios de Dadson y Letrán sobre la función de la glosa no hacen sino confirmar esta orientación. Por definición este ejercicio deniega la supuestamente intricada tentativa de evasión (*swerve*) identificada con tanto detalle por Bloom. Evidentemente, este quehacer lírico requiere en todo momento la confrontación con el original: el diálogo, digamos, de tú a tú con el poeta antecesor.

Y en sendos artículos se aprecian tanto el fruto como la mecánica de la labor creativa. La tensión intertextual fundamental en la creación de Luis Alberto de Cuenca queda bien documentada por Letrán con referencia a la deliberación genettiana, destacándose mediante una sensible lectura de la reelaboración seria –efectuada por parte de de Cuenca de los epigramas de Argentario– y lúdica en la nueva versión de las sagas escandinavas. Dadson, asimismo, es minucioso en su trabajo de detective para proporcionar la fuente de inspiración de la poesía de dos poetas contemporáneos: Francisco Castaño y Antonio Carvajal. En efecto, la descripción de Chicharro del verso del segundo que el crítico nos facilita para resumir esta clase de revisión lírica nos parece enteramente idónea para la comprensión de la misma:

> el sentido de una concepción de la poesía como el resultado de un esfuerzo creador en el que se aúnan sentimiento e inteligencia para, mediante una elaboración minuciosa en todos los planos creadores, producir determinados efectos de belleza, contando con el inmenso legado de la tradición.

Así también podría apreciarse la perspectiva que Arthur Terry ofrece sobre *Perito en lunas* del malogrado Miguel Hernández. En su acertado trayecto interpretativo el crítico nos explica las sutilezas del neogongorismo evidente en la colección que no llegaría a apreciarse sin los títulos de los poemas que, por motivos desconocidos, el autor quiso eliminar. A pesar de la dimensión erudita del ejercicio Terry nos comunica el frescor de la re-invención, que pasa por el sentimiento lúdico del hábil conceptismo, y su relación con el acto creativo en sí.

La intertextualidad, como hemos visto en la glosa, no se ve limitada al encuentro entre poeta y poeta. No es infrecuente que los mismos tópicos líricos actúen como punto de reflexión creadora, tal como nos enseña Gagen en su acertada consideración de las modulaciones de la constante del río, tan esencial en la tradición española. Mediante una lectura perspicaz del verso de los años recientes el crítico revela que, a pesar de la escasa referencia a este tropo, su significado lírico no ha desaparecido sino que se ha visto reemplazado por otros motivos que evocan la misma sensibilidad ante el flujo temporal –*carpe diem*, *ubi sunt*, etc.– más conscientemente evocadores de los poetas de la preguerra. Otra vez vemos puesta en evidencia de esta manera la deficiencia de la asimilación habitual que, en lugar de apreciar la consistencia de la tradición y su continua reaparición, tiende a buscar la división superficial e innecesaria en escuelas, orientaciones y generaciones inventadas.

La reflexión sobre el tema del tiempo y su paso nos remite inevitablemente a la expresión de Juan Ramón Jiménez. Con la misma apreciación de la exquisitez del *feeling*, Flitter se pasea por los jardines juanramonianos anotando la delicadeza de su melancolía esencial. Es más: la serie de referencias que proporciona con referencia a este lugar común revela, una vez más, la idéntica conciencia intertextual del poeta andaluz y su reelaboración del esteticismo platónico de los románticos ingleses, especialmente Shelley y Keats.

Si aquí nos hemos centrado justamente en la dimensión literaria de la faena poética ésta de ninguna manera excluye la especulación humana pero siempre, como ya hemos dicho, con el texto como punto de partida. Con su interpretación psicoanalítica de dos romances lorquianos Cardwell explora la profundidad personal del granadino y su obsesión por esconder la realidad de su genio particular. Asimismo, Perriam realza la compleja conciencia creativa de Luis Antonio de Villena en una fascinante reconsideración de la paradoja de la dimensión social del verso de este inveterado *novísimo*. Con su lectura llena de agilidad, el comentarista revela que la importancia primordial de la estética de ninguna manera excluye la lucha continua por parte del poeta de justificarse ética e históricamente y de definirse en estos términos.

A lo largo de esta colección hemos visto el privilegio del texto en todo momento. No obstante, los ponentes han sabido demostrar asimismo la estrechez de la relación entre la creación lírica y su referencia humana. Esta ecuación socioliteraria nos remite inevitablemente a las palabras de Carles Riba que, bellas en su sencillez, reproducimos aquí. No sólo cuadran con la actitud intertextualista que se percibe a lo largo de este libro sino que también describen agudamente, en nuestra opinión, la formación ética de todo poeta digno de tal nombre:

> Aquella educació, per la qual, i únicament per la qual, l'escriptor arriba a discriminar, amb una discriminació que fa petitíssima el marge de falla, entre el que ha de saber –o d'oblidar– d'ell mateix, i el que deu als altres, als qui el llegiran; i a la seva obra pròpia, que ha de viure per ella mateixa, orgànicament, segons la seva finalitat, sí, però també segons unes condicions socials dins les quals l'escriptor s'ha trobat, i sobre les quals, sense poder-les canviar, té la possibilitat i el deure d'influir.[1]

---

1 'Prefaci' a la segunda edición de Pompeu Fabra, *Diccionari general de la llengua catalana* (López Llausàs: Barcelona, 1974), pp. xiii-xx.

1
Símbolo y tradición en los jardines del alma juanramonianos

Derek W. Flitter
Universidad de Birmingham

Bien sabido es que los escritores modernistas españoles eran unos grandes jardineros. Al hojear cualquier libro de poesía del grupo que hace su aparición en los primeros años del siglo pasado —es al siglo veinte a que me refiero— damos casi de inmediato con un jardín. Este jardín no suele ser el tipo de recinto edénico creado por la fantasía pacífica de la lírica pastoril, ni tampoco suele venir dibujado como jardín caballeresco tan propio de la figuración trovadoresca, a no ser que emblematice el decaimiento de tal ideal de vida. El jardín modernista, huelga realmente decirlo, suele concordar en gran parte con los paisajes del alma del simbolista francés Paul Verlaine, quien profesó de manera inolvidable: 'votre âme est un paysage choisi'.[1] El jardín modernista español suele ser otoñal, melancólico, lugar ameno que llora, en su efusividad evocativa, la decadencia de todo un mundo aristocrático de belleza plástica y de elegancia artística; un mundo donde ya habita solamente el ensueño nostálgico.

Como indica Dolores Romero, destacan en el decorado de este jardín dos influencias fundamentales: por una parte, la proyección romántica del estado de ánimo del artista —el denominado por Américo Castro 'panteísmo egocéntrico'— y, por otra, la melancólica delicadeza de los prerrafaelistas con su notable fascinación por los detalles emblemáticos naturales.[2] Sírvanos de ejemplo, aunque no proviene de la poesía finisecular sino de la prosa de aquel momento, la descripción que ofrece el marqués de Bradomín del Palacio de Brandeso, escenario de la *Sonata de otoño* de Valle-Inclán, aparecida en 1902:

> El jardín y el Palacio tenían esa vejez señorial y melancólica de los lugares por donde en otro tiempo pasó la vida amable de la galantería y del amor. Bajo la fronda de aquel laberinto, sobre las terrazas y en los salones, habían florecido las rosas y los madrigales, cuando las manos blancas que en los viejos retratos sostienen apenas los pañolitos de encaje, iban deshojando las margaritas que guardan el cándido secreto de los corazones. ¡Hermosos

y lejanos recuerdos! Yo también los evoqué un día lejano, cuando la mañana otoñal y dorada envolvía el jardín húmedo y reverdecido por la constante lluvia de la noche. Bajo el cielo límpido, de un azul heráldico, los cipreses venerables parecían tener el ensueño de la vida monástica. La caricia de la luz temblaba sobre las flores como un pájaro de oro, y la brisa trazaba en el terciopelo de la yerba huellas ideales y quiméricas como si danzasen invisibles hadas.[3]

Dentro de esta proyección simbolista tan extravagante como afectada, de una sensibilidad autoconsciente, la figura de Concha, antigua amante de Bradomín y ahora moribunda de la tuberculosis, encarna el topos del *carpe diem* al saludar al marqués arrojándole como una lluvia las rosas deshojadas que ha ido recogiendo en su falda. A continuación, recuerda Bradomín, recorrieron juntos ese jardín melancólico en el que agoniza toda una tradición:

> Las carreras estaban cubiertas de hojas secas y amarillentas, que el viento arrastraba delante de nosotros con un largo susurro. Los caracoles, inmóviles como viejos paralíticos, tomaban el sol sobre los bancos de piedra. Las flores empezaban a marchitarse en las versallescas canastillas recamadas de mirto, y exhalaban ese aroma indeciso que tiene la melancolía de los recuerdos. En el fondo del laberinto murmuraba la fuente rodeada de cipreses, y el arrullo del agua parecía difundir por el jardín un sueño pacífico de vejez, de recogimiento y de abandono.[4]

Ni que decir tiene que el jardín del Palacio de Brandeso es una proyección del estado de alma del narrador, quien insiste, en aquel tono estudiadamente sensiblero definitorio de su relato, en el recuerdo nostálgico de las costumbres —y no pasemos por alto el contenido poético de las mismas— de antaño. Con todo y con eso, quizá no sea demasiado aventurado proponer que Valle-Inclán, dentro de la misma obra, emblematiza la agonía colectiva de una España que ha entrado en decadencia definitiva. Rubén Darío, si nos fijamos en su 'Soneto autumnal al marqués de Bradomín' perteneciente al poemario *Cantos de vida y esperanza*, parece haber interpretado la primera de las *Sonatas* de esta manera, pues le escribe al marqués desde un 'Versalles doliente', donde 'erraba vulgar gente' y donde 'el chorro de agua de Verlaine estaba mudo'.[5] El deseado mundo aristocrático de una belleza singular no solamente ha cedido paso a una sociedad nueva y distinta sino que se ha visto pisoteado por ésta, por la chabacanería de un mundo que carece de sensibilidad y de conciencia. El jardín poético parece entonces más bien un yermo espiritual, monumento destartalado que comunica, si nos referimos a la impresión producida por el estado de abandono de otro pazo gallego descrito por Pardo Bazán, 'la tristeza inexplicable de las cosas que se van'.[6]

Tal es la sensación que nos comunican dos poemas de Manuel Machado recogidos en la colección *Alma* de 1900. El primero de ellos, 'El jardín gris', reza así:

> Jardín sin jardinero
> viejo jardín,
>   viejo jardín sin alma,
> jardín muerto. Tus árboles
> no agita el viento. En el estanque, el agua
> yace podrida. ¡Ni una onda! El pájaro
> no se posa en tus ramas.
> La verdinegra sombra
> de tus hiedras contrasta
> con la triste blancura
> de tus veredas áridas…
>
> ¡Jardín, jardín!, ¿qué tienes?…
> ¡Tu soledad es tanta
> que no deja poesía a tu tristeza!
> ¡Llegando a ti, se muere la mirada!
> Cementerio sin tumbas…
> Ni una voz, ni recuerdos ni esperanza.
> Jardín sin jardinero,
> viejo jardín,
>   viejo jardín sin alma.[7]

Las estrategias rítmicas aquí efectuadas son evidentes: la nota insistente producida por las repetidas frases 'jardín sin jardinero' y 'viejo jardín'; las fuertes cesuras ocasionadas por la colocación de puntos y de comas; el efecto disyuntivo de las esdrújulas. Cabe comentar también la ausencia de todo dinamismo reforzado a nivel sintáctico por la falta de verbos de los primeros versos, por el empleo contundente del 'yace podrida' y por la negación reiterada del 'no agita', del 'ni una onda' y del 'no se posa'. Están, además, el tenor aliterativo del 'se muere la mirada' y la paradoja tétrica que vibra dentro del 'cementerio sin tumbas'. Al referirse a este poema, ha comentado Richard Cardwell, con su acostumbrado tino, que evoca el jardín el discurrir inevitable de las horas, la soledad y la muerte que es el porvenir del hombre. Falta, dice, un jardinero en su alma porque no hay ninguna ilusión que le redima.[8] No puede haber, parece entonces, paisaje más yermo. Preguntémonos en este momento, metiéndonos por otra vereda distinta –y agradezco al profesor Cardwell la pista–, si ese viejo jardín sin alma no puede ser representación simbólica del estado de alma colectivo, si emblematiza en su vida inhóspita y sombría la sociedad soez y rastrera menospreciada en ese mismo año de 1900 por el joven Juan Ramón Jiménez en su reseña de la comedia *Rejas de oro*, de Timoteo Orbe. El comentario de Juan Ramón es fulminante: es una sociedad, dice, que no conserva ni siquiera 'un soplo tenue, un lijero aliento de alma', pues después de aplaudir las bellezas de la obra, 'sumió otra vez en sus inmundos vicios el lijero soplo de alma que vibró noblemente un instante, y no quiso oírla más'. Después de la representación, dice luego, el público volvía a su vida grosera, 'no llevando en el alma ningún propósito, ninguna lágrima, ningún anhelo de algo nuevo, de esa nueva vida de deleites de que habla Orbe, de esa dulcísima vida de ensueños'.[9] La sociedad viene a ser entonces el cementerio sin tumbas del poema de Manuel Machado, un jardín que incluso rechaza a quien quisiera ser su jardinero.

El otro poema del mismo autor, y de la misma colección, a que me referí antes, introduce una nota de agobio más personal, pues el yo poético se enuncia como objeto involuntario de encierro, que sufre a merced de la tercera persona del plural, sujeto indeterminado que queda sin identificar:

'Otoño'

En el parque, yo solo…
    Han cerrado,
    y olvidado
en el parque viejo, solo
    me han dejado.

La hoja seca
    vagamente
    indolente
    roza el suelo…
Nada sé,
nada quiero,
nada espero.
Nada…

  Solo
en el parque me han dejado,
    olvidado
    …y han cerrado.[10]

Vuelve a hacer acto de presencia el detalle emblemático de la hoja seca; el único movimiento operativo dentro del poema es la trayectoria vaga e indolente de este símbolo preclaro de lo fugitivo, que acaba inexorablemente a ras de tierra y en la pudrición venidera. Persiste aquí también la atención al ritmo y a la reiteración. Sin embargo, la impresión más profunda es, sin duda, la de encierro forzado: como observa Cardwell al respecto: 'El poeta se ve encerrado en un mundo que se oscurece cada vez más, el mundo de sus propias ilusiones desmoronadas';[11] o en palabras de Dolores Romero, el muro del jardín cerrado modernista simboliza 'el límite del mundo conocido o barrera infranqueable por donde trepa la inteligencia para alcanzar el más allá'.[12]

No deberíamos dejar sin comentario en este contexto el que la idea del encierro involuntario dentro de un espacio reducido figuraba como motivo simbólico teorizado en una obra que resultó ser de importancia incalculable para el modernismo hispánico: 'The Philosophy of Composition', de Edgar Allan Poe.[13] El escritor norteamericano va explicando aquí mediante una lógica sentimental que, dentro del contexto español, nos recuerda irresistiblemente a Bécquer, el ideario poético que había informado su poema 'The Raven'. En cuanto al escenario del poema dice lo siguiente: 'For this the most natural suggestion might seem to be a forest, or the fields – but it has always appeared to me that a close *circumscription of space* is absolutely necessary to the effect of insulated incident: – it has the force of a frame to a picture. It has an indisputable moral power in keeping concentrated the attention'.[14] En el poema que explica es el poeta-mago encerrado dentro de su torre quien llora, en versos de una fuerza rítmica extraordinaria, la muerte de su amada Lenore:

> Deep into that darkness peering, long I stood there wondering, fearing,
> Doubting, dreaming dreams no mortal ever dared to dream before;
> But the silence was unbroken, and the stillness gave no token,
> And the only word there spoken was the whispered word,
>   "Lenore!"
> This I whispered, and an echo murmured back the word "Lenore!"
>   Merely this and nothing more.[15]

En los textos comentados del modernismo español, el jardín viene siendo otro recinto que agobia, que emblematiza la decadencia de toda una tradición, la pérdida de las ilusiones, o bien, en su paisaje yermo, la falta de alma de una sociedad rastrera. En la poesía de Juan Ramón Jiménez el jardín sigue siendo escenario predilecto, pero en muchas ocasiones resulta ser recinto mágico capacitado para la elaboración de una estética original y visionaria: no podía ser de otra manera si tenemos en cuenta la afirmación juanramoniana de que cada uno se hace su dios con el trabajo vocativo de su vida, porque en ese trabajo está el encuentro con la conciencia; la reformulación definitiva de esta idea se encuentra en el precioso texto en prosa que sirve de prólogo a *Dios deseado y deseante* (1948-1949) y que representa un auténtico credo poético-religioso.[16] Buena indicación de esta predilección juanramoniana por la horticultura poética se da en el poema 'Parque viejo' de la colección *Rimas*, de 1902, en el que el parque verleniano es escena de una revelación vislumbrante que ejemplifica la vocación poética de Juan Ramón; de la oscura umbría surge inesperadamente la figura de una misteriosa 'virgen fantástica', símbolo por excelencia de su compromiso apasionado con la belleza, para desvanecerse luego fugitiva en el fondo del sendero. No pienso centrarme hoy en unos versos que examiné con mucha detención en otro lugar;[17] simplemente quisiera recordar cómo empieza ese poema: 'Me he asomado por la verja / del viejo parque desierto'.[18] Vienen a ser los jardines juanramonianos, entonces, y pese al aire de abandono que los ambienta, recintos altamente poéticos potenciadores de los anhelos trascendentales estético-religiosos del corazón sensible; en una palabra, jardines del alma.

No nos debiera sorprender, por lo tanto, el que estos jardines están bosquejados con tintes metafísicos, lo cual sucede con el poema siguiente, de la colección *Arias tristes*, de 1903:

> El triste jardín se pierde
> en la tarde dulce y quieta;
> las sendas son de violeta
> entre el parterre fresco y verde.
>
> Lejos, el campo se esfuma;
> el aire huele a jazmín;
> la melancólica bruma
> viene durmiendo al jardín.
>
> Bajo el crepúsculo rosa
> suenan las dulces campanas:
> ¿es ángel, mujer o rosa
> la visión de las ventanas?
>
> Aun el ocaso es carmín,
> y en el naciente, entre una
> niebla azul, sube la luna
> dorada sobre el jardín.[19]

Insiste Juan Ramón en la nota metaforizante implícita en las referencias a la puesta de sol: 'tarde', 'crepúsculo', 'ocaso'. Esta aria triste, sin embargo, no tiene la cadencia de un canto fúnebre, pues acompaña esta nota melancólica el tono optimista que subsiste en los colores de rosa –lo ideal– y azul –lo infinito– que se difunden por el cielo. No falta entonces la luz del todo, pues antes de que oscurezca sube una nueva lumbre en la parte de naciente. Incluso el motivo poético del *ángelus*, mientras tanto, se desviste de su acento sombrío: las campanas suenan 'dulces', de manera que la imagen duradera no es la del *ora pro nobis* anunciadora de la muerte sino la de otra visitación angélica precursora de la redención. En este momento la figura visionaria –que en *Rimas* se había desvanecido al instante– carece todavía de definición, pero si seguimos la trayectoria poética de Jiménez encontramos con que esa definición sí que se da en otro jardín del alma.

En *Pureza* (1912), intenta recrear Juan Ramón un momento preclaro de epifanía, momento que le permite saltar las tapias de aquel jardín modernista que ha venido siendo lugar de encierro forzado, en el que el mismo Jiménez se ha visto progresivamente más asediado, y más hostigada aquella estética que ya para el poeta tenía algo de preciosista. Pues el título de la colección remite no solamente al discurso metafísico-espiritual que va tipificando en esta época la lírica del moguereño sino también a la renovación formal que se autoimpone bajo la concepción superconocida de 'poesía pura'. El simbolismo resulta ahora más intenso, más concentrado, la voz más definida, más segura de sí misma. Veamos entonces el texto de este poema:

>   Aún la luna creciente
>   está encendida entre los pinos.
>   –Pasa un bando callado de estorninos–
>   Por la cerrada huerta, encristalada
>   de la tierra rosada,
>   silba un mirlo estridente,
>   y, limpios, los caminos
>   están abiertos hacia oriente.
>   Todo se prende en una llama dura,
>   blanca y carmín, de aurora…
>   Ríe la frente, contra el cielo, pura;
>   negra, la culpa, acobardada, llora.–
>   …¡Oh dulce escalofrío!
>   ¡Cómo del corazón y de la arboleda
>   cae, mudo, el rocío,
>   cual un líquido sueño de oro y seda!
>   –¡Temprana Navidad de mansedumbre,

> que das al frío olores de romero;
> por tu infinita y descolgada lumbre
> vuela el alma!–
> Y se queda
> la carne, ese montón de podredumbre,
> como una mula muerta, en el sendero.[20]

Empieza el poema en aquella hora incierta entre noche y aurora en la que la luna, sol de los tristes, cede el paso a la primera luz del alba; el subtítulo que encabeza esta sección de *Pureza* es, concretamente, *Amaneceres*. Lo que es más, no parece casualidad que esa luna esté en su fase creciente, ya que el tono menor establecido en los primeros versos va en *crescendo* calculado, a la vez gozoso y contenido, a la visión definitiva, de clarísima inspiración platónica, de la última estrofa. Ni que decir tiene, mientras tanto, que la luna entre los pinos, el astro que vuelve a sumirse en la tierra vislumbrado aquí en su viaje eternamente repetido entre las ramas de unos árboles enraizados en el suelo pero duraderos en su verde lustroso, es de significado profundo dentro del sistema poético juanramoniano. De ahí que figuren, además, dentro de este contexto simbólico y dentro de un ambiente de reverencia estético-religiosa, el volar de los estorninos por el cielo; el vuelo de los pájaros, proyección simbólica del deseo metafísico de superar las trabas de lo terrenal, tanto como su existencia migratoria –motivo poético de renovación posibilitadora que no le pasó desapercibido a Antonio Machado en su *Campos de Castilla*, si recordamos las cigüeñas de los campanarios románicos de Soria– hacen, en fin, que tenga la presencia del bando callado esa calidad de nombre simbólico conseguido que iba a explicitar de forma tan inolvidable Juan Ramón en su *Dios deseado y deseante* unos treinta y cinco años después.

Sin embargo, por mucho que estos primeros versos comuniquen, con su simbolismo afectivo, una sensación muy clara de la especulación metafísica definitoria de la obra de Jiménez, son los que siguen los que imprimen al poema la nota característica de esa tradición a la que indudablemente pertenece. La huerta representa, al fin y al cabo y a pesar de su belleza plástica sugerente e inspiradora, los confines limitantes del mundo visible y de la experiencia terrenal. El suelo, cubierto de escarcha a esta hora temprana de la madrugada –de ahí el 'encristalada' del verso cuarto–, figura ser, en los primeros rayos del sol que nace a su nueva vida diurna, 'rosada'; esto es, aparenta tener aquel color ideal, el de la rosa, que singulariza en todo su simbolismo potente la vocación poética de Juan Ramón Jiménez. Sin embargo, la tierra helada de la huerta juanramoniana resulta ser, en este caso, una decepción, en el sentido de que no es nada más que el reflejo ilusorio de una luz que le viene desde fuera. Según la terminología de Yeats canonizada por Myers Abrams, el espejo todavía no se ha convertido en lámpara.[21]

Estamos, desde luego, con esta imagen de la luz reflejada por la escarcha, dentro del sistema platónico que tanto atraía a Juan Ramón desde la época del modernismo pleno consagrado en las poesías de *Rimas*, de *Arias tristes* y de *Jardines lejanos*, escritas todas entre 1901 y 1904. En la colección de *Rimas*, concretamente, describe Jiménez un paseo por la orilla solitaria de un lago, y una pregunta que le hace su compañera de paseo: '¿por qué el azul espacio, / por qué el cielo purísimo / se mancha, al reflejarse / en la inmundicia lóbrega del lago?'.[22] En la tierra, entonces, y mediante los impulsos del cuerpo, vemos solamente reflejos de la verdad en lugar de la verdad misma, reflejos efímeros e imperfectos que para Jiménez, tras la muerte inesperada de su padre en 1900, son motivo de revulsión. En el poema posterior de *Pureza* da al tema otra perspectiva, en la que la tierra deslumbra al adquirir un tinte ideal que resulta ser postizo y fingido.

Creo yo que podemos ir atribuyendo esta referencia concreta —la de la huerta encristalada de tierra rosada— a la influencia sobre Juan Ramón del poeta inglés que mejor representa la corriente platónica dentro de la lírica moderna: Percy Bysshe Shelley. El contacto con Shelley, mediante la versión española de *A Defence of Poetry* publicada en Madrid en 1904 y convertida en auténtico verbo religioso del grupo *Helios* a que pertenecía Jiménez en aquel momento, resultó ser trascendente para la evolución poética del moguereño. En más de un lugar comenté ya las afinidades estético-espirituales entre el vate inglés y el gran poeta español, y especialmente los motivos platónicos que forman el núcleo de su parentesco lírico.[23] En esta ocasión cabe explicar quizás con mayor especificidad este contacto tan fecundo: para la imagen anteriormente comentada del poema de Juan Ramón puede que sea la inspiración ésta que sigue, sacada de 'Adonaïs', la apasionada elegía que dedicó Shelley a la muerte de John Keats:

> The One remains, the many change and pass;
> Heaven's light forever shines, Earth's shadows fly;
> Life, like a dome of many-coloured glass,
> Stains the white radiance of Eternity,
> Until death tramples it to fragments. –Die,
> If thou wouldst be with what which thou dost seek!'[24]

De evidentísima procedencia platónica, estos versos afirman —y son versos realmente extraordinarios, profesados como son por un poeta sobradamente heterodoxo— lo imperfecto y transitorio de la Tierra ante lo imperecedero e íntegro del Cielo. Viene más a este caso, sin embargo, el que Shelley comunica la idea de lo ilusorio que resulta ser el mundo visible mediante el símil de la cúpula de vidrio cuyos colores flamantes son motivo de engaño. Tampoco pasa desapercibida, mientras tanto, la coincidencia entre esta imagen empleada por Shelley y la que iba a ser preferida unos noventa años después por Juan Ramón Jiménez. Dentro de la huerta, la tierra encristalada por la escarcha de madrugada tiene la misma función que la vidriera de colores de 'Adonaïs'. Es más, las limitaciones del mundo figuradas en el poema del romántico inglés en la forma semiesférica de la cúpula –contraria a la de la fina aguja gótica que se suponía emblematizar las aspiraciones al infinito– encuentran su paralelo en el espacio igualmente reducido de la huerta cerrada juanramoniana.

Tanto la cúpula como la huerta cerrada, si extendemos nuestra mirada, admiten salida: a aquélla la muerte la atropella, permitiendo que el alma de Keats trascienda, como dice Shelley, 'the shadow of our night';[25] en el poema de Jiménez 'los caminos / están abiertos hacia oriente', intimando también una renovación del ser, una aurora metafísica. El poeta inglés configura, a continuación, una visión extraordinaria del ser de Keats trasmutado en presencia viva que habita el mundo natural entero:

> He is made one with Nature: there is heard
> His voice in all her music, from the moan
> Of thunder, to the song of night's sweet bird;
> He is a presence to be felt and known
> In darkness and in light, from herb and stone,
> Spreading itself where'er that power may move
> Which has withdrawn his being to its own;
> Which wields the world with never-wearied love,
> Sustains it from beneath, and kindles it above.
>
> He is a portion of the loveliness
> Which once he made more lovely.[26]

Versos éstos tanto más significativos cuando tenemos en cuenta que, ahogado Shelley pocos meses después al volcarse el barco suyo en una tormenta, se inscribirían en la lápida de su tumba del cementerio protestante de Roma estas palabras, sacadas del drama shakespeariano *The Tempest*: 'Nothing of him that doth fade, / but doth suffer a sea-change / into something rich and strange'.[27] En otra ocasión propuse el texto de Shelley como inspiración de la perspectiva panteísta, y de aquella visión de la conciencia personal trasmutada en la naturaleza, que mejor define la poesía última juanramoniana.[28] En este momento basta tal vez citar unos versos representativos, sacados de la colección *Una colina meridiana*:

> El ser humano entre la tierra,

> y la yerba, y el tronco, y el sol y el agua
> (la luna por la noche desvelada),
> eso es lo que yo tengo y quiero.
> [...]
> E irme en la corriente de la muerte,
> con todo lo más grande y lo más leve,
> que se va, cada hora, hacia el tesoro
> donde todo se cambia, se renueva,
> se trasmuta,
> como yo trasmuté, yo renové, yo cambié
> el mundo que yo vi
> en espresión de vida y en espresión de muerte.[29]

Quisiera subrayar dos cosas. Primero, que Juan Ramón conocía indudablemente estos fragmentos de 'Adonaïs'. Incluso si descartamos la probabilidad —y realmente, tiene que ser casi certeza— de que Juan Ramón conociese ya el poema en su totalidad, gracias al estímulo de su bien documentada admiración por Shelley o gracias a la presencia de su mujer Zenobia Camprubí, con quien emprendió la traducción de varios poemas del vate inglés, los versos citados están comentados en un artículo intitulado 'The Philosophy of Shelley's Poetry', perteneciente a la colección ensayística de William Butler Yeats, *Ideas of Good and Evil*. Tenía este libro el poeta moguereño en la biblioteca de su casa, e hizo en él un sinnúmero de notas marginales que testimonian su filiación a la estética de inspiración platónica allí examinada. Segundo, cabe afirmar que en el citado poema de *Pureza* exterioriza Juan Ramón la experiencia del momento místico sucedido en la huerta cerrada mediante una trasmutación explícita reveladora en sí misma de esta filosofía compartida. En el texto juanramoniano es una 'Temprana Navidad de mansedumbre' que provee al ambiente todo de 'olores de romero': esto es, efectúa un cambio esencial que parece recrear, aunque con intención harto diferente, la frase célebre shakespeariana referida al rey Ricardo III: 'Now is the winter of our discontent / Made glorious summer by this sun of York'.[30] En el poema de Jiménez, el momento epifánico adelanta en su anticipación gozosa el de la redención encarnada en la figura de Cristo; en un juego de palabras, el momento peregrino hace que el aire de la madrugada helada tenga el cálido perfume del romero.

Quizás no sea ocioso comentar, al menos de paso, otros aspectos de la metafísica enunciativa de este poema. En primer lugar, el texto mismo parece dar respuesta definitiva a las ansias insatisfechas de la poesía modernista de Juan Ramón. Fijémonos en estos versos sacados de *Jardines lejanos*, en los que dialoga con una 'hermana' que queda sin identificar: 'Y tú me dirás: "¿Qué tienes?" / Y yo miraré hacia el suelo. / Y tú me dirás: "¿Qué tienes?" / Y yo miraré hacia el cielo. / Y yo me sonreiré / –y tú estarás asustada–, / y yo me sonreiré / para decirte: "No es nada…"'.[31] El sufrimiento intenso que define este poema, provocado por la conciencia de lo pasajero que tiene que ser el 'tiempo de las flores' escenario del mismo, da paso, en *Pureza*, a una experiencia preclara en la que la frente pura se eleva hacia el cielo confiando en la transformación mística capacitadora. Mientras tanto, es la negra culpa, otra manifestación del discurso religioso y señal de la fragilidad terrenal, la que llora en su cobardía.

En segundo lugar, merece algún comentario la 'infinita y descolgada lumbre' por la que vuela el alma gozosa. Dentro del discurso místico, esta llama dura de blanca y carmín no procede ni del sol ni de la luna; aunque ambos son eternos, no puede ser ninguno de los dos esta lumbre 'descolgada', pues siguen aquéllos un curso fijo y rigurosamente determinado, dependiente la trayectoria de los dos de una fuerza mayor. Dentro de la cosmología metafísica del poema juanramoniano, esta lumbre, igual que la estrella que conduce a los Reyes Magos al portal de Belén y que tal vez sea evocada por la 'Temprana Navidad de mansedumbre', no obedece a las leyes de la física. En esta época en la que sufrimos la auténtica plaga de los móviles, es fácil olvidarse del significado del verbo 'descolgar'.

En tercer lugar, la imagen del sendero con la que termina el poema tiene ascendencia larga en la lírica juanramoniana. Por ejemplo, en el ya citado poema 'Parque viejo' de la colección *Rimas*, el joven modernista describe cómo la visión evanescente de esa 'virgen fantástica' objeto de su vocación estético-religiosa de poeta se pierde de vista; el poeta soñador nos dice que desapareció su musa misteriosa, callada y triste, 'en el fondo del sendero'.[32] Más tarde, para la edición de la *Segunda antolojía poética*, acertó sin duda Jiménez al cambiar estas dos frases por, respectivamente, 'rosa fantástica' y 'en el irse del sendero'.[33] Ya en 'Aún la luna creciente', presiente que el sendero de su vocación le va aproximando a la meta deseada.

Una última consideración. Fuese la procedencia platónica de estos versos por ruta directa o indirecta, la referencia final a la carne como 'montón de podredumbre' recrea casi palabra por palabra la intervención de Sócrates en el *Banquete*; identifica el célebre filósofo griego dos planos, de epistemología bien distinta, en los que cabe colocar la percepción de la belleza. El primero viene adulterado por lo que denomina la carne, los colores y un montón de podredumbre; el segundo, perteneciente a un nivel incomparablemente más elevado, se define por la mirada del alma y está sin contaminación alguna. Con mucha razón insiste Howard Young en que Jiménez, igual que su poeta preferido Percy Bysshe Shelley, profesaba ya desde la juventud un platonismo instintivo, intuitivo, aspecto que venía siendo más evidente y a la vez más consciente a medida que iba perfeccionando su obra;[34] afirmó Jiménez en su libro *La corriente infinita*: 'Soy, fui y seré platónico'.[35] Al hablar del tema de la espiritualidad en la poesía modernista de Juan Ramón, especifiqué yo mismo la reelaboración poética de la idea de la belleza defendida por Sócrates, y comenté en otra ocasión la 'despedida platónica' revelada en la poesía última del poeta de Moguer. El poema de la colección *Pureza* examinado aquí viene a ser, por lo tanto, otro eslabón de esta cadena, otra etapa de la larga trayectoria poética de Juan Ramón Jiménez en la que seguía inmerso en esta tradición.

En los jardines del alma juanramonianos, entonces, vemos lo que el poeta mismo definió, conversando con Ricardo Gullón durante los últimos meses de su vida, como 'una tentativa de aproximarse a lo absoluto por medio de símbolos'.[36] Si nos remitimos a los versos ya citados de *Una colina meridiana*, nos cercioramos de que Juan Ramón Jiménez, en su labor de jardinero, ha ido trasmutando, renovando, cambiando el mundo visible en expresión de vida y en expresión de muerte. Los símbolos allí sembrados, mientras tanto, son de una estirpe ilustre y duradera, esa tradición platónica que cultivaba Juan Ramón con amor y con maestría.

NOTAS

1   Las célebres palabras de Verlaine aparecieron por primera vez en *Clair de lune, Fêtes galantes* (1869).
2   Dolores Romero López, 'Los *topoi* de la poesía modernista', *Hispanófila*, 118 (1996), 39-48 (43). Véase también en este contexto el artículo de Juan Cano Ballesta, 'El prerrafaelismo de Juan Ramón Jiménez en *Poemas impersonales*', en Derek W. Flitter (ed.), *Actas del XII Congreso de la Asociación Internacional de Hispanistas. Vol. IV: Del Romanticismo a la Guerra Civil* (Birmingham: Department of Hispanic Studies, 1998), pp. 122-29.
3   Ramón del Valle-Inclán, *Sonata de otoño / Sonata de invierno* (Madrid: Espasa-Calpe, 1979), p. 31.
4   Valle-Inclán, *Sonata de otoño / Sonata de invierno*, p. 32.
5   Rubén Darío, *Cantos de vida y de esperanza* (Madrid: Espasa-Calpe, 1976), p. 132.
6   Así termina la relación de una visita hecha por el recién casado don Pedro Moscoso y su mujer Nucha al pazo de los Limioso, en el decimoquinto capítulo de *Los Pazos de Ulloa*: Emilia Pardo Bazán, *Los Pazos de Ulloa* (Madrid: Alianza Editorial, 1980), p. 148.
7   Manuel Machado, *Antología*, edición de Richard A. Cardwell (Sevilla: Ayuntamiento, 1989), p. 79.
8   *Antología*, ed. Cardwell, 'Introducción', p. 32.
9   Reproducido en Juan Ramón Jiménez, *Libros de prosa*, edición de F. Garfias (Madrid: Aguilar, 1969), pp. 214-20; citado por Cardwell, 'La "genealogía" del

modernismo juanramoniano', en Cristóbal C. Cuevas (ed.), *Juan Ramón Jiménez. Poesía total y obra en marcha* (Barcelona: Anthropos / Málaga: Universidad, 1991), pp. 83-106 (89).
10 *Antología*, ed. Cardwell, p. 80.
11 *Antología*, ed. Cardwell, 'Introducción', pp. 32-33.
12 Romero López, 'Los *topoi* de la poesía modernista', p. 43.
13 Como nos recuerda Cano Ballesta ('El prerrafaelismo de Juan Ramón Jiménez', p. 123), Poe está entre los escritores favoritos de Jiménez catalogados en la cubierta de *Jardines lejanos* (1905), junto con Bécquer, Darío, Heine, Jammes, Moréas, Musset, Verlaine y D. G. Rossetti. Para una visión panorámica de la fortuna de Poe en el mundo hispánico, consúltese el libro de John E. Englekirk, *Edgar Allan Poe in Hispanic Literature* (Nueva York: Russell & Russell, 1972 [1934]).
14 Edgar Allan Poe, 'The Philosophy of Composition', en *The Collected Works of Edgar Allan Poe*, edición de James A. Harrison (Nueva York: AMS Press Inc., 1965), Vol. XIV, pp. 193-208; la cita de la página 204. Hay una traducción –anónima– española aparecida en la revista madrileña *Renacimiento*, II (1907), 695-710.
15 Edgar Allan Poe, 'The Raven', en *The Collected Works of Edgar Allan Poe*, ed. Harrison, Vol. VII, pp. 94-100; la cita de la página 95. Según confirma Englekirk (*Edgar Allan Poe in Hispanic Literature*, p. 451), Juan Ramón Jiménez emplea la palabra 'Nevermore' para encabezar una serie de poemas pertenecientes a su colección *Laberinto* (1910-1911), citando a la vez varios versos del poema de Poe.
16 Consúltese Juan Ramón Jiménez, *Poesías últimas escojidas (1918-1958)*, edición de Antonio Sánchez Romeralo (Madrid: Espasa-Calpe, 1982), pp. 331-32.
17 'Forms of Spirituality in the Early Poems of Juan Ramón Jiménez', en Trevor J. Dadson, R. J. Oakley y P. A. Odber de Baubeta (eds.), *New Frontiers in Hispanic and Luso-Brazilian Scholarship. 'Como se fue el maestro': for Derek W. Lomax In memoriam* (Lampeter: Edwin Mellen Press, 1994), pp. 293-310.
18 El poema está reproducido, con unos pequeños cambios, en Juan Ramón Jiménez, *Segunda antolojía poética* (Madrid: Espasa-Calpe, 1980), pp. 37-38.
19 Reproducido en Juan Ramón Jiménez, *Poemas escogidos*, edición de Richard A. Cardwell (Barcelona: Ediciones Vicens Vives, 1994), p. 23.
20 Jiménez, *Segunda antolojía poética*, pp. 173-74.
21 Me refiero al trabajo ya clásico de Abrams, *The Mirror and the Lamp: Romantic Theory and the Critical Tradition* (Londres/Oxford/Nueva York: Oxford University Press, 1953); figuran como epígrafe del libro, citados en la contraportada, estos versos de Yeats: 'It must go further still: that soul must become / its own betrayer, its own deliverer, the one / activity, the mirror turn lamp'.
22 Juan Ramón Jiménez, *Rimas*, edición de Ángel González (Madrid: Aguilar, 1981), pp. 152-53. Consúltese al respecto mi artículo ya citado, 'Forms of Spirituality', p. 305.
23 Véase el artículo ya citado, 'Forms of Spirituality', pp. 303-06; consúltese también 'La despedida platónica de Juan Ramón Jiménez: *Dios deseado y deseante*, *De ríos que se van* y la poética del buen morir', en Trevor J. Dadson y Derek W. Flitter (eds.),

Ludismo e intertextualidad en la lírica española moderna (Birmingham: The University of Birmingham Press, 1998), pp. 38-56.
24 *The Complete Poetical Works of Percy Bysshe Shelley*, edición de Thomas Hutchinson (Londres: Oxford University Press, 1919), p. 435.
25 Shelley, *The Complete Poetical Works*, p. 436
26 Shelley, *The Complete Poetical Works*, p. 436.
27 Shakespeare, *The Tempest*, Acto I, Escena ii, vv. 399-401.
28 Concretamente en el primero de los simposios sobre poesía española celebrados en Birmingham; véase el citado artículo, 'La despedida platónica de Juan Ramón Jiménez', pp. 42-44.
29 Juan Ramón Jiménez, *Poesías últimas escojidas*, ed. Sánchez Romeralo, p. 312.
30 Shakespeare, *Richard III*, Acto I, Escena ii, vv. 1-2.
31 Jiménez, *Segunda antolojía poética*, pp. 54-55.
32 Jiménez, *Rimas*, ed. González, pp. 69-71.
33 Jiménez, *Segunda antolojía poética*, p. 38.
34 Howard T. Young, *The Line in the Margin: Juan Ramón Jiménez and his Readings in Blake, Shelley and Yeats* (Madison: University of Wyoming Press, 1980), p. 48.
35 *La corriente infinita* (Madrid: Aguilar, 1961), p. 178; consúltese al respecto el libro de María Luisa Amigo, *Poesía y filosofía en Juan Ramón Jiménez* (Córdoba: Monte de Piedad y Caja de Ahorros / Bilbao: Universidad de Deusto, 1987), pp. 23-33 y 36-38.
36 Véase Ricardo Gullón, *Conversaciones con Juan Ramón* (Madrid: Taurus, 1958), p. 108.

2
Máscaras poéticas y suplementos psicológicos en dos poemas del *Romancero gitano*

RICHARD A. CARDWELL
Universidad de Nottingham

En 1918, en el artículo 'Un prólogo que pudiera servir para muchos libros', escribió Lorca:

> El poeta es un personaje que debía ser sincero, se calla en el fondo de su alma lo que quiere estallarle en el corazón. Una sombra va a danzar en estas escenas llorando todo, lo triste y lo alegre.
>
> Bien mirado, la alegría no existe, porque casi siempre en el fondo de los corazones se aposentó el dolor inmenso que flota en los ambientes del universo, el dolor de los dolores que es el dolor de existir.[1]

Detengámonos un momento a considerar estas palabras, teniendo en cuenta que también este prólogo pudiera haber servido para los libros escritos después de 1918. El sentido de la cita es romántico, el romanticismo negativo de sesgo metafísico que asociamos con Larra y Espronceda. La preocupación angustiada por los valores esenciales y la pérdida de la fe se hizo tema a través del siglo XIX a los años veinte del siglo XX y se prolongó a la generación del propio Lorca.[2] Al mezclar la danza ('placer', 'alegría') con lágrimas ('sombra', 'tristeza', 'lloro') repite una de las reacciones clásicas del romántico frente al dolor: 'le rire en pleurs',[3] lema que Lorca convirtió en un epitafio personal –'yo me burlo de mis propias penas'– con ecos inmediatos del esproncediano 'mi propia pena con mi risa insulto' de *El diablo mundo*. Al mismo tiempo, el romanticismo le ofreció otro recurso para defender al artista del mal de vivir: la máscara o la fingida serenidad del *clown* y del *dandy*. La reacción empezó en *La Confession d'un enfant du siècle* de Musset y se desarrolló a través de los ensayos sobre el *dandy* de Barbey d'Aurevilly y de Charles Baudelaire, este último uno de los poetas predilectos de Lorca.[4] Es el *dandy* el artista que esconde su dolor detrás de la serenidad de una máscara y lo convierte en una *pose*. Al jugar con la idea de su 'sinceridad' frente a la idea platónica del poeta falseador y frente a lo que siente en su interior, Lorca adopta y desarrolla un recurso enteramente romántico. Expresa una lucha psicológica y espiritual entre realidad e ilusiones, entre la razón y la intuición, entre lo que se permite expresar y lo que desea ocultar. El tema de la máscara, tan comentado en la crítica lorquiana,[5] ha de interpretarse dentro del contexto romántico del dolor metafísico, que llega a su máxima expresión en *Poeta en Nueva York*, de su desilusión frente a la condición social española y del problema hondamente personal de su sexualidad.

Respecto a este último, varios estudios recientes han subrayado el profundo elemento personal de carácter psicológico del *Romancero gitano*, especialmente en lo que a su homosexualidad se refiere. Havard, en 1990, remite a las teorías de Sigmundo Freud para afirmar la presencia de 'a repeated narrative structure of a powerful penal authority, imposing its will on a fragile and sometimes transgressive minority', aludiendo a la relación freudiana entre los padres y el hijo.[6] Desde esta perspectiva el mismo crítico analiza

> the narrative conflict entirely in terms of Freud's division of the psyche into warring factions. [...] The Freudian approach, in short, reveals the obsessive nature of Lorca's sexual anxiety [...] The Freudian approach encourages us to see the poems as literary dreams, which is to say, as symbolic projections of the poet's deepest desires and anxieties (p. 15).

Un año más tarde Harris vuelve a enfatizar la dimensión psicológica de los versos del *Romancero*.[7] Pero es el estudio de Johnston, de 1998, el que subraya el proceso de enmascaramiento artístico y psicológico de nuestro poeta. Sugiere que un muy temprano sentimiento de pecado en el joven Lorca le marcó indeleblemente:

> the adolescent's burden of sinful thoughts and unconfessable desires shatter the magic sensation of connectedness [...] He hides his sexuality from his parents, concealing what he had been taught to think of as the hidden seams of shame and guilt from everyone who knows him [...] He [...] discovered there [in *cante jondo*] the mask of performance, the way in which the performer can be simultaneously public and private [...] This was to lead to Lorca's mature reflections on the way in which performance can be constructed and manipulated to communicate the tremor of concealed emotion within. It was how Federico survived, and it was the source of his sense of bad faith.[8]

El enmascaramiento lorquiano arraiga así en dos vertientes: su sentido de vacío espiritual y de pérdida de fe y, paralelamente, el sentimiento de pecado frente a sus deseos reprimidos. Por todo ello creó una persona para esconderlos y un estilo dentro del cual pudiera existir esta persona. En el *Romancero gitano*, Lorca afirma, 'mi rostro poético aparece por primera vez con personalidad propia […] definitivamente dibujada'.[9]

Al mismo tiempo, el estilo de Lorca, que crea contornos y perfiles antes que expresar presencias desnudamente, también hace al caso en este análisis.[10] Poeta post-simbolista como lo era, Lorca empleó una serie de recursos poéticos para esconder o velar sus más íntimos sentimientos. El recurso más sugerente para realizar tal empresa de esconder a la vez que expresar sus íntimos sentimientos y deseos es, quizás, el del mito, aspecto muy comentado en la crítica del *Romancero gitano*.[11] Según el poeta este libro se abre con dos mitos inventados: el de la luna como bailadora de la muerte y el del viento como sátiro.[12]

En este ensayo quisiera analizar los dos poemas introductorios del libro como posible modelo para una lectura deconstructora que revelará el proceso de enmascaramiento por medio de mitos e intertextos. Representa este proceso una reaccíon tanto inconsciente como consciente donde el lector tiene que descubrir las trazas y suplementos que nos deja el autor al callarse 'en el fondo de su alma lo que quiere estallarle en el corazón'. Jacques Derrida nos ha enseñado cómo un autor ofrece toda una serie de detalles, referencias intertextuales, tópicos, etc., que se reiteran a través del texto trazando un arco amplio más allá del sentido escondido, arco que distrae al lector y le ofrece otras posibilidades interpretativas.[13] Como ha apuntado Leitch:

> Reversing the traditional crucial pair, 'signified/signifier', Derrida produces a new concept. In place of Saussure's *sign*, Derrida installs the *trace*. Mysterious and imperceptible, the *trace* arises as a force and formation in writing […] [T]he *trace* is a theoretical unit in grammatology that, although imperceptible —more nothing than something— operates amidst the innermost reaches of writing, permeating and energizing its entire activity, affecting omnipresence, yet remaining out of hand […] [T]he silent and unconscious operations of the trace —of writing— undergo repression and censorship during the logo-centric epoch so that all the formative differences and absences produced in the production of the sign stay hidden.[14]

I
'Romance de la luna, luna'

Ramsden y Fernández de los Ríos han sugerido que Lorca encontró el tema de la luna que viene para llevar a un niño en varias supersticiones andaluzas recogidas al final del siglo XIX. Según la tradición, las nodrizas solían amonestar a los niños que no miraran la luna 'pues recordábanse cosas de haberse bajado a comerse y tragarse a los niños mirones'.[15] Las posibles fuentes encontradas en los estudios de folklore en los últimos años del siglo XIX me parecen más convincentes que los mitos recónditos comentados por Blanquat, Feal Deibe y Ramond.[16]

Al mismo tiempo Lorca relaciona este tema de la luna con la danza: 'mito de la luna sobre tierras de danza dramática, Andalucía interior concentrada y religiosa' (III, 342). Notemos la serie de referencias: luna, el baile flamenco, la pena negra y la religión, motivos de la poesía andaluza finisecular y los cuadros de Julio Romero de Torres, amigo y colaborador de Villaespesa y los hermanos Machado y fuente del propio Lorca para su *Libro de poemas*.[17] También el tema de la luna como ser misterioso que se encuentra en la poesía de Verlaine y Laforgue en el simbolismo francés y de Juan Ramón Jiménez en el simbolismo español. Crea Lorca un conjunto complicado de referencias intertextuales.[18] No obstante, al referirse al baile sensual el poeta evoca un amor intenso, a menudo frustrado, que casi siempre lleva a la muerte. Amor, represión, muerte.

Aunque la crítica ha insistido en la muerte del niño,[19] en ningún verso sugiere Lorca que el niño esté muerto. Los gitanos, símbolo de la vida plena sin condiciones ni represiones, lloran su pérdida y su ausencia porque está 'con los ojillos cerrados', es decir, dormido. La luna le lleva como sonámbulo (dormido todavía) 'de la mano'. Havard tiene razón cuando asocia el poema con las nanas infantiles y describe la luna como 'the mysterious agent of sleep who comes to close the eyes of the resisting child'.[20] Insiste también en la presencia del sueño y del inconsciente en este poema introductorio (p. 128). El sonambulismo, como sabemos, representa un tema insistente en la obra lorquiana. Me parece que el conjunto de mitos, supersticiones, el baile flamenco (quizás mezclado con una escondida referencia al baile *swing* americano o con ecos del *jazz* de la época), las interlocuciones, el jinete, los gitanos, la fragua, etc., sirven como diversiones lúdicas vanguardistas (un tipo de *collage*) o enmascaramientos para esconder lo que realmente importa en este romance. 'The poem can be seen', escribe Harris, 'as a set of disguises, hiding more than it reveals, a characteristic found repeatedly in the *Romancero gitano*' (p. 17). Pero Ramsden, al comentar un posible elemento psicológico en posibles referencias a la ausencia de la madre y su sustitución por la nodriza con su consecuente relación con el niño, nos ofrece la pauta necesaria para encontrar el suplemento inconsciente.[21]

La luna se presenta de una manera paradójica ya que es, a la vez, 'lúbrica y pura'. Ramsden ha explicado también cómo el baile flamenco puede manifestar estos dos elementos unidos.[22] No obstante, otros elementos nos ofrecen una posible pista en nuestro análisis. La luna lleva un 'polisón' que sugiere la moda femenina finisecular granadina y, así, un recuerdo infantil de su madre o una familiar. A la vez, representa una figura seductora y una amenaza sexual al enseñar sus senos. Pero los senos no son blandos, cariñosos, ni ofrecen un atractivo maternal para el niño (antes significan un rechazo) ya que son de 'duro estaño', con ecos inmediatos de los cuadros de Max Ernst, Marcel Duchamp, Francis Picabia o, muy posiblemente, los cuadros de Maruja Mallo, amante de Rafael Alberti, amigo de Lorca. Todos ellos representan a la mujer como un autómata o robot metálico.

La unión de dos elementos opuestos, 'baile de amor y frío' en un verso de un autógrafo temprano del poema finalmente suprimido, sugiere un intenso deseo libidinoso reprimido por las convencionales reservas sociales. Este verso representa una yuxtaposición extraordinaria y, por eso, sugiere una tensión y la posible presencia de una represión, un suplemento. Aunque el seno es duro, almidonado como lo es su traje, el efecto de la danza, como en las nanas infantiles en que se basó este romance, es hacerle al niño conciliar el sueño, quizás un simbólico huir hacia un mundo inconsciente más allá de la conciencia de lo que ha ocurrido. Pero antes, al asustarse el niño en el baile, éste amonesta a la luna y la amenaza con la posible llegada de los gitanos y, así, la posible conversión de la blanca luna en ornamentos de marfil. Es una reacción psicológica clásica ya que el niño responde de una manera que oculta su miedo interior o su pánico con una burla o risa irónica autodespreciativa. Pánico en el sentido estricto de la palabra: el terror pánico, la presencia de la fuerza erótica del dios Pan, encarnación del elemento incontrolado dionisíaco. Representa su terror ante la posibilidad de un ataque sexual o la inminente presencia de algo que mina el control apolíneo, control exigido por la sociedad y la interacción social entre los sexos. Dada esta reacción inconsciente, su miedo se convierte en una amenaza y recurre a una reacción de desplazamiento para mantener una aparente normalidad. Luego su miedo se manifiesta en la danza cuando pierde su compás y es rechazado por la luna: 'Niño, déjame, no pises / mi blancor almidonado'. Vemos la inexperiencia del niño en esta danza simbólica de relaciones sexuales y, así, una mezcla de excitación y de miedo. Encontramos un tipo de vaivén emocional de incertidumbre, también de fascinación por la novedad del encuentro con un 'otro' inesperado y mal comprendido en este movimiento de unión-separación-unión. Evoca a la madre o nodriza con su 'pecho almidonado' que, en otro lugar y en un contexto parecido con un niño dormido, describe Lorca en su ensayo sobre 'Las nanas infantiles y las canciones de cuna' (III, 287) y en *Canciones* (I, 332). Al mismo tiempo el poema evoca a la mujer seductora de los cuadros y poesías finiseculares tan diseminados en la prensa ilustrada durante la adolescencia del poeta.

La luna baja de los cielos a la fragua, espacio inspirado en las cuevas del barrio de Sacromonte donde viven los gitanos granadinos, la realidad granadina escondida en el fondo del poema. Y en estos detalles encontramos otro texto: la *trace* (memoria reprimida) de la realidad y experiencia personales lorquianas tejida en la *trace* suplementaria escondida e inconsciente, *trace* en forma de un mito que expresa los sentimientos y los temores reprimidos del poeta. Me refiero al mito de Endimión que Lorca pudiera haber leído en la traducción francesa de las poesías de Keats, fuente identificada por Ramsden en relación con otro poema.[23] Recordemos que el propio Lorca ensalzó en un artículo la 'plasticidad admirable' de Keats (III, 230 y 314).

En el mito, la diosa de la luna, Selene (o Diana), se enamoró del joven pastor Endimión al verle dormido en una cueva en el monte Latmos. Pidió a Júpiter, su padre, el amor de este mancebo y que nunca cambiara su forma juvenil. Júpiter le concedió esta petición. El niño permanecería en la flor de la vida sin envejecer, a costa de mantenerse en una existencia sonámbula (con 'los ojillos cerrados'), siempre dormido pero vivo. Cuando Selene le visitase, Endimión se despertaría sólo para entregarse a la diosa.

A través del mito escondido Lorca trata de explicar el momento de un escenario primario. Representa el poema el momento en que Lorca descubrió el 'otro' sexual, la diferencia entre el pecho de la madre todavía deseada y lo sensual del pecho de la mujer. Su experiencia de adolescente le había enseñado que había de aceptar a la mujer como parte esencial del desarrollo sexual del mancebo. Dada su confusión sexual y el sentimiento de pecado que experimenta frente al cuerpo femenino no es sorprendente que encontremos otra *trace* en este poema. Al reprimir este reconocimiento, nuestro poeta sale de lo que llama Lacan el reino de lo Imaginario y *le stade du miroir*, un centro emocional deseado y recordado como una ausencia, para entrar en el reino de lo Simbólico de la lengua.[24] Según Lacan, adaptando las teorías de Sigmundo Freud, la relación madre-niño no presenta ninguna separación en su primer estado ilusorio. La ausencia de un sentido de abertura entre el seno de la madre y el propio niño o, para Lacan, entre un concepto y su aplicación, es la prueba de la insuficiencia del concepto:

> The gap appears with the initiation of the child into the order of language – the 'Symbolic Order'. The structures of language are marked with social imperatives –the Father's rules, laws and definitions, among which are

those of the 'child' and 'mother'. Society's injunction that desire must want, that it must formulate in the constricting word whatever demand it may speak, is what effects the split between the conscious and unconscious, the repression that is the tax exacted by the use of language.[25]

En el contexto del arte lorquiano Johnston se refiere a 'a majority culture with its moral imperative of "civilized" conduct as a site of repression. The tools which enforce civilized conduct, the law and ethics, have always in their origins been primarily concerned to subdue and to domesticate'.[26] Por eso, la lengua poética, las imágenes, metonomias, metáforas, los tropos y suplementos expresan la fragmentación de las conexiones con el mundo patriarcal.

Lorca reconoce que la lengua no puede reproducir la totalidad primaria que ha perdido. Aprende que un signo presupone la ausencia o fragmentación del objeto que significa. Parece reconocer la imposibilidad de expresar el objeto de su deseo ya que el proceso entero es uno de pérdidas sucesivas; la experiencia tiene que expresarse por medio de una serie de significantes inasequibles. Lorca lamenta la ausencia, una vez más, de lo que Johnston ha llamado 'a sense of connectedness'.[27] En un temprano texto en prosa, 'Mi pueblo', el joven poeta reconoce que su fascinación por los efectos estéticos de la liturgia católica queda templada por un sentido de pecado profundamente arraigado, un sentido, según Gibson, que le inspiró su devota madre.[28] Según Johnston, 'Lorca's relationship with his mother was always to be close and unbearably secretive. It is a tension that he explores and attempts to resolve in his art'.[29] Y esta tensión se expresa en la fragmentación del estilo de sus versos. Lorca se enmascara y la escondida y reprimida pasión se expresa en el empleo de una complicada red de referencias intertextuales, una cadena de significantes sin fin siempre buscando el objeto deseado que es el imposible significado que es el seno de la madre antes de la experiencia del escenario primario sexual. La formación mítica se basa en la historia de un mancebo que nunca envejecerá, que permanecerá en la flor de la vida entregándose al amor en un estado sonámbulo. Por eso el niño no puede estar muerto como han sugerido varios críticos. Ramsden ha sugerido que 'el jinete' es 'un mítico heraldo de la muerte'.[30] Aunque es posible aceptar el análisis que ofrece del ambiente misterioso y 'mítico' de este romance (en armonía con el mito enmascarado), discrepo de la conclusión de que el niño esté muerto. 'Los ojillos cerrados' no significa exclusivamente la muerte física; puede significar un estado sonámbulo (ni despierto ni dormido, es decir, entre el pecho consolador de la madre y la ley del padre), una muerte simbólica, la muerte de la ilusión primaria, no fragmentada, 'the sense of connectedness' que menciona Johnston. Más obviamente, y especialmente en el contexto del sueño evocado (el sentido de sugestión en el movimiento encantador de los brazos de la luna, 'la calidad de ensueño' que nota Ramsden,[31] y el 'sueño' y 'los ojos entornados' de los gitanos en el olivar, sitio tradicional de amores), Lorca nos sugiere un estado sonámbulo donde el sujeto anda aunque está dormido, estado tan diseminado a través del *Romancero gitano*: 'Por el cielo va la luna con un niño de la mano'. El nuevo amante del niño lo guía por el cielo (reino de la imaginación y del sueño), lo guía porque está dormido, porque es un sonámbulo. Los gitanos, al reconocer la condición sonámbula del niño, reaccionan 'dando gritos' ya que ha perdido su inocencia primaria y corre el peligro de pecar contra las leyes convencionales sexuales y sociales. La naturaleza también reacciona en el lamento de la zumaya. 'El niño' que pertenece al mundo vital se ha convertido en algo distinto: 'un niño', figura que, por su condición sonámbula eterna, quedará sin especifidad, aislado del proceso natural de crecimiento y maduración sexuales.

El romance también sugiere la ausente presencia y la separación de la madre, pero no en el sentido desarrollado por Feal Deibe. El efecto reprimido se complica con la descripción del 'blancor almidonado' de la luna. Esta idea parece haber sido obsesionante ya que, en 1928, Lorca volvió al tema en su conferencia, 'Canciones de cuna españolas' (III, 282-300). Dice:

> [H]emos observado muchas veces cómo, al dormirse y sin que nadie le llame la atención, [el niño] ha vuelto la cara del almidonado pecho de la nodriza (ese pequeño monte volcánico estremecido de leche y venas azules) y ha mirado con los ojos fijos la habitación aquietada para su sueño. (III, 287)

Aquí Lorca nos explica, por medio de otro suplemento, la naturaleza del encuentro con la luna y con sus 'senos de duro estaño'. El 'almidonado pecho', el delantal blanco de la nodriza que Lorca recuerda de su niñez esconde el ausente pecho maternal, 'estremecido de leche y venas azules'. El 'blancor almidonado' de la luna marca una revisión del delantal almidonado ambiguo (ausente cariño materno / presente separación del seno y encuentro con el 'otro' femenino). El vaivén de emociones —separación, ansiedad, terror pánico, fascinación— representa una lengua de deseo a la vez que un sentido de fragmentación. Al enfatizar una de las emociones siempre quedan borradas (*sous râture*) las otras.[32] El niño reprime su sentido de separación y, al salir de lo Imaginario, trata de expresar por medio de los intertextos (lengua de deseo y de fragmentación, metáforas, símbolos, mitos) su pérdida en el mundo simbólico del poema. Al reconocer su separación de la madre se hace consciente de la existencia de otro aspecto de lo femenino, de un 'otro' que representa la mujer. Y lo expresa en términos de su temor frente a la mujer lúbrica. Pero, para recobrar su serenidad, para recuperar el ausente y fragmentado pecho maternal, simbolizado en 'los pechos de duro estaño', es retratado como un niño sonámbulo, niño que todavía ensueña a la madre pero, a la vez, niño que se deja llevar por el 'otro' femenino. De ahí el sugerido y nunca mencionado suplemento, el mito de Endimión que permanece en la flor de la vida, que nunca sentirá la lubricidad de la pasión sexual en su continuo dormir sonámbulo y que, cuando Selene le visite, regresará al seno de la mujer en su cueva (que también tiene resonancias de regresión, de vuelta al seno o al útero maternos).

II
'Preciosa y el aire'

Si en el primer poema teníamos un mito inventado a partir de la 'Andalucía, interior concentrada y religiosa', donde la luna figura como una bailadora de la muerte, el segundo poema introduce otra invención mítica contrastada, 'mito de playa tartesa donde el aire es suave como pelusa de melocotón y donde todo drama o danza está sostenido por una aguja inteligente de burla o ironía' (III, 342). Pero estas afirmaciones tienen que ponerse en tela de juicio ya que el propio poeta admite que son invenciones. Además la mención de la 'burla' y 'la ironía' nos ofrece la pauta necesaria para sospechar que el poeta vuelve a jugar con su lector. La ironía pretende presentarnos una cosa al tiempo que esconde otro sentido ulterior.

'Preciosa y el aire' está repleto de falsificaciones y espejismos. El complejo tejido de referencias intertextuales disfrazan y enmascaran algo que Lorca quiere suprimir. Como el niño frente a la luna lúbrica, Preciosa se encuentra acosada por una fuerza natural personificada. El aire recio, en forma del 'viento-hombrón', personificado, también tiene sus raíces en la cultura popular y erudita. Ramsden, en su fino comentario sobre este poema, nos ofrece una lista exhaustiva de posibles referencias. No obstante, muy a pesar de la función estética, narrativa y descriptiva de estas referencias, su principal función es el enmascaramiento de lo que realmente ocurre en el encuentro. El enfrentamiento representa un momento de crisis psicológica, crisis que se relaciona estrechamente con la crisis disfrazada del primer poema. En efecto los dos poemas forman un díptico.

Al nombrar a la bailadora con el nombre cervantino de Preciosa, Lorca establece la primera capa de una larga serie de enmascaramientos. Preciosa es una pantalla obvia, específica e inmediata. Pensamos en la gitanilla, 'la más única bailadora que se hallaba en todo el gitanismo', 'la más hermosa y discreta que pudiera hallarse'.[33] Varios detalles –la pandereta, el aire, San

Cristóbal, el dios parlero en lenguas– remontan a la novela ejemplar cervantina. Young ha notado la presencia del mito de Bóreas y Oritía en esta historia de la niña perseguida por el viento.[34] Pero quedan otras resonancias de la estrofa popular, señalado por Ramsden: 'No vayas solita al campo / cuando sopla el aire recio; / porque las niñas son flores / que hasta las deshoja el viento'.[35] Por eso, Preciosa no es sencillamente la bailadora discreta y honesta de Cervantes, ya que también está asociada tanto al mundo pagano como a la tradición popular de aviso y advertencia sexual a las jóvenes. Por esta última razón Preciosa es muy precavida cuando el cónsul inglés le ofrece ginebra. Al empezar el poema Preciosa se encuentra en un 'sendero anfibio', entre el litoral ('playa tartesa') y el mar; ella se sitúa en un mundo natural de vitalidad amenazadora. Por un lado queda la oscuridad del mar nocturno y, por el otro, el negro cielo que refleja los peces en el agua en una relación íntima y conspiradora.

El sátiro también es evocado por medio de una serie de capas intertextuales: Apolo que persigue a Dafne, mito que comentó Lorca en su temprano ensayo de 1919, 'Invocación al laurel' (I, 135-37), y las varias personas del Cristobalón. Esta figura la componen tres elementos: 1) San Cristóbal, patrón de los viajeros y portador del Niño Jesús; 2) la personificación del viento como un gigante en el cante jondo, y 3) lo que Lorca denomina 'el puñeterillo don Cristóbal' (II, 209), títere en dos dramas del poeta y figura tradicional de las ferias. Otra vez la significación principal se esconde a través de un espejismo de otras posibilidades.

Ramsden sugiere, por medio de una fina comparación de frases y modos de expresión, la presencia del 'Ode on a Grecian Urn' de John Keats. Interesante en este contexto es la relación establecida por Ramsden entre el escenario griego-pagano y la gaita. Rechaza la posibilidad de la gaita gallega e insiste en la gaita clásica, 'a rustic woodwind instrument much used, together with the tabor or tambourine [...]. But the combination of the pipe and tambourine not only recalls Spanish *fiestas*. It also suggests the bacchanal of classical tradition, much depicted in literature and sculpture. And not only in the literature and sculpture of classical antiquity' (p. 12). Además de la presencia de Keats quedan también las presencias de Salvador Rueda y Villaespesa, amigos e inspiradores del poeta. Y no olvidemos los muchos cuadros de la tradición 'Pompier' francesa y española y los cuadros clásicos de Sir Lawrence Alma-Tadema frecuentemente reproducidos en las revistas ilustradas de fin de siglo.[36] Sabemos que se vendieron más de 40.000 copias del cuadro 'The Women of Amphissa' de 1899, cuadro que retrata a las bacantes con todos los detalles que ofrece este poema, incluso ramas en forma de una glorieta.

En resumen, Lorca establece, dentro del complicado espejismo de referencias, un escenario pagano y clásico. Aunque el polifacético 'viento hombrón' con su 'espada caliente' se relaciona con la realidad del viento fuerte que se alza en la costa andaluza después del atardecer, un viento que quema, que riza el mar y hace que los olivos palidezcan, a la vez la conmoción y alboroto que causa puede relacionarse con una referencia que Ramsden menciona solamente de paso, 'the bacchanal of classical tradition'. Nos referimos a Bóreas, al Apolo que quiere violar a Dafne, a los tres elementos que nota Ramsden, elementos que forman un nexo de referentes que crean una aporía interpretativa y que esconden los suplementos. De momento, una fuerza vital y amenazadora entra violentamente en el mundo ordenado del litoral. El alboroto, la fuga y el miedo representan un momento clásico: el pánico, el terror infundido por Pan que, en el mito, muchas veces se confunde con o es el compañero de Baco. Y, en este polifacético mito, Baco también suele aparecer como un viejo disipado con nombre de Sileno. De un lado del 'sendero anfibio', del lado del mar misterioso, oscuro y profundo viene Baco o Dionisio, la fuerza dionisíaca. Del otro, señalado por la presencia de los laureles, queda, en ése su símbolo, Apolo, dios de la música, la poesía, la elocuencia y la luz de la inteligencia y del espíritu. Este aspecto enlaza con otro de la persona de Apolo. Se refiere también a la momentánea pérdida de control racional del dios de la Luz y las Artes cuando trata de violar a Dafne. Este mito, así, es evocado en términos ambiguos, en otra aporía, quedando el reprimido suplemento en un vaivén entre el control apolíneo y la violación dionisíaca.

Y ¿qué hace Preciosa en su danza en esta región indeterminada, tierra de nadie? La bailadora es Preciosa, Dafne, Oritía, una gitana, y, a la vez, una bacante. La evocación polifacética nos indica el juego de posibilidades que indican la represión del deseo. Los pares binarios luz/tinieblas, razón/sinrazón, control/desorden, etc., desisten de ejercer su función como discursos del poder. La parte inferior de la correlación binaria empieza a incidir. Como sostiene Derrida en 'Structure, Sign and Play':

> The center is not the center. The concept of a centered structure [...] is contradictorily coherent. And as always, coherence as a contradiction expresses the force of desire. The concept of a centered structure is in fact the concept of a play based on a fundamental ground, a play constituted on a fundamental immobility and a reassuring certitude, which is itself beyond the reach of play [...] The entire history of the concept of structure, before the rupture of which we are speaking, must be thought of as a series of substitutions of the center for the center, as a linked chain of determinations of the centre.[37]

Preciosa está integrada en el rito de las bacantes, en la danza báquica acompañada por la música de panderos, gongs, flautas y la antigua gaita clásica. El rito de la bacanal se celebraba a orillas del mar en la ciudad de Amphissa (Salona) en la Grecia Antigua y las bacantes solían entregarse al baile desenfrenado, danzando durante toda la noche hasta caer en una locura erótica o en la insensibilidad. Pero ¿qué tiene que ver la bacanal con el significado del poema?

Al principio, la niña ve un 'San Cristobalón desnudo, / lleno de lenguas celestes' que ella quizás, dado el nombre que ofrece Lorca –'portador de Cristo'– identifica como una fuerza espiritual cristiana y, así, pura. También con Apolo, con su cabeza coronada por una aureola de rayos de luz, 'lenguas celestes', luz del cielo y del espíritu poético, luz aprobada por la sociedad a la cual pertenece, luz que siempre se dibuja en las representaciones tradicionales, como una aureola de rayos solares. San Cristóbal se transforma en Apolo ya que evoca la presencia de 'los laureles' en las dunas de la playa, símbolo de la inspiración y el genio, la luz de una fuerza espiritual y extática. Experimenta una sensación alentadora ya que, hasta el momento, no se ha entregado totalmente al rito en su 'sendero anfibio'. Pero en ese mismo instante, al entrar más plenamente en la danza báquica y al perder el control emocional, racional y social apolíneo, ella penetra en el mundo sensual dionisíaco; los laureles que coronan la frente de Apolo revelan su sentido contrario y escondido: la tentativa de violar a Dafne, la pérdida del control. Y, en ese momento, se enfrenta con el 'otro' de su ser, el elemento libidinal que contrasta con el id social anterior. Reconoce, dentro de sí, un aspecto insospechado, aspecto que le repugna y le amedrenta: su propia sexualidad fuera de cualquier control social o racional. 'Preciosa tira el pandero / y corre sin detenerse' porque 'las lenguas celestes' se han mutado en el fuego sensual y erótico de 'lenguas relucientes'. Ocurre este reconocimiento íntimo en la zona ambigua descentrada entre el control y el abandono, en el 'sendero anfibio'. En ese momento de pánico, en su sentido clásico y auténtico, Preciosa se refugia de nuevo en el mundo apolíneo de los montes, más allá de los laureles, en las dunas de la playa tartesa, en lo social que, también, como ha señalado Johnston, expresa una serie de ambigüedades.[38]

Al experimentar esta emoción desconcertante Preciosa reconoce, dentro de sí, el desequilibrio interior entre los deseos personales y lo que exige la sociedad; reconoce un aspecto insospechado, aspecto que le amedrenta, un sentimiento que le hace tirar su pandero y le hace correr 'sin detenerse'. El efecto de la fragmentación de la correlación binaria control/desorden (manifestado en la transformación de las 'lenguas celestes' en 'lenguas relucientes' y 'la espada caliente' fálica, la transformación del viento en la forma de un 'sátiro de estrellas bajas / con sus lenguas relucientes'), revela la presencia de un escondido deseo, de suplementos inconscientes. Las estrellas que no relucen al empezar el poema ('el silencio sin estrellas') de pronto aparecen de una forma poco celestial. Se asocian con elementos bajos. En el momento de 'pánico' Preciosa se esconde en un aparente refugio de probidad social. Pero los efectos de la experiencia le hacen estar muy precavida y queda la presencia de su turbación sexual en la continuada presencia del viento que, 'furioso', 'muerde las tejas de pizarra'. A Preciosa le es imposible volver a la inocencia y a la ecuanimidad anterior.

A través de capa tras capa de intertextos, mitos, invenciones y referencias, incluso glosas de las saetas de Semana Santa, esconde Lorca su obsesión con el despertar sexual de la adolescente, el reacio reconocimiento del mundo erótico adulto, su primario escenario freudiano.

III

Sería interesante leer otros poemas del *Romancero gitano* en el mismo contexto deconstructor, buscando las trazas y suplementos entre los muchos mitos e intertextos, especialmente los que se esconden o se reprimen. Los dos poemas que introducen los dieciocho romances del libro parecen ofrecer un texto estable y sin misterios. No obstante, las dos historias –la historia de un niño y de una muchacha– manifiestan una serie de subversiones, de significaciones inseguras y no resueltas. Para Derrida, la significación no se demuestra inmediatamente dentro de un signo. Como observa Terry Eagleton, 'since the meaning of a sign is a matter of what a sign is *not*, its meaning is always in some sense absent from it too. Meaning, if you like, is scattered or dispersed along a whole chain of signifiers: it cannot easily be nailed down, it is never fully present in one sign alone, but is rather a kind of flickering of presence and absence together'.[39]

En 'Canciones de cuna españolas' Lorca decía:

> Muchas veces la madre construye en la canción una escena de paisaje abstracto, casi siempre nocturno, y en ella pone [...] uno o dos personajes que ejecutan alguna acción sencillísima y casi siempre de un efecto melancólico de lo más bello que se puede conseguir. Por esta escenografía diminuta pasan los tipos que el niño va dibujando necesariamente y que se agrandan en la niebla caliente de la vigilia. (III, 289-90)

¿No es esto una descripción aguda del *Romancero gitano*? Lorca procede por el mismo camino creador que la nodriza que canta para que sus verdaderos e inconscientes sentidos y sentimientos enmascarados y reprimidos 'se agrand[e]n en la niebla caliente de [nuestra] vigilia'.

NOTAS

1 Federico García Lorca, 'Un prólogo que pudiera servir para muchos libros', *El Éxito*, 95 (10-V-1918), s. p.
2 Véanse D. L. Shaw, 'Towards an Understanding of Spanish Romanticism', *Modern Language Review*, 58 (1963), 190-95; Shaw, '¿Qué es el modernismo?', en R. A. Cardwell y B. J. McGuirk (eds.), *¿Qué es el modernismo. Nueva encuesta. Nuevas lecturas* (Boulder: Society for Spanish and Spanish-American Studies, University of Colorado at Boulder), 1993, pp. 11-24; H. Ramsden, 'The Spanish "Generation of 1898"', *Bulletin of the John Rylands University Library of Manchester*, 56 (1974), 463-91; Richard A. Cardwell, 'The Persistence of Romantic Thought in Spain', *Modern Language Review* 65 (1970), 803-12 y '"Mi sed inquieta": Expresionismo y vanguardia en el drama lorquiano' en *El teatro de Lorca. Tragedia, Drama y Farsa*, edición dirigida por Cristóbal Cuevas (Málaga: Publicaciones del Congreso de Literatura Española Contemporánea, 1995), pp. 101-26.
3 Así, por ejemplo, Marivaux, 'Je me presse de rire de tout de peur d'être d'obligé d'en pleurer' y Byron, 'And the sad truth which hovers o'er my desk / Turns what was once romantic to burlesque. / And if I laugh at any mortal thing, / 'Tis that I may not weep; and if I weep, / 'Tis that our nature cannot always bring / Itself to apathy, for we must steep / Our hearts first in the depths of Lethe's spring / Ere what we least wish to behold will sleep'.
4 Para un análisis de este fenómeno en el fin del siglo XIX y en el siglo XX, véanse Ricardo Gil, *La caja de música*, edición e introducción de Richard A. Cardwell, Exeter Hispanic Texts (Exeter: University of Exeter Press, 1972) y, del mismo, 'Picasso's Clowns', en M. A. Rees (ed.), *Symbol and Image in Iberian Arts*, Leeds Iberian Papers, VII (Leeds: Trinity and All Saints College, 1994), pp. 249-81. Véanse también Russell S. King, 'The poet as Clown: Variations on a Theme in Nineteenth-Century French Poetry', *Orbis Litterarum*, 33 (1978), 238-52; Jean Starobinski, *Portrait de l'artiste en saltimbanque* (Bern: Peter Lang, 1970); A. G. Lehmann, 'Pierrot and Fin de Siècle', en Ian Fletcher (ed.), *Romantic Mythologies* (Londres: Routledge, 1967); Frances Haskell, 'The Sad Clown: Some Notes on a 19th-Century Myth', en Ulrich Finke (ed.), *French 19th-Century Painting and Literature* (Manchester: Manchester University Press, 1972).
5 Véanse, por ejemplo, los estudios de Ian Gibson, *Federico García Lorca. A Life* (Londres y Boston: Faber & Faber, 1989) y *The Shameful Life of Salvador Dalí* (Londres y Boston: Faber & Faber, 1997).
6 Federico García Lorca, *Gypsy Ballads/Romancero gitano*, edición de Robert Havard (Warminster: Aris and Phillips, 1990), p. 14.
7 Federico García Lorca, *Romancero gitano*, edición de Derek Harris, Tamesis Texts (Londres: Grant and Cutler, 1991).
8 David Johnston, *Federico García Lorca* (Bath: Absolute Press, 1998), pp. 26, 32 y 49.
9 Federico García Lorca, *Obras completas*, 3 vols (Madrid: Aguilar, 1986), III, 339.
10 Véanse, por ejemplo, los comentarios de H. Ramsden en *Lorca's Romancero gitano. Eighteen Commentaries* (Manchester: Manchester University Press, 1988).

11 Véanse, entre otros varios estudios, J. López Morillas, 'García Lorca y el primitivismo lírico: reflexiones sobre *Romancero gitano*', en Ildefonso-Manuel Gil (ed.), *Federico García Lorca* (Madrid: Taurus, 1973) pp. 287-99; C. Feal Deibe, '"Romance de la luna, luna": Una reinterpretación', *Modern Language Notes*, 86 (1971), 284-88; M. Ramond, '"Romance de la luna, luna": naissance et signification de thème gitan', *Imprévue* (Montpellier), núm. homenaje, (1977), 136-67.
12 García Lorca, *Obras completas*, III, 341.
13 Jacques Derrida, *Of Grammatology* (Baltimore: Johns Hopkins University Press, 1976). Primera edición francesa: París: Seuil, 1967.
14 Vincent B. Leitch, *Deconstructive Criticism. An Advanced Introduction* (Nueva York: Columbia University Press, 1983), pp. 28-29. Véanse también Ann Jefferson y David Robey (eds), *Modern Literary Theory: A Comparative Introduction* (Londres: Batsford, 1996), pp. 118-19 y Elizabeth Wright, *Psychoanalytic Criticism. Theory in Practice* (Londres y Nueva York: Routledge, 1984): 'The terms [...] "writing", "trace", "differance", "dissemination", are designed to show the way any text undermines itself. Writing at once represses and reveals desire ("writing is unthinkable without repression"). Words, whether spoken or written, are subject to "differance", differing from and deferring any transient fixation of meaning. Derrida refers to this process as the sign being "under erasure", the rubbing out being performed by past memories ("traces") in the unconscious, "archives which are *always already* transcritions", not copies, but unconscious interpretations. In Derrida's reading of Freud [...] the unconscious, through memories non-verbal as well as verbal, thus becomes active in the production of meaning, its traces being present in every word' (pp. 133-34).
15 Ramsden, *Eighteen Commentaries*, p. 1, y Ramsden, *Federico García Lorca. Romancero gitano* (Manchester: Manchester University Press, 1988), pp. 43-44. Véase también Luis Beltrán Fernández de los Ríos, *La arquitectura del humo: Una reconstrucción del "Romancero gitano" de Federico García Lorca* (Londres: Tamesis Books, 1986).
16 Josette Blanquat, 'La lune manichéenne dans la mythologie du *Romancero gitano*', *Revue de la littérature comparée*, 38 (1964), 376-99; C. Feal Deibe, '"Romance de la luna, luna"; Una reinterpretación', *Modern Language Notes*, 86 (1971), 284-88; M. Ramond, '"Romance de la luna, luna": naissance et signification de thème gitan', *Imprévue* (Montpellier), núm. homenaje, (1977), 136-67.
17 Sobre el fondo andaluz finisecular, véanse José Sánchez Rodríguez, *Alma andaluza*, estudio preliminar de Richard A. Cardwell, edición, introducción, biografía y bibliografía de Antonio Sánchez Trigueros (Granada: Universidad de Granada, 1996) y C. B. Morris, *Son of Andalusia: The Lyrical landscapes of Federico García Lorca* (Nashville, Tennessee: Vanderbilt University Press, 1997).
18 Como observa Harris: 'The poem can be seen as a set of disguises, hiding more than it reveals, a characteristic found repeatedly in the *Romancero gitano*' (Lorca, *Romancero gitano*, p. 17).
19 Ramsden habla de 'the approach of misfortune or death' (*Eighteen Commentaries*, p. 5) y concluye que 'The air, then, conspires with the moon in the child's death'

(p. 6). Harris afirma que 'The *Romancero gitano* begins with the death of a small boy, a death in which the moon has a dominant part [...] [T]he child's eyes will be closed, in death rather than sleep' (Lorca, *Romancero gitano*, pp. 14-15).
20 Havard, *Romancero gitano/Gypsy Ballads*, p. 127.
21 'One is almost surprised that no sociologist or psychologist of literature has made the point' (Ramsden, *Eighteen Commentaries*, p. 4). Véase también el comentario de Harris: 'It can even perhaps be read as a very personal poem in which Lorca explores an imaginary relationship with his father's first wife who had died four years before Lorca was born. The year of her death, 1894, was the time when the bustle was in fashion, which might give the anachronistic presence in the poem an origin in family photographs. Lorca was fascinated by her and once referred to her as "la que pudo ser mi madre"' (Lorca, *Romancero gitano*, p.16).
22 'Traditional Andalusian dancing operates from within a framework of ritual, like oriental dancing, and it is the ritualistic aspect that Lorca emphasises in the poem' (Ramsden, *Eighteen Commentaries*, p. 2).
23 Ramsden, *Eighteen Commentaries*, pp. 12-13 y n. 7. J. B. McInnes y E. E. Bohning sugieren la misma fuente en su 'The Child, the Daemon and Death in Goethe's "Erlkönig" and García Lorca's "Romance de la luna, luna"', *García Lorca Review*, 9 (1981), 109-27.
24 Jacques Lacan, *Écrits* (París: Seuil, 1966).
25 Elizabeth Wright, *Psychoanalytic Criticism: Theory in Practice* (Londres: Routledge, 1984), p. 109.
26 Johnston, *Federico García Lorca*, p. 4.
27 Johnston, *Federico García Lorca*, p. 32.
28 Gibson, *Federico García Lorca*, p. 15.
29 Johnston, *Federico García Lorca*, p. 27.
30 Ramsden, *Eighteen Commentaries*, p. 5.
31 Ramsden, *Eighteen Commentaries*, p. 5.
32 Jacques Derrida, *Of Grammatology*, p.158.
33 Miguel de Cervantes, *Obras completas* (Madrid: Aguilar, 1967), p. 774.
34 Howard T. Young, *The Victorious Expression* (Madison: Wisconsin University Press, 1964), pp. 164-80.
35 Ramsden, *Eighteen Commentaries*, p. 8.
36 Véanse, por ejemplo, 'In the Temple', Opus LXXXIX (1871); 'Exhausted Maenades. After the Dance' (inacabado) (1875); 'After the Dance', Opus CLVIII (1875); 'The Women of Amphissa', Opus CCLXXVIII (1887); 'A Dedication to Bacchus', Opus CCXCIII (1889); 'Bacchante', Opus CCCLXXXIV (1907). Véase Vern G. Swanson, *Sir Lawrence Alma-Tadema. The Painter of the Victorian Vision of the Ancient World* (Londres: Ash & Grant, 1977).
37 Jacques Derrida, 'Structure, Sign and Play in the Discourse of the Human Sciences', en *The Language of Criticism and the Sciences of Man: The Structuralist Controversy*, ed. Richard Macksey y Eugenio Donato (Baltimore: Johns Hopkins University Press, 1970), pp. 247-65 y posteriormente en Jacques Derrida, *Writing and Difference*, traducción, introducción y notas adicionales de Alan Bates

(Londres: Routledge y Kegan Paul, 1978).
38 'Suffering leads to an impassioned understanding of our deepest nature. Preciosa is forced back into the social sphere, one of furtive sexuality and public morality' (Johnston, *Federico García Lorca*, p. 39).
39 Terry Eagleton, *Literary Theory. An Introduction* (Oxford: Basil Blackwell, 1983), p. 128.

3
El conceptismo de Miguel Hernández

Arthur Terry
Universidad de Essex

Miguel Hernández publicó su primer poemario, *Perito en lunas*, en 1933. Tenía veinte y dos años y hacía algunos años que escribía poesía. Estos poemas tempranos pertenecen a lo que se considera su 'prehistoria': son fluidos, quizás con exceso, y demuestran una fuerte influencia del Modernismo – un tipo de escritura que ya parecía un poco anticuado. Muchos de ellos vieron la luz en periódicos locales y no son muy diferentes de lo que escribían otros poetas provincianos de la época. Todos fueron compuestos en Orihuela, el pueblo natal de Hernández, donde, después de una educación algo superficial, seguía el negocio paternal de pastor de cabras. No debemos insistir demasiado en esto: por un lado, significaba un contacto íntimo con la naturaleza que había de ser importante para sus poemas; por otro, no excluía una cantidad grande, si poco sistemática, de lecturas, tanto de poesía clásica como de aquellas obras de sus contemporáneos que tuviese a manos. Luego, en 1931, todo esto cambia: se marcha por primera vez a Madrid, donde sufre una época de gran miseria personal, pero de algún modo u otro consigue escribir un tipo de poesía muy diferente de su obra anterior. Las causas de este cambio quedan oscuras: sospechamos que en Madrid se hiciera consciente del debate corriente en torno a la 'poesía pura', junto con el renovado interés por la obra de Góngora que se había iniciado algunos años atrás. Cualquiera que sea la verdad, los poemas de *Perito en lunas* dependen en gran parte de un tipo de concepto que Hernández deriva evidentemente de Góngora, pero el cual, como veremos, utiliza para unos propósitos algo diferentes. Por otra parte, sería un error pensar en Góngora como la única influencia de esta fase: al mismo tiempo le hallamos copiando algunas de las décimas de Jorge Guillén y escribiendo poemas suyos en el otro lado del papel; y, aunque no domina muy bien el francés, se pone a traducir poemas de Mallarmé, Valéry y Apollinaire. Y finalmente, como ha demostrado Carmen Alemany Bay, recurre a menudo al diccionario en busca de unas definiciones que han de sugerir unas metáforas para sus poemas.[1] Así, copia una definición de 'simulacro' –'acción de guerra fingida para adiestrar las tropas'– que determina un verso de *Perito en lunas*: 'las pitas hacen simulacros de bayonetas'.

En cuanto a la poesía pura, debemos reconocer que, en los primeros años 30, ésta quedaba vinculada forzosamente con la poesía del mismo Góngora. Como se deduce de los primeros escritos de Dámaso Alonso, en aquellos tiempos se leía a Góngora de un modo algo diferente del del lector de hoy: más como una creación autónoma del lenguaje, y menos por lo que dice en realidad. Otra vez, Góngora no es la única fuente; como ha dicho Guillermo Carnero:

> Miguel Hernández pudo adquirir su purismo en múltiples fuentes: la obra poética de Valle-Inclán, los primeros libros del 27, las greguerías de Ramón, los aforismos de Bergamín. En Valle, Ramón y Bergamín debió de asimilar la nota humorística y la afición a la adivinanza y el enigma, que sustentan y a veces lastran sus poemas gongorinos.[2]

Sea como fuere, hay un texto en prosa que Hernández escribió al mismo tiempo que *Perito en lunas* –'Mi concepto del poema'– el cual viene a ser una declaración de principios puristas. Empieza como sigue:

> EL LECTOR – ¿Qué es el poema? EL POETA – Una bella mentira fingida. Una verdad insinuada. Sólo insinuándola no parece una verdad mentira. Una verdad precisa y recóndita como la de la mina. Se necesita ser minero de poemas para ver en sus etiopías de sombras sus indias de luces…[3]

Y al suprimir los títulos de los poemas de *Perito en lunas* –un gran error, en mi opinión– es como si Hernández quisiese acercar su obra aun más a los ideales de la poesía pura. Así un crítico bien dispuesto, el poeta Gerardo Diego, puede escribir, con honradez perfecta:

> No es esencialmente creada la poesía de *Perito en lunas* [...] De donde se deduce que para gozarla plenamente hay que entenderla, y para entenderla, hay que saber recrear en sentido inverso el sendero recorrido por el poeta. Si no, nos quedamos a oscuras, aunque nos halague el juego de imágenes que, borrosa su identificación metafórica, se nos quedan en gratuitas imágenes vagamente sugeridoras y verbales. [...] No creo que haya un solo lector, que los hubiera en 1933 tampoco, capaz de dar la solución a todos los acertijos poéticos que propone.[4]

Afortunadamente, Hernández dio a uno de sus amigos de Orihuela una lista de los títulos originales, sin la cual muchos de los poemas serían más o menos incomprensibles. Leyéndolos con los títulos, una de las primeras cosas que nos impresiona es la manera en que Hernández no se limita a imitar los conceptos gongorinos, sino que los suele elaborar en diversas maneras. Esto ocurre, por ejemplo, en la octava cuarta, intitulada 'Toro', donde es el toro mismo que habla:

> ¡A la gloria, a la gloria, toreadores!
> La hora es de mi luna menos cuarto.
> Émulos imprudentes del lagarto,
> magnificáos el lomo de colores.
> Por el arco, contra los picadores,
> del cuerno, flecha, a dispararme parto.
> ¡A la gloria, si yo antes no os ancoro,
> –golfo de arena–, en mis bigotes de oro!

Aquí, hay un concepto obvio en los dos últimos versos: 'ancoro' ('anclo') conecta con 'golfo'; el 'golfo' es la arena en la que el torero puede ser 'anclado' por los cuernos del toro. Pero lo que sucede en los versos anteriores me parece más interesante. 'Por el arco, contra los picadores / del cuerno, flecha, a dispararme parto' es más o menos una imitación del hipérbaton gongorino: 'Por el arco […] del cuerno, parto a dispararme como una flecha'. Sin embargo, del punto de vista del sentido, Hernández da la impresión de combinar *dos* metáforas gongorinas: una de la segunda *Soledad* –'[…] novillo tierno / (de bien nacido cuerno / mal lunada la frente)'– y otra de 'Angélica y Medoro': 'Todo es gala el Africano, / su vestido espira olores, / el lunado arco suspende…'. Así, en los versos de Hernández, la primera metáfora –toro-cuernos-luna– se superpone a la segunda –arco-luna– para formar un concepto nuevo y más atrevido.

Pero donde Hernández difiere más de Góngora es en la variedad y la intención de sus metáforas. Como escribe Cano Ballesta:

> En *Perito en lunas*, Miguel Hernández asimila a la perfección la técnica metafórica del neogongorismo y se muestra original e independiente en la selección del material metafórico. Mientras Góngora sublima e hiperboliza todo cuanto toca convirtiéndolo en oro, plata, rubíes y demás material renacentista, el poeta-pastor busca sus motivos en el mundo real de la vida campestre.[5]

Esto quiere decir que, mientras el mismo sujeto del poema tiende a ser eludido, las imágenes que sirven para indicarlo son tomadas casi sin excepción de la vida diaria o de la realidad natural, que para Hernández son casi lo mismo. El resultado, como dice Gerardo Diego con toda justicia, es las más veces un acertijo – es decir, una forma esencialmente popular que tiene muchos precedentes en español. Sánchez Vidal cita una de estas adivinanzas populares la cual se refleja directamente, creo, en la técnica de Hernández.[6] Reza así:

> Yo soy un buen mozo,
> Valiente y bizarro,
> Gasto doce damas
> Para mi regalo,
> Todas van en coche
> Y gastan sus cuartos,
> Todas gastan medias,
> Pero no zapatos.

(La respuesta, que seguramente habrán adivinado, es 'El reloj y sus horas'.)
Ahora comparemos esto con la octava XIV:

> Blanco Narciso por obligación.
> Frente a su imagen siempre, espumas pinta,
> y en el mineral lado del salón
> una idea de mar fulge distinta.
> Si no esquileo en campo de jabón,
> hace rayas, con gracia, mas sin tinta;
> y al fin, con el pulgar en ejercicio,
> lo que le sobra anula del oficio.

La pista, en este caso, la da el título suprimido: 'Barbero'. Al saber esto, todo queda aclarado. El barbero se parece a Narciso porque, debido a su oficio ('por obligación'), tiene que mirarse en un espejo. Está ocupado en afeitar a un cliente ('espumas pinta'); la parte de la habitación que tiene enfrente está revestida de azulejos ('el mineral lado del salón'), y hay un lavamanos con agua ('una idea de mar'). Cuando no está afeitando, peina los cabellos del cliente ('hace rayas, con gracia, mas sin tinta') y cuando acaba de afeitar, limpia el jabón que queda con el pulgar ('lo que le sobra anula del oficio').

En esta etapa, Hernández estaba muy consciente del conflicto entre sus circunstancias diarias y su vocación de poeta. Éste queda implícito en el mismo título del libro –*Perito en lunas*– una frase que se repite en la octava XXXV, intitulada 'Horno y luna'. Ésta reza así:

> Hay un constante estío de ceniza
> para curtir la luna de la era,
> más que aquélla caliente que aquél iza,
> y más, si menos, duradera.
> Una imposible y otra alcanzadiza,

> ¿hacia cuál de las dos haré carrera?
> Oh tu, perito en luna, que yo sepa
> qué luna es de mejor sabor y cepa.

El primer cuarteto resulta difícil, en parte porque 'estío' y 'luna' son empleados a la vez literal y metafóricamente. Hay un contraste, evidentemente, entre 'horno' y 'luna': el 'horno' constituye 'un constante estío de ceniza' que produce la hogaza en forma de luna. 'Aquél' se refiere a 'estío': el horno resulta más caliente que la luna tal como ésta se manifiesta en el estío ('que aquél iza'), y es más duradero, si menos dorado. Los últimos versos son mucho más sencillos: la luna –la luna real– queda menos accesible que la hogaza en forma de luna, pero el poeta tiene que escoger una de las dos; o sea, la elección queda entre la vida cotidiana y la vocación mucho más insegura de la poesía.

De este modo, 'perito en lunas' viene a significar a la vez al pastor y al poeta, el uno que observa la naturaleza y el otro que busca unos sentidos más allá de las apariencias. O como el mismo Hernández lo expresa en una de sus prosas tempranas: 'Que me dejen [...] aprender el arte de pescar estrellas; aunque nadie sepa que soy lunicultor'.[7] En cuanto a la luna misma, el símbolo central de estos poemas, sus diversos sentidos coinciden en una visión única e idiosincrática que se prolongará hasta sus poesías posteriores. En primer lugar, la luna queda vista en su forma más primitiva, como símbolo a la vez de la fecundidad y del hado. (En esto, se parece a otros símbolos de su poesía posterior. Como indica Rovira:

> [Es] parte de aquella dialéctica que veremos en varios de los símbolos centrales: el poeta será amenazado por el rayo y se salvará por el rayo, el poeta tiene el influjo fatal de la luna y se salva también por la luna.[8])

Otra vez, la luna constituye una fuerza unificadora, algo que reúne los diversos objetos del mundo, así como una representación del crecimiento del propio poeta. Y esta fuerza unificadora –una especie de panteísmo sin Dios– se manifiesta sobre todo en la calidad de redondez que Hernández encuentra en gran parte de los objetos a que se refiere en sus poemas. Y esto, en su torno, sugiere lo que Sánchez Vidal llama 'la tendencia de la Naturaleza a cerrarse sobre sí misma para la consecución de sus actividades primordiales'.[9] En la práctica, esto no se aplica solamente a la naturaleza, sino también a los objetos artificiales, como la noria de la octava XXXII:

> Contra nocturna luna, agua pajiza
> del limonar: halladas asechanzas:
> una afila el cantar, y otra desliza

> su pleno, de soslayo, sin mudanzas.
> Luna, a la danzarina de las danzas
> desnudas, a la acequia, acoge e iza,
> en tanto a ti, pandero, te golpea:
> ¡cadena de ti misma, prometea!

Aquí, la noria es una 'nocturna luna', una luna negra, cuya agua adquiere el color amarillo del limonar. Los cangilones son 'halladas asechanzas'; sorprenden el agua, como en una emboscada, y uno de ellos la convierte en punto ('afila el cantar'), mientras que otro la suelta ('desliza su pleno'). La 'luna' del quinto verso es siempre la noria; la 'acequia' se parece a una bailarina que bate el 'pandero' –otra imagen de la noria y otro objeto redondo– y finalmente, la noria queda clavada en el sitio –no puede moverse sino en dirección circular– igual que Prometeo en su roca.

En el curso de los poemas, Hernández encuentra esta redondez en varios objetos: un pozo, una gota de agua, un barril de vino – incluso en la taza de un retrete. Uno de los ejemplos más sutiles es la octava XXIV, intitulada 'Huevo'. Reza así:

> Coral, canta una noche por un filo,
> y por otro su luna siembra para
> otra redonda noche: luna clara,
> ¡la más clara! con un sol en sigilo.
> Dirigible, al partir llevado en vilo,
> si a las hirvientes sombras no rodara
> pronto un rejoneador galán de pico
> iría sobre el potro en abanico.

Aquí, el sujeto de la frase inicial es el gallo. 'Coral' puede referirse a la cresta de éste, o bien a su canto: por un lado, anuncia el amanecer, y por otro fecunda la gallina, que luego produce un huevo, la 'otra redonda noche'. El huevo, a su vez, es una luna que tiene en secreto un sol – la clara y la yema. Los cuatro versos finales contienen un par de alternativas: o el huevo será transportado –como un dirigible– a la sartén ('las hirvientes sombras') – 'sombras' sugiriendo una 'noche' metafórica que contendrá la luna también metafórica, es decir, el huevo. O bien, si el huevo se deja madurar, producirá otro gallo que, con el tiempo, montará otra gallina, clavándole el pico como un rejoneador en su caballo.

Además de referirse a unos objetos redondos –la luna, el huevo, la sartén– se habrá notado que el mismo poema tiene un efecto cíclico. No solamente la noche real del principio da paso a la noche metafórica de la sartén –en cierta manera, un progreso temporal– sino que el gallo del comienzo queda sustituido por el gallo imaginario que el huevo puede producir en el futuro. En realidad, un buen número de poemas demuestran este efecto cíclico. En la segunda octava, 'Domingo de Ramos', por ejemplo, movemos del mozo que se sube a la palmera a la procesión de Pascua y después a las palmas que adornan los balcones de las casas durante el resto del año. Y algo semejante ocurre en la octava XXII, 'Panadero', donde el pan del horno nos recuerda constantemente el campo de donde ha venido el trigo. El poema es así:

> Aunque púgil combato, domo trigo,
> ya cisne de agua en rolde, a navajazos,
> yo que sostengo estíos con mis brazos,
> si su blancura enarco, en oro espigo.
> De un seguro naufragio, negro digo,
> lo librarán mis largos aletazos
> de remador, por la que no se apaga
> boca y torna las eras que se traga.

Aquí, es el panadero quien habla: si se comporta como boxeador ('Aunque púgil combato') es sólo con el trigo que lucha. La masa que manipula es blanca y redonda, como un cisne; la corta con un cuchillo, la enarca en forma de hogaza y la convierte en oro metiéndola en el horno. (Hay más: 'estíos' ['yo que sostengo oro con mis brazos'] sugiere la fruición del trigo, así como 'espigo' se refiere a los restos del trigal – otra vez, una elisión del tiempo.) En la segunda mitad del poema, el panadero explica cómo mete el pan en el horno y lo saca. Si lo deja demasiado, seguramente se quemará – será 'un seguro naufragio'; sin embargo, a fuerza de introducir su pala de madera –como un remero que mete su remo– lo salvará; lo sacará del horno –la 'boca que no se apaga'– que así tornará el producto de las 'eras'. Y notemos otra vez la alusión al estado original del pan, la cual reafirma la naturaleza cíclica del poema.

De hecho, este efecto cíclico no para aquí; podemos argüir que queda implícito en la misma forma de estos poemas: la octava aislada, tal como la emplea Hernández, no es solamente un vehículo para concentrar las metáforas; en sí misma constituye una forma cerrada y redondeada, y esta sensación de clausura queda reforzada por el pareado final.

El predominio de la metáfora (del concepto) en estos poemas no impide que tengan un efecto visual bastante fuerte. Éste se consigue, no mediante las mismas metáforas, sino las más veces por la adopción de un punto de vista determinado. Esto lo vemos, por ejemplo, en la tercera octava, 'Torero', que complementa el poema –'Toro'– que ya he citado. Reza así:

> Por el lugar mejor de tu persona,
> donde capullo tórnase la seda,
> fiel de tu peso alternativo queda,
> y de liras el alma te corona.
> ¡Ya te lunaste! Y cuanto más se encona,
> más. Y más te hace eje de la rueda
> de arena, que desprecia mientras junta
> todo tu oro desde punta a punta.

Aquí, es el hablante quien se dirige al torero, y se refiere al toro en tercera persona. Pero lo importante es el punto de vista: el torero queda visto desde los cuernos del toro, que se parecen a los brazos de una lira; 'de liras el alma te corona'. Y éste es el momento en que el torero recibe la cornada: el equilibrio se inclina a favor del toro – 'fiel de tu peso alternativo queda'. Los dos versos iniciales constituyen una perífrasis del pecho del torero –'el lugar mejor de tu persona'– indicado por su corbata, 'donde capullo tórnase la seda'. (Esto en sí mismo forma un pequeño concepto ingenioso: la corbata es la forma última de la seda, así como el 'capullo' es la forma final del gusano.) La segunda mitad del poema describe los efectos de la cogida. Primero, la exclamación: '¡Ya te lunaste!', una alusión, evidentemente, a los cuernos del toro, pero también un recuerdo posible de la 'mal lunada frente' de Góngora que cité antes. Lo que sigue nos conduce a la reacción del toro en frente del público. Cuanto más se enfada el toro, más sufre el torero: 'Y cuanto más se encona, más'. Y ahora se convierte en el centro de la atención –'[el] eje de la rueda'– aunque el toro desprecia la reacción de los espectadores –otro sentido de 'rueda'– mientras le empala al torero, con su traje elaborado, entre sus cuernos, 'desde punta a punta'. Todo esto, como ya he dicho, se aclara una vez que nos damos cuenta de que la acción, en su totalidad, queda vista desde los cuernos del toro – el punto de vista siendo esencial para el poema entero. Y algo semejante ocurre en otro poema contemporáneo de los de *Perito en lunas*, intitulado 'Elegía media del toro'. Esta vez, la acción se explica desde el punto de vista del torero, el 'tú' del poema:

> Suspenso tú, te mira por el lente
> del acero, y confluye tu momento
> de arrancar con su punta mortalmente.

En este momento, el torero está a punto de dar el golpe mortal: como se ve, la espada es un 'lente' que momentáneamente junta el toro con su adversario. De aquí lo acertado del verbo siguiente, 'confluye', como si no fuese solamente el 'momento' que se acerca, sino también la unión de los contrarios.

A pesar de su complejidad aparente, los poemas de *Perito en lunas*, como ya he sugerido, tienen una dimensión popular muy fuerte, no solamente en su modo de emplear recursos como la adivinanza, sino también en su manera de insistir en las perspectivas naturales de su Orihuela nativa. Y esto se manifiesta sobre todo en su vocabulario: una y otra vez Hernández emplea unas palabras que seguirán apareciendo en sus poemas posteriores, a veces con un sentido metafórico diferente: palabras clave como 'blanco', 'cielo', 'higuera', 'luna', 'luz', 'negro', 'río', 'sol', 'sombra' y 'viento'. Y además de éstas, hay palabras que indican una situación afectiva que a veces parecen anticipar los poemas amorosos de su próxima colección, *El rayo que no cesa*; palabras como 'aire', 'ausencia', 'amor', 'flor', 'limón', 'pureza', 'risa' y 'soledad'. Y hay un poema en particular que demuestra la conexión entre el amor y la muerte que será tan importante para su poesía posterior. Me refiero a la octava XXXVI, 'Funerario y cementerio', que reza así:

> Final modisto de cristal y pino;
> a la medida de una rosa misma
> hazme de aquél un traje, que en un prisma,
> ¿no? se ahogue, no, en un diamante fino.
> Patio de vecindad menos vecino,
> del que al fin pesa más y más se abisma,
> abre otro túnel más bajo tus flores
> para hacer subterráneos mis amores.

Éste es un poema relativamente sencillo, y no hay que descifrarlo imagen por imagen. El 'modisto', naturalmente, es el director de la funeraria. La 'rosa' del segundo verso ('una rosa misma') queda un poco sorprendente, a no ser que lo interpretemos como un emblema del amor, algo que parece confirmarse en el último verso del poema. El 'traje' es el ataúd que ha de contener el cadáver del hablante – '[el] que al fin pesa más y más se abisma'. Los versos que siguen son más difíciles: yo sugiero, muy tentativamente, que se refieran al corazón del amante –los diamantes, en fin, son un símbolo de fidelidad– de manera que el ataúd será reducido a un 'diamante fino'. El resto del poema es fácil: la paradoja memorable que describe el cementerio –'Patio de vecindad menos vecino'– es seguida por una alusión a la tumba –'otro túnel más'– y su última voluntad es que su amor persista bajo la tierra en lo que podemos considerar un final algo quevedesco: 'abre otro túnel bajo tus flores / para hacer subterráneos mis amores'.

Es Quevedo, y no Góngora, quien dominará la próxima colección, *El rayo que no cesa*, aunque no tanto el Quevedo conceptista como el amante torturado. Mientras tanto, Hernández seguía escribiendo poemas de diversa amplitud, empleando unas técnicas conceptistas semejantes. Hay, por ejemplo, una cantidad de octavas, las cuales, puesto que no tenemos los títulos, quedan bastante impenetrables, aunque los poemas más largos, en su mayoría, son más fáciles de entender, y los conceptos más espaciados. Tenemos la impresión de que, en esta etapa de su carrera, el concepto era para Hernández casi un modo natural de pensar, su manera más obvia de ponerse en relación con su materia. El resultado, en estos poemas un poco posteriores, es lo que Sánchez Vidal ha llamado 'un conceptismo atomizado',[10] un tipo de conceptismo que, porque sólo ocurre de vez en cuando, es más fácil de entender, y que a menudo se parece a las greguerías de Gómez de la Serna. Un ejemplo entre muchos es el principio de un poema intitulado 'CORRIDA-real'. (Estos títulos dobles son muy típicos de los poemas que siguen *Perito en lunas*.) Reza así:

> Gabriel de las imprentas:
> yedra cuadrangular de las esquinas,
> cuelga, anuncia sonrisas presidentas,
> situaciones taurinas.

Por si no adivinamos el tema, Hernández ha intitulado esta sección del poema 'Cartel'. Sin embargo, el concepto me parece del todo transparente: Gabriel, evidentemente, es el ángel anunciador; el cartel se pega a las esquinas como la hiedra, anunciando corridas ('situaciones taurinas') y las sonrisas consiguientes de sus presidentes. En resumen, un ejemplo admirable de compresión, sin las dificultades que presuponen muchos de los conceptos de *Perito en lunas*.

Finalmente, ¿cómo hemos de juzgar esta primera colección? Por cierto, no faltan críticas desfavorables. Arturo del Hoyo, por ejemplo, dice: 'Jamás un poeta se ha mentido tanto a sí mismo como Miguel Hernández en *Perito en lunas*',[11] y más recientemente José Ángel Valente ha dicho: 'En *Perito en lunas* [Hernández] asume una voz con la que jamás podría expresarse a sí mismo. [...] Sólo [después] empieza a apuntar en [él] el poeta total que pudo haber sido'.[12] Mi propio juicio no sería tan negativo. En primer lugar, me parece obvio, considerando sus poesías primerizas, que Hernández necesitaba cierta especie de disciplina, una manera de enfocar su materia previamente desorganizada. Y no hay duda de que este crecimiento técnico le hizo posible el adelantarse hacia un tipo de poesía muy diferente. Cómo se habría desarrollado sin la experiencia de *Perito en lunas*, tan sólo lo podemos adivinar. Por no decir más, este poemario evidentemente pone una distancia entre Hernández y sus primeros poemas que le ayuda a desarrollarse en otras direcciones. Sin embargo, sería un error considerar *Perito en lunas* como una colección aislada; como he intentado demostrar, hay ciertas características —sobre todo, las imágenes de la vida campestre— que seguirán mostrándose en su obra posterior, a menudo con unas implicaciones nuevas. No pretendo dar a estos poemas más importancia de la que merecen: Hernández, en fin, se encuentra casi al principio de su carrera breve como poeta; su obsesión con la luna a veces parece un poco forzada, hay torpezas de expresión, y a veces, aun con la ayuda de los títulos, hay frases e imágenes que resultan difíciles de descifrar. No obstante, todo esto apenas menoscaba lo que, en mi opinión, queda todavía un éxito notable – aun más notable cuando consideramos las circunstancias reales de su autor. Afortunadamente, esto ha sido reconocido en años recientes, y su modo de emplear los conceptos ahora tiende a verse como una empresa imaginativa de gran envergadura. Tal como ha escrito Rovira, uno de sus críticos más autorizados:

> [E]s la metáfora gongorina el primer crisol en el que Miguel Hernández intenta fundir su lenguaje, consiguiendo, con esta contribución tardía, indudables hallazgos, como esa naturaleza lunada, de formas lunares, que va descubriéndonos, descriptivamente, todo un mundo complejo y difícil, en que los aciertos imaginativos corren parejos al amor por las cosas descritas [...] determinando fidelidades que el poeta no abandonará jamás.[13]

NOTAS

1 Carmen Alemany Bay, 'Esbozos y borradores en el origen de la creación hernandiana', *Ínsula*, 544 (abril, 1992), 14-16 (15).
2 Guillermo Carnero, 'A la gloria mayor del polvorista', *Ínsula*, 544 (abril, 1992), 11-12 (12).
3 Citado por Agustín Sánchez Vidal (ed.), Miguel Hernández, *Obras completas* (Madrid: Aguilar, 1979), p. xxx.
4 Gerardo Diego, '*Perito en lunas*', *Cuadernos de Ágora*, 49-50 (noviembre-diciembre, 1960), p. 27.
5 Juan Cano Ballesta, *La poesía de Miguel Hernández* (Madrid: Gredos, 1962), p. 172.
6 Citado por Sánchez Vidal, *Obras completas*, p. xxxvii.
7 Reproducido en Concha Zardoya, *Miguel Hernández. Vida y obra* (Nueva York: Hispanic Institute, Columbia University, 1955), p. 58.
8 José Carlos Rovira, *Léxico y creación poética en Miguel Hernández (Estudio del uso de un vocabulario)* (Alicante: Universidad de Alicante, 1983), p. 177.
9 Sánchez Vidal, *Obras completas,* p. xxxiv.
10 Sánchez Vidal, *Obras completas,* p. 759.
11 Miguel Hernández, *Obra escogida: poesía-teatro*, edición de Arturo del Hoyo (Madrid: Aguilar, 1962), pp. 14-15.

12 José Ángel Valente, *Las palabras de la tribu* (Madrid: Siglo XXI, 1971), p. 188.
13 Miguel Hernández, *Antología poética. El labrador de más aire*, edición de José Carlos Rovira (Madrid: Taurus, 1990), p. 11.

4

'La copla del río': la transformación de una imagen tradicional

DEREK GAGEN
Universidad de Gales, Swansea

En el primero de estos simposios,[1] Luis Alberto de Cuenca nos leyó algunas poesías de *Por fuertes y fronteras* (1996). En aquel libro me llamó la atención particularmente el texto titulado 'Cosas de Heráclito' y que empieza:

> Decía el viejo Heráclito: 'Nadie puede bañarse
> dos veces en el mismo río, pues todo fluye'.

No me sorprendió la cita de Heráclito dadas tanto la erudita vocación investigadora del poeta como la bien establecida tendencia clasicista de la poesía española de los últimos veinte años. Pero sí me extrañó la cita de la conocida sentencia heraclitea sobre la imposibilidad de bañarse dos veces en el mismo río, aun cuando los otros seis versos del poema ofrecen sentencias más preocupantes:

> Y también: 'No podrás recorrer los dominios
> del alma, ni escapar de un sol que no se pone'.
> Si sólo fuera eso, no tendría importancia,
> pero dice otra cosa que golpea mi mente
> cada vez con más fuerza y me tiene hecho polvo:
> 'El camino hacia arriba y hacia abajo es el mismo'.[2]

Lo que deja 'hecho polvo' a nuestro poeta en estos alejandrinos es aquella doble verdad que a principios del siglo XX preconizara Antonio Machado en sus dos símbolos más conocidos, el camino y el río: la contradictoria fluidez del tiempo, su paso continuo y su constancia.

Ahora bien, la presencia del símbolo del río, el más común de los *topoi*, había dominado la poesía española en ciertas etapas de su desarrollo durante la pasada centuria. Sin embargo me había parecido, como lector esporádico de las antologías poéticas publicadas en el último tercio del siglo XX, que esta imagen, si no había desaparecido, por lo menos había sido una presencia muy poco frecuente en la lírica de *venecianos*, *posnovísimos* y practicantes de la poesía de la experiencia. Tanto era así que cuando me tropezaba con algún ejemplo, tomaba nota incluso de referencias semiescondidas, como en estos versos del libro *Estación del Norte* del poeta bilbaíno Germán Yanke, que convierten al Tajo en el símbolo del paso del tiempo, deseando que en la desembocadura del río hubiera una mano capaz de detener la corriente, de evitar que entre en el infinito:

> Se pone lentamente el sol
> en esta esquina del mundo,
> la más occidental
> de una Europa en la que el único edén
> es la nostalgia.
> Todo lo arrastra el Tajo,
> todo se lo lleva…
> Y produce tristeza el infinito.
> Tiene que haber en Lisboa
> asideros con rostro humano
> como la encarnadura
> que nos mantiene vivos…[3]

Pero, aparte de semejantes e infrecuentes ejemplos, parece que se ha secado el simbólico río heracliteo. ¿Se trata de una tradición que desaparece, que se ha agotado?

Lo que nadie duda es que, una vez que los poetas de los años cincuenta y, luego, los *novísimos* realizaron la ruptura con el temario y los procedimientos de la llamada *poesía social*, hay una fuerte corriente tradicional, y a veces clasicista, en la poesía española. La vuelta a la tradición es uno de los puntos fijos de cualquier análisis de la poesía (relativamente) reciente. Puede ser considerada como un aspecto negativo[4] o, cuando esa tendencia no se exagera, positivo,[5] pero existe. Si aceptamos el análisis de Villena al insistir en que 'los *novísimos* surgen como un intento de *modernizar* y *abrir* la poesía española de postguerra, para reenlazar con la experiencia europeísta y alta del 27',[6] es evidente que tras el 'giro' que Villena sitúa entre 1973 y 1975 (p. 13) con lo que los poetas 'reenlazan' es también con la tradición más canónica de Occidente. Villena ve en los *postnovísimos* dos líneas básicas, siendo una de éstas 'el uso personalizado de la tradición clásica' (p. 19). Lo que más interesa para la presente discusión es el comentario de Villena sobre el capítulo 'La valla de la tradición' del clásico estudio de Pedro Salinas, *Jorge Manrique o tradición y originalidad* (Madrid, 1947), que Villena parece asociar con el argumento central de Eliot en *Tradition and the Individual Talent*. Si 'la tradición es la "habitación" natural del poeta', la originalidad deriva del empleo que el poeta hace de los *topoi* que constituyen la forma externa de la tradición. Y Villena añade:

> Demuestra Salinas en el citado libro cómo toda la poesía de Jorge Manrique —y desde luego las *Coplas a la muerte de su padre*— está sólidamente cimentada en la tradición, y, aun a veces, en los *topoi* que son su expresión extrema. Sin embargo Manrique es *original* (siendo tradicional) porque sabe *usar* lo que de la tradición precisa para su obra y, al trabajar sobre una materia viva —sobre su genuino sentir—, infundir a ese conjunto su fuerza poética, la singularidad de su 'yo' actuante. Es decir, que los *peligros* de la tradición son dos: o no saber utilizarla —podría ser asimismo no saber escogerla— o carecer de fuerza propia, en cuyo caso la tradición actúa como losa sepulcral.[7]

Podría ser entonces que el manriqueño/machadiano río del tiempo que va 'a dar en la mar / que es el morir' se haya convertido en una 'losa sepulcral', un *topos* que haya llegado a ser un lugar común, un tópico. Lo que no ha desaparecido es la influencia de la canónica, y humanística, tradición sobre los poetas más recientes. Para su posterior antología *Fin de siglo*,[8] Villena escoge el subtítulo 'El sesgo clásico en la última poesía española'. Para Mayhew este sesgo es lamentable: 'the poets of the 1980s have indeed tended to "imitate dead styles"'. El crítico estadounidense cree observar 'a waning of the intellectually rigorous self-consciousness that has defined some of the most significant Spanish poetry of the twentieth century'.[9]

Sin embargo, la preocupación que demuestran estos poetas por el canónico tema de la temporalidad de nuestro vivir no ha desaparecido o menguado; si bien rechazan el símbolo fluvial, todavía sigue dominante el *topos* de 'la melancolía del paso del tiempo',[10] lo que Villena denomina la búsqueda de 'temas clásicos, que irán de lo cotidiano a lo melancólico de visos metafísicos' (p. 14). Y también observa que:

> Los temas serán, pues, del mundo cercano, pero propendiendo a abstracciones ilustres, marcadas por la tradición. No sólo el tiempo que huye o la caducidad de las cosas, sino la perfección celeste de la belleza…[11]

La observación de Villena está confirmada por García Martín en su reciente antología *La generación del 99* en donde encontramos en poetas como Vicente Gallego o José Mateos los mismos *topoi* del *tempus fugit* y del *carpe diem*.[12] En la poética de Mateos, tenemos la obviamente anticipada referencia a Antonio Machado: 'decía Machado que todo poeta supone una metafísica y que tiene el deber de exponerla por separado en conceptos claros',[13] pero en su obra el símbolo bisémico *río/mar* se ha transformado:

Mar

> Ya no veré la tarde de un azul indeciso
> resbalando en la playa, detrás del horizonte.
> Con los ojos aquellos dorados de inocencia
> no volveré a mirar los viejos muros,
> ni el regreso de un barco
> recalando en la bruma densa y gris de los muelles.
>
> He perdido el camino que llevaba hasta el mar,
> y ni siquiera sé, para encontrarlo,
> en qué rara ignorancia consistió el paraíso. (p. 167)

Mateos es un poeta muy consciente de la fugacidad del tiempo: 'bebo y fumo a destajo / para olvidar qué aprisa pasa el tiempo', escribe en 'Carta a una amiga' (p. 172). Para este poeta el mar parece adoptar el carácter paradisíaco que encontramos en Alberti y Aleixandre. Es más bien el caso de un 'Marinero en tierra' que ya no ve las antiguas murallas de Cádiz u otro puerto marítimo, que ha perdido el camino que le condujera a un mar que no supo apreciar en su momento. Este meditativo poeta bien puede opinar con Antonio Machado que, 'todo poeta supone una metafísica', pero parece ser que, compartiendo la filosofía de Machado, rechaza el principal símbolo machadiano. Villena observa cómo

> Muchos lectores … suelen extrañarse de la prontitud con que una tenaz melancolía aparece en poetas que apenas han cumplido (o no han cumplido) treinta años. ¿Se puede hablar de *moda*? Epigonalmente, sí, porque entonces el poeta vive en el modelo de otro. Pero en los poetas genuinos, la melancolía es auténtica: no es sino la sensación –archiclásica– del pasar del tiempo. Pensemos que Jorge Manrique –gran melancólico– murió con treinta y nueve años.[14]

Pero quizá no deberíamos extrañarnos ante el rechazo del símbolo del río ya que su empleo había evolucionado al glosarlo los poetas que siguieron a Antonio Machado, al igual que el mismo Machado había ofrecido una glosa de la sentencia manriqueña. Lo que en Jorge Manrique es el estoico aceptar:

> No se engañe nadie, no,
> pensando que ha de durar

>   lo que espera
> más que duró lo que vio,
> pues que todo ha de pasar
>   por tal manera.

se torna en Machado en la 'mala ciencia del pasar, ciego huir a la mar' en la temprana 'Glosa' que figura en *Soledades* de 1903. Y notemos que los dos últimos versos de 'Glosa'

> Mas, ¿y el honor de volver?
> ¡Gran pesar![15]

anticipan la sentencia que deja 'hecho polvo' a Luis Alberto de Cuenca:

> El camino hacia arriba y hacia abajo es el mismo.

En Machado el simbólico río es una presencia continua desde *Soledades*, a través de *Soledades, galerías y otros poemas* hasta las meditaciones de *Nuevas canciones* de 1924 en la sección 'Proverbios y cantares'. Durante medio siglo el símbolo machadiano deja su huella en la poesía española: los poetas posteriores a Machado o eligen adoptarlo, como un intertexto semiescondido, u optan por glosarlo y, a veces, cambiarlo.

La glosa transformadora aparece sobre todo en poetas como Jorge Guillén. En *Cántico*, Guillén rechaza la preocupación machadiana con el paso del tiempo y la angustia existencial a la que conduce. Más tarde, en 1960, Guillén adoptará el verso *Que van a dar en la mar* como título para el segundo libro de la secuencia *Clamor, tiempo de historia*. Debicki nota que este libro 'se basa, como ya lo indica el título tomado de Manrique, en los temas del tiempo y de la muerte'. Pero como subraya Debicki, Guillén 'acentúa la tragedia de la muerte; pero también apunta a maneras de sobreponérsele'.[16] En *Cántico* ya había rechazado el simbolismo machadiano. En el poema 'Su persona' se niega a aceptar otro gran símbolo:

> No vale –no cae en tierra–
> El tictac de ese reloj.[17]

Y en 'Nivel del río' invierte el significado que veía Machado en el río: el agua 'corre al mar y queda el río' ya que se asocia con un amor que, aunque sea 'veloz', va a ser eterno:

> ¿Cómo aquí no aceptar la delicia del tránsito?
> Luz sobre el agua, son entre los álamos.

> – Amor, veloz Amor, no pasarás conmigo.
> El agua corre al mar y queda el río. (*Cántico*, p. 292)[18]

Para Guillén lo trascendente no es la emoción fugaz sino lo que perdura. En ese cántico erótico que es 'Salvación de la primavera', el poeta transforma a la Amada en un 'río de verdor':

> ¡Tú, tú, tú, mi incesante
> Primavera profunda,
> Mi río de verdor
> Agudo y aventura! (*Cántico*, p. 103)

Cuando Guillén contempla el río, no ve el agua que pasa incesante sino el río constante, símbolo del maravilloso presente:

> Tanto presente, de verdad, no pasa.
> Feliz el río, que pasando queda.
> ¡Oh tiempo afortunado! Ved su casa.
> Este amor es fortuna ya sin rueda.

La eficacia de este verso 'feliz el río, que pasando queda' depende de la familiaridad del lector con el concepto del continuo fluir del río – sea en Heráclito, en Manrique, en Quevedo o en Machado. Es un intertexto siempre presente pero Guillén empieza el proceso de transformación del símbolo. Desde la Generación del 27 hasta la promoción de los llamados poetas sociales, el símbolo sigue vigente, incluso en poesías donde menos se espera, como sucede en *Sobre los ángeles* de Rafael Alberti.

El caso de Alberti es interesante. En libros tempranos como *Marinero en tierra* y *La amante*, notamos la huella no sólo de Machado sino también de Pedro Espinosa, el poeta de 'La fábula del Genil', como Alberti reconoce en su autobiografía.[19] Los ríos que encuentra el poeta en el viaje narrado en *La amante* ofrecen un simbolismo muy tradicional:

Río Rojo

> Con las lluvias no podré
> bañarme en el río, amante,
> que viene el cuerpo del agua
> herido y envuelto en sangre.[20]

La sencilla descripción del río que el poeta viajero contempla en Covarrubias sólo ofrece un símbolo muy directo y obvio de un amor que va a frustrarse. Y el puente que encuentra en Roa de Duero le induce a emitir el tradicional elogio de la Amada:

> Otra vez el río, amante
> y otra puente sobre el río.
>
> Y otra puente con dos ojos
> tan grandes como los míos
>
> Tan grandes como los míos
> mi amante,
> ¡Mis ojos, cuando te miro! (*Poesía*, p. 151)

Pero Alberti admiraba a Machado, que había formado parte del jurado que adjudicó el Premio Nacional de Literatura a *Marinero en tierra*, y en *Sobre los ángeles* aparece —inesperadamente— el símbolo del río como fluir del tiempo, y sobre todo como la corriente que nos lleva a la muerte.

El poema 'El ángel falso', que figura en la tercera parte de *Sobre los ángeles*, desarrolla como tema principal el ataque de Alberti contra los valores falsos que le han conducido a la crisis física y psicológica. El poeta ha comprendido —finalmente— que la salvación que él busca no va a venir desde fuera. No hay Dios, no hay Cristo, que le salven. Es más, Alberti, el más individualista de los jóvenes poetas de la década de los veinte, comprende que todos nos encontramos en la misma situación: es el gran paso de la poesía del *yo* a la poesía del *nosotros*:

> Los que unidos por una misma corriente de agua me veis,
> los que atados por una traición y la caída de una estrella me
>   escucháis,
> acogeos a las voces abandonadas de las ruinas.
> Oíd la lentitud de una piedra que se dobla hacia la muerte.
>
> No os soltéis de las manos. (*Poesía*, p. 149)

Tanto la piedra que 'se dobla hacia la muerte' como la 'corriente de agua' que une a todos los seres humanos sugieren que el paso del tiempo es una 'traición', que nuestro tiempo en el planeta es finito y no infinito. Aquí no hay huella del estoicismo tan austero de Manrique sino el nihilismo de un poeta que comenzaba el trayecto que muy pronto le conduciría al marxismo. Conviene anotar, sin embargo, que incluso en su etapa marxista más ortodoxa, Alberti seguiría empleando la simbología del río. En *Nuestra diaria palabra* (1936) encontramos un poema, titulado 'En la entrega de la bandera que el CP de Sevilla y el CC de las Juventudes regalaron al comité central del Partido Comunista', en cuyos versos fluye un río leninista:

> Porque la voz de Lenin su agua moja
> y su curso conquista,
> no rueda verde el agua, sino roja
> que ya el Guadalquivir es comunista
> y la Giralda espera
> rizar pronto en su frente esa bandera.[21]

En 'El ángel falso' Alberti había mantenido ciertos aspectos del símbolo manriqueño del río del tiempo; en el panfleto marxista el poeta transforma –y entorpece– el simbolismo. Y en esto anticipa a Blas de Otero, el más significativo de los poetas de la primera posguerra.

Ángel fieramente humano (1950) y *Redoble de conciencia* (1952) revelan a Otero como el más manriqueño de los poetas de su generación. Era, en palabras de Eugenio de Nora, 'tiempo de no plantar rosales' y el tono está establecido en 'Lo eterno', texto que abre las páginas de *Ángel fieramente humano*:

> Sólo el hombre está solo. Es que se sabe
> vivo y mortal. Es que se siente huir
> –ese río del tiempo hacia la muerte–.
>
> Es que quiere quedar. Seguir siguiendo,
> subir, a contra muerte, hasta lo eterno.[22]

Una vez más la obvia referencia a 'los ríos / que van a dar en la mar / que es el morir' no tiene en cuenta la enorme diferencia que radica entre la filosofía de Manrique y la de un Blas de Otero en trance de perder la fe en el 'poderoso silencio' que es Dios.

Como demuestra Carmen Barbosa-Torralba, la cita directa o indirecta de autores canónicos es frecuente en Otero, pero a veces 'la función de destacar lo expresado por el locutor en la poesía de Otero se lleva a cabo … mediante la incrustación de discursos ajenos que no se avienen sino que contrastan con lo que desea apuntar el hablante'.[23] Es lo que antes hemos llamado la glosa transformadora. Un ejemplo que comenta Barbosa-Torralba es 'Copla del río', publicado por Blas de Otero primero en *En castellano* y luego en su curiosa antología *Esto no es un libro*. Otero abre el poema con una cita directa de las 'Coplas' pero transforma la lección manriqueña ya que el río desemboca en la vida, en palabras de Barbosa, 'dándosele así importancia no a su transitoriedad, sino al propio hecho de vivir'.[24]

> Recuerde el alma dormida
> el río que con paso casi humano
> enfurecido de aridarse en vano
> desembocó en la vida.

Recordemos que *Redoble de conciencia* empezaba con unas inesperadas palabras de Aubrey Fitzgerald Bell, el archicatólico historiador de la literatura ibérica: 'Bajo todas las invocaciones a la muerte … se pone el acento sobre el valor y precio de la vida'.[25] 'Copla del río' transforma totalmente el mensaje de las 'Coplas' de Manrique. La última estrofa ensalza la paz:

> Y pues vos, claro varón, tanta esperanza
> y aún más y mayor fe que don Rodrigo
> Manrique hoy acordáis hacia el mañana
> andad en paz
>   apacentando el trigo.[26]

Existe, entonces, en Blas de Otero una relectura de las citas clásicas, entre ellas específicamente la del río manriqueño. La más extrema de las discordancias así producidas se lee en una de las prosas de *Historias fingidas y verdaderas* (1970) bajo el título 'Pasar'. Otero aquí pretende transformar el significado del discurso manriqueño/machadiano

> … *lo nuestro es pasar, / pasar haciendo caminos, / caminos sobre el mar.* ¿Nada queda entonces? Hemos de tener mucho cuidado de no errar en asunto tan principal. *Nuestras vidas son los ríos / que van a dar* etc. Cuantas veces hemos parado en las severas líneas de Manrique, hemos sentido una confusa sensación de fraude en nuestro espíritu.

El poeta, pasado el rubicón de los cincuenta años, contempla su vida y añade:

> Lo nuestro no es pasar, ni reír, porque lo nuestro no somos nosotros sino nuestro hacer, la piedra que apoyamos en otra semejante, el surco que permanece al cerrarse, el cálculo del matemático que coadyuga a nuestro vivir.
>
> No se engañe nadie, no, innumerable como las ondas de un río es el afán del hombre y permanente como el mar el ritmo de su trabajo.[27]

La mirada del poeta está firmemente puesta en la vida, no en la muerte: notamos una relación de disconformidad para con la perspectiva de Manrique, e incluso con la de Machado.

Cuando Guillén, o Alberti, o –sobre todo– Otero transforman el símbolo tradicional del río, que tal vez se haya convertido en la 'losa sepulcral' que sospechaba Villena, lo que parece haber sucedido es que han hecho *tabula rasa*, aniquilando el estoico significado de la imagen primitiva. Las generaciones poéticas que siguen a los poetas sociales expresan el *tempus fugit* con otros símbolos. Cuando los poetas del último tercio del siglo XX exploran ese fenómeno central de la vivencia nuestra que es el fluir del tiempo, sólo en raras ocasiones vuelven los ojos al 'viejo Heráclito' para recordarnos, como hace Luis Alberto de Cuenca, que

> 'Nadie puede bañarse
> dos veces en el mismo río, pues todo fluye'.

NOTAS

1. Refiérese al simposio 'Ludismo e intertextualidad en la lírica española moderna', cuyas ponencias fueron publicadas bajo el mismo título: Birmingham: University Press, 1998.
2. Luis Alberto de Cuenca, *Por fuertes y venturas* (Madrid: Visor, 1996), p. 58.
3. Germán Yanke, *Estación del Norte* (Bilbao: Laida, 1990), p. 69.
4. Jonathan Mayhew, *The Poetics of Consciousness* (Lewisburg: Bucknell University Press, 1994), p. 131.
5. Luis Antonio de Villena, *Postnovísimos* (Madrid: Visor, 1986), p. 24.
6. Villena, *Postnovísimos*, p. 11.
7. Villena, *Postnovísimos*, pp. 23-24.
8. Luis Antonio de Villena, *Fin de siglo (El sesgo clásico en la última poesía española)* (Madrid: Visor, 1992).
9. Mayhew, *The Poetics of Consciousness*, p. 139.
10. Villena, *Fin de siglo*, p. 11.
11. Villena, *Fin de siglo*, pp. 19-20.
12. José Luis García Martín, *La generación del 99. Antología crítica de la joven poesía española* (Oviedo: Nobel, 1999). Las citas de la poesía de Mateos proceden de esta antología.
13. García Martín, *La generación del 99*, p. 165.
14. Villena, *Fin de siglo*, p. 29.
15. Antonio Machado, *Soledades. Galerías. Otros poemas*, edición a cargo de Geoffrey Ribbans (Madrid: Cátedra, 1992), p. 172.
16. Andrew P. Debicki, *La poesía de Jorge Guillén* (Madrid: Gredos, 1973), p. 76.
17. Jorge Guillén, *Cántico*, 2ª edición completa (Buenos Aires: Ed. Sudamérica, 1950), p. 492.
18. Guillén parece evocar aquí deliberadamente la estrofa VIII de 'Campos de Soria' de Machado: '¡Estos chopos del río, que acompañan / con el sonido de sus hojas secas / el son del agua, cuando el viento sopla, / ... / álamos del amor cerca del agua / que corre y pasa y sueña, / álamos de las márgenes del Duero, / conmigo vais, mis corazón os lleva!' (*Campos de Castilla* en *Poesías completas* (Madrid: Austral, 1963), p. 97).
19. Rafael Alberti, *La arboleda perdida* (Buenos Aires: Fabril, 1959), p. 167.
20. Rafael Alberti, *Poesía (1924-1967)* (Madrid: Aguilar, 1967), p. 115.
21. Rafael Alberti, *Nuestra diaria palabra* (Madrid: Ediciones Héroe, 1936), p. 15.

22 Blas de Otero, *Ángel fieramente humano. Redoble de conciencia* (Buenos Aires: Losada, 1960), p. 12.
23 Carmen Barbosa-Torralba, *Poesía como diálogo: la voz poética de Blas de Otero y su recepción* (Madrid: Ediciones Libertarias, 1994), p. 113.
24 Barbosa-Torralba, *Poesía como diálogo: la voz poética de Blas de Otero*, p. 114.
25 Blas de Otero, *Ángel fieramente humano. Redoble de conciencia*, p. 96.
26 Citamos el texto publicado en Blas de Otero, *Esto no es un libro* (San Juan de Puerto Rico: Universidad de Puerto Rico Río Piedras, 1963), p. 131.
27 Citamos el texto publicado en Blas de Otero, *Verso y prosa*, 7ª edición (Madrid: Cátedra, 1980), p. 108.

5
La poesía de José Bergamín y el Siglo de Oro

NIGEL DENNIS
Universidad de St Andrews

José Bergamín ha sido calificado habitualmente de 'prosista' o 'crítico' de la constelación de escritores españoles de preguerra dado que sus incursiones en el campo de la poesía antes de 1936 son más bien esporádicas. De hecho, se suele considerar el descubrimiento del Bergamín poeta como un fenómeno relativamente tardío, ya que su primer libro de versos no aparece hasta 1962, cuando el escritor tiene casi setenta años.[1] Sin embargo, no se le ocultaba a ningún lector atento de su obra la presencia en ella desde sus comienzos de un auténtico instinto lírico, pero un instinto *disimulado*, por así decirlo, en otros géneros y en otras modalidades de la escritura.[2] La verdad es que sólo después de la experiencia desgarradora de la Guerra Civil –que supone para el escritor una especie de desinhibición de ese impulso lírico– comienza Bergamín a cultivar el verso con más asiduidad. Es en México, por consiguiente, en el exilio, donde empieza a trazarse lo que con el tiempo será el perfil inconfundible del Bergamín poeta.[3]

Hay en la obra poética de Bergamín una serie de 'voces' en las que son fácilmente reconocibles los ecos de otras voces pertenecientes al pasado. Pienso, por ejemplo, en la voz romántica o posromántica que pone de manifiesto constantemente su deuda con Bécquer. Igualmente significativa es la voz meditativa o filosófica que habla en sus versos y que recuerda a Unamuno y Machado. Junto con Augusto Ferrán, Machado está también presente en la voz popularista o neopopularista de Bergamín. Pero la voz más insistente y perdurable en los escritos en verso de nuestro autor quizá sea la barroca o conceptista, mediante la cual Bergamín mantiene un constante diálogo con sus maestros del XVII como Quevedo, Lope, Calderón, Góngora y Cervantes.[4] En este trabajo quisiera señalar cómo el Bergamín poeta se alimenta de esas fuentes barrocas, revivificando en el siglo XX la tradición que representan y expresan con tanta elocuencia.

En otra ocasión he sugerido que la escritura de Bergamín tiende a expresar dos impulsos paralelos: el 'ensimismamiento' y el 'enfurecimiento'.⁵ Estos términos remiten a dos aspectos importantes de la poesía española del XVII: por un lado, la mirada hacia dentro y la correspondiente reflexión, digamos, en voz baja, sobre la condición humana; y, por otro, la mirada hacia fuera y la expresión –a voz en grito y en forma ya satírica o burlesca– de algún roce conflictivo con el mundo exterior. Estas dos vertientes del Barroco llegan a caracterizar gran parte de la poesía de Bergamín de los años cuarenta. No deja de ser significativo, por ejemplo, que durante esos años Bergamín no escriba más que sonetos, utilizándolos indistintamente como vehículo tanto para la formulación de su angustia metafísica como para la denuncia de sus enemigos, reales o imaginarios.

Como ejemplo de la primera tendencia, quisiera discutir brevemente dos sonetos publicados bajo el título 'La sombra y la muerte' en *El Pasajero*, la curiosa revista unipersonal que Bergamín funda a comienzos de 1943:

I

Ya con la sombra me asombra
Lope

Pienso que sigue al eco prolongado
del mar, en su sonora voz oscura,
'aquella voluntad honesta y pura',
lumbre que enciende mi ámbito callado.

De luz y no de sombra estoy cercado,
como la noche; mi pasión apura
la tiniebla sutil que me procura
vivir de claridades rodeado.

Padezco por anhelo de ese fuego
que, invisible, me abrasa y no me prende,
volviéndome esqueleto, espectro, escombro.

Ni sombra soy cuando a mirarme llego;
pues cuando en tal figura me trasciende
mi sombra no es mi sombra que es mi asombro.

II
En todo hay cierta, inevitable muerte
Cervantes

Siento que paso a paso se adelanta
al doloroso paso de mi vida
el ansia de morir que siento asida
como un nudo de llanto a la garganta.

Fue soledad, fue daño y pena, tanta
pasión que en sangre, en sombra detenida,
me hizo sentir la muerte como herida
por el vivo dolor que la quebranta.

Siento que paso a paso, poco a poco,
con un querer que quiero y que no quiero,
se adentra en mí su decisión más fuerte:

sintiendo en cuanto miro, en cuanto toco,
con tan clara razón su afán postrero,
que en todo es cierta, inevitable muerte.[6]

Los epígrafes de Lope y Cervantes no sólo señalan las fuentes que tenía presentes al escribir los poemas —o sea, los puntos de arranque para los mismos textos— sino que llaman la atención sobre la profunda filiación que siente el escritor con la mentalidad del siglo XVII en general. Es decir, que se trata de una serie de fórmulas preexistentes (y detrás de ellas, toda una sensibilidad) que Bergamín incorpora a su propio léxico poético, haciéndolas suyas, reelaborándolas dentro del marco de su propia visión particular de la condición humana – o mejor dicho, quizá: dentro del marco de su visión de su propia condición humana particular. Este diálogo intertextual será una constante en la poesía de nuestro autor a lo largo de su carrera.

Los dos sonetos están escritos desde ese lugar fronterizo de la 'premuerte', terreno predilecto del Bergamín poeta y explorado a fondo por él en incontables poemas posteriores. Expresan, por un lado, el reconocimiento de la omnipresencia e inevitabilidad de la muerte y, por otro lado, el intenso deseo de trascendencia, de superar los límites de su propia condición terrestre para alcanzar esa 'claridad desierta' (de la que habla largamente en un libro de versos del mismo título) y unirse con Dios.[7]

Llama la atención aquí el uso de ciertos emblemas o iconos del Barroco —recurrentes en la obra poética de Bergamín— que articulan este principio de la vulnerabilidad y evanescencia del hombre: el *esqueleto*, el *espectro* y la *sombra*. Es notable también cómo estas meditaciones confesionales van envueltas en ese lenguaje de 'maravillosa violencia' del XVII. Pienso, por ejemplo, en la yuxtaposición de opuestos (sonido y silencio, luz y oscuridad, vida y muerte) y en el cultivo de la paradoja: 'mi sombra que no es mi sombra', 'un querer que quiero y que no quiero'. Pero esta 'violencia' conceptual o conceptista resulta suavizada por la densa arquitectura fónica y rítmica de los sonetos, especialmente el segundo, con sus ecos internos, sus delicadas reiteraciones (de sonidos, de palabras y hasta de estructuras), y su hábil acumulación de matices.

Son textos como éstos los que identifican el punto de arranque para toda una dimensión esencial de la poesía de Bergamín que podría denominarse legítimamente, creo, 'barroca': la reflexión intimista, acallada, ensimismada, sobre la naturaleza temporal del ser humano; el engaño de las apariencias; la vanidad del mundo y la sensación de desengaño; la aspiración espiritual y la conciencia del más allá. Los temas no son nuevos en la obra de Bergamín, pero antes de los primeros años del exilio nuestro autor tiende a abordarlos indirectamente, mediante la meditación crítica, o sea, mediante sus lecturas de *otros* escritores y los comentarios que les dedica. El cambio que se produce en México y del que son testimonio elocuente los dos ejemplos elegidos, me parece fundamental: gracias, en parte, como ya he sugerido, a la experiencia libertadora de la guerra, pero gracias también, en parte, a la sensación de soledad y desesperación que se va apoderando de él en el exilio, estas reflexiones obsesivas ahora son personalizadas, y están arraigadas en unas experiencias vitales.

No olvidemos, sin embargo, que cuando Bergamín llega a México en mayo de 1939 no es conocido precisamente como un sonetista enclaustrado *au-dessus de la mêlée*. Todo lo contrario: es una figura de cierto relieve internacional que goza de no poco prestigio público. Por aquellas fechas, además de ser miembro destacado de la promoción literaria de preguerra, compañero y editor de Alberti, García Lorca, Salinas, Guillén y Cernuda, ha desempeñado cargos importantes en la defensa de la República como portavoz de los valores culturales y éticos que ésta representa: como agregado cultural de la Embajada Española en París, como Presidente de la Alianza de Intelectuales Antifascistas, como animador de revistas como *El Mono Azul*, *Hora de España* y la *Voz de Madrid*. En marzo de 1939, estando todavía en Francia, es nombrado Presidente de la recién creada Junta de Cultura Española y, como tal, es invitado a México por el Presidente Cárdenas para participar en el dramático ejercicio de ayuda a los refugiados y asegurar, en efecto, la sobrevivencia de la cultura española en el exilio. Entre sus actividades en México que testimonian la proyección pública de la figura de Bergamín, cabe mencionar la co-dirección (con Juan Larrea y José Carner) de la Junta de Cultura Española, la fundación de la revista *España Peregrina*, el lanzamiento de la compañía de ballet *La Paloma Azul* y la creación de la Editorial Séneca, la primera casa editorial fundada por los exiliados españoles después de la guerra. Se trata, a todas luces, de unos años de labor infatigable al servicio de la cultura española ya en su vertiente extraterritorial.[8]

Podría decirse, pues, que su reputación le precede, pero tanto en el sentido positivo como negativo. Y aquí se plantea el tema delicado –ya comentado por Adolfo Sánchez Vázquez en un reciente libro suyo–[9] de la ambivalente reacción que suscita la llegada de los españoles a México: la acogida entusiasta y hasta fervorosa que les brindan ciertos sectores de la población contrasta con la hostilidad abierta que manifiestan otros.[10] En el caso concreto de Bergamín, no cabe duda de que, como escritor y activista cultural, es ya conocido y apreciado por ciertos críticos mexicanos de primera fila. Además, sus relaciones amistosas, que datan de los años de la guerra, con escritores como Octavio Paz, Carlos Pellicer y Juan de la Cabada, le garantizan en cierto sentido una acogida favorable. Igualmente fuera de duda, sin embargo, es el hecho de que, al coincidir su llegada a México con cierto movimiento de exaltación nacional o nacionalista, su figura se convierte en el blanco de varios ataques, velados o frontales. Recordemos, además, que se trata de una personalidad muy controvertida ('el más comunista de los católicos; el más católico de los comunistas', según la memorable frase de Gonzalo Lafora),[11] cuyo destino parece ser polemizar tanto con sus huéspedes mexicanos como con sus propios compatriotas exiliados. A diferencia, pues, de un Juan Rejano o un Paulino Masip, por ejemplo, que prefieren mantener un silencio diplomático para evitar cualquier roce o malentendido con su nuevo entorno, la conducta de Bergamín está lejos de ser un modelo de discreción. Al encontrarse en México, no manifiesta (como tampoco manifiesta cuando regresa, por fin, a España 20 años después) la menor intención de callarse frente a las 'contradicciones' de la sociedad mexicana ni de disimular sus opiniones sobre los valores literarios y artísticos del país.[12]

Un católico de la estirpe particular de Bergamín no podía menos que chocar con ese sector reaccionario y profranquista de la población mexicana, caracterizado por su catolicismo tradicional y conservador y ejemplificado, tal vez, en la figura de Alfonso Junco, destacado intelectual mexicano de la época. Junco era director de la revista *Ábside*, desde donde dirigía sus furibundos ataques anticomunistas y expresaba su admiración incondicional por Franco. Del contacto entre estas dos versiones opuestas, antagónicas, del católico hispanoparlante surge (en el caso de Bergamín, por lo menos) una chispa de malicioso ingenio poético que merece ser recogida en el marco de esta discusión como ejemplo del 'enfurecimiento' del escritor y su plasmación en una parte notable de su obra en verso de esos años. Se trata de un soneto burlesco en que Bergamín arremete con una ironía despiadada contra el escritor mexicano, soneto publicado para el consumo general en el otoño de 1942:

A un Junco pensador

El verde junco que creció del cieno,
nutriéndose de fango y porquería,
secóse en caña y, hueco, se creía
de pascaliano pensamiento lleno.

¿Qué más que un junco ser, qué más si sueno?
a sí mismo, ahuecado, se decía;
pensando que hasta el sol envidiaría
la vacuidad dorada de su seno.

¡Oh junco verde! ¡Oh amarilla caña!
¡Oh lanza del pensar! ¡Oh rumoreo
que de viento mentiras apesebras!

Si de un sangriento lodazal de España
renacuajo fervor fue tu deseo:
¡por tu vida junquillo, que te quiebras![13]

El texto no exige un comentario detallado ya que se explica por sí mismo. Lo que sí conviene anotar, sin embargo, es cómo Bergamín se vale de todo el caudal de su talento como versificador para una causa tan prosaica como ésta: la de poner en evidencia a un escritor mediocre, presumido, de tendencias fascistas. Pero, ¿no podría decirse lo mismo de Quevedo o de Lope o de Góngora? ¿No arremeten ellos también, con la misma elegancia e ingenio malicioso, contra sus adversarios? Es evidente que Bergamín ha elaborado este poema con el mismo cuidado y rigor que los sonetos anteriormente citados, explotando, además, toda la gama de posibilidades expresivas que le ofrece la misma tradición poética del siglo XVII. El caso es que aquí tropezamos con otra constante de la obra de Bergamín quien a lo largo de los años utilizará con cierta frecuencia todos sus dones poéticos y todas sus energías creadoras para denunciar enfurecidamente a sus enemigos políticos y literarios. Es de lamentar que no se hayan recogido en forma de libro todos esos poemas ocasionales en que se manifiesta la invectiva satírico-burlesca del escritor.

El soneto dedicado a Alfonso Junco, sin embargo, es poca cosa en comparación con un conjunto de textos de la misma época con los que Bergamín libra batalla contra otros adversarios mexicanos, concretamente con los que ponen en duda, al parecer, la clarividencia de su juicio crítico. Recordemos que precisamente en 1939 se celebra el tricentenario de la muerte del dramaturgo hispanomexicano Juan Ruiz de Alarcón, de tan amarga memoria en el teatro español del Siglo de Oro. En el contexto de la exaltación nacionalista, a la que ya me he referido, no es sorprendente encontrar la publicación en ese año de un aluvión de estudios críticos, comentarios y ediciones, que parecen tener como propósito la reivindicación incondicional de la figura de Alarcón como expresión máxima de los valores más altos de la cultura mexicana. Ahora bien, Bergamín es conocido, por sus numerosos ensayos anteriores a 1936 dedicados al teatro español del Siglo de Oro, como gran conocedor y devoto de Lope, Calderón y Tirso. Cuando, en un libro suyo de 1933, *Mangas y capirotes*, manifiesta cierta indiferencia, si no hostilidad, hacia 'el intruso' Alarcón, es duramente criticado en México por Rodolfo Usigli por su falta de sensibilidad y criterio.[14]

En 1939, entonces, el terreno está bien preparado para una confrontación polémica sobre el tema, la cual no tarda en producirse. De hecho, parece ser que poco después de la llegada de Bergamín a México se publica una serie de epigramas en verso —que no llevan firma— en que se denuncia, entre otras cosas, la estrechez de su perspectiva sobre el teatro del XVII en general y sobre la sublime figura de Ruiz de Alarcón en particular. Si las sospechas de Bergamín sobre el origen de los textos están bien fundamentadas, el autor bien podría ser el propio Usigli, o quizá Salvador Novo o incluso Xavier Villaurrutia, todos ellos figuras de primera fila de la intelectualidad mexicana. En una serie de sonetos que escribe bajo el título general 'La sota de espaldas. Burladero de sonetos feos', Bergamín monta su contraataque, disparando (feamente, cabe admitir) contra sus acusadores, refugiados cobardemente en el anonimato. Estos sonetos son dignos de la mejor tradición satírico-burlesca del Siglo de Oro y de hecho remiten directamente a esos conocidos dardos poéticos lanzados en el XVII con tanta furia maliciosa contra Ruiz de Alarcón. Podría decirse que Bergamín resucita y reanuda esa campaña poética contra el dramaturgo hispanomexicano, o mejor dicho, quizá, contra sus defensores del siglo XX. Sólo quiero citar los dos primeros poemas para dar una idea de su contenido virulento y de la forma que asume:

I

Juan Ruiz de Alarcón, si dáis posada,
que posaderas tomen vuestra gente
a nosotros nos es indiferente,

pues ni les damos ni tomamos nada.

¿De nuevo es de novillo la puntada
o de villa o villorrio la ocurrente
villanía, despecho de impotente
volviendo grupas de ex-privilegiada?

Fétido hedor el del rincón villano
que emparedada voz de choto envía
con équis de joroba por barrera.

Si no llegó la piedra sí la mano
al amigo perdido que la fía,
y hoy, en rigor, se la devuelve entera

(sobre la faz que hurtó la cobardía).

II
A X y V + (N-1)

De villa tienes uve como vuelo;
de uve pico que es de ave y cacarea;
de ruta, a más de consonancia fea,
tienes el arrastrarte por el suelo.

O villa o ruta ¡tanto monta! (en pelo)
quien te monta y te ensilla y te espolea,
a la francesa, aunque italiano sea,
¿es el uso, el usillo o el ucello?

Marica en español, hurraca o pía,
si a pluma y pelo, como zorra astuta,
de ajenos pelo y plumas te ha vestido,

la rutinaria voz te robaría
vileza y ocasión, ¡oh villa! ¡Oh ruta!
¡Oh encumbrado volar aunque invertido![15]

Lo curioso de estos textos es el efecto que aparentemente producen sobre los aludidos: tanto Villaurrutia como Usigli pronto se convierten en los mejores amigos y colaboradores de Bergamín en México, interviniendo ambos en algunas de las iniciativas más importantes de la Editorial Séneca – donde, dicho sea de paso, Bergamín acaba por sacar una edición crítica de una obra del propio Alarcón (uno de los fracasos comerciales más espectaculares de la editorial).[16]

*

No quiero dar la impresión de que este fenómeno del diálogo intertextual que Bergamín mantiene con sus antecesores del Siglo de Oro sólo se produce en su poesía de los años 40. El hecho es que se trata de una notable constante en toda su obra poética, manifestándose en una amplia gama de modalidades expresivas. Para completar este panorama, quisiera detenerme brevemente en un conjunto de textos que datan de finales de los años 60, concretamente una serie de poemas –algunos de ellos todavía inéditos– que Bergamín agrupó en 1969 bajo el título 'Versos caídos de la luna (y recogidos por una piadosa mano)'.

Recordemos que a lo largo de los años del franquismo, la postura de Bergamín, dentro y fuera de España, es la de un disidente radical. No vacila en expresar su oposición al régimen y se vale de cualquier pretexto para denunciar las injusticias políticas de esas décadas. De hecho, después de su primer regreso a España a finales de 1958 es expulsado de nuevo, en 1963, por haber encabezado una protesta, firmada por más de 100 destacados intelectuales, contra la represión brutal de una huelga de mineros en Asturias.[17] Pasa su segundo exilio, que dura unos siete años, en París, y allí, como veremos en los poemas reproducidos a continuación, permanece fiel al mismo espíritu de disidencia política. Su postura combativa suele expresarse en prosa, en los numerosos artículos que publica en la prensa latinoamericana por esas fechas, pero lo que más interesa en el marco de esta discusión son los poemas que escribe con el mismo objetivo y que circulan casi clandestinamente en España a finales de la década de los sesenta y a comienzos de los setenta.[18] El caso es que el propio poeta hace pequeñas antologías de textos subversivos en que, con una mezcla de indignación, ironía y amarga desilusión, comenta diversos aspectos de la vida nacional, metiéndose sobre todo con los dirigentes políticos del país.

En los poemas que he seleccionado de la serie 'Versos caídos de la luna' se nota una nueva faceta de esta intercomunicación que he venido señalando. Aquí se trata de un tipo de escritura *palimpséstica* en que Bergamín echa mano de un texto ya conocido y lo reescribe, recontextualizándolo para así darle un sentido distinto. El hecho de que se valga de textos archiconocidos del Siglo de Oro, concretamente de Bartolomé Leonardo de Argensola y Cervantes, no hace más que subrayar la persistencia del diálogo intertextual que nuestro escritor entabla con sus maestros del siglo XVII. Es evidente que esos antecedentes poéticos constituyen el andamiaje de sus propios versos:

aquéllos siguen siendo perfectamente discernibles en éstos sólo que han sido 'puestos al día', por así decirlo, dirigidos hacia un tema de candente actualidad a finales de la década de los 60. Veamos, por ejemplo, cómo Bergamín, desde su atalaya parisina, aborda el tema de la restauración de la monarquía en España. Recurre, por un lado, al famoso soneto de Argensola sobre el tema barroco del engaño de las apariencias ('Este cielo que todos contemplamos ... ni es cielo ni es azul'), y, por otro, a la décima satírica, también muy conocida, que Cervantes dedica al catafalco levantado en Sevilla para conmemorar la muerte de Felipe II. En el caso del soneto, también hace alusión al famoso discurso de Segismundo en el tercer acto de *La vida es sueño*. Bergamín, empedernido republicano, incorpora estos versos ya hechos para hacer hincapié en lo que para él es la ficción hueca de la anunciada restauración:

Soneto
(atribuido a Bartolomé Leonardo de Argensola)

> Entre Valdemoro y Pinto
> Juan Tercero y Carlos Quinto

Este Rey que todos contemplamos
ni es Rey ni es Regente.
Por la gracia de Dios omnipotente
es 'paso honroso', al fin, que franqueamos.

Otra vez 'a soñar, fortuna, vamos'
de un borbónico reino diferente:
no quieras despertarnos de repente
de un sueño ¡ay! que segismundeamos.

Siempre ha querido el pueblo soberano
caballo grande que ande o no ande
no se monominice en su grandeza.

Un mono de la mano de un tirano
ni es Rey ni es real. ¡Lástima grande
que no sea real tanta realeza!

Décima
(atribuida a Miguel de Cervantes)

'Miró al soslayo ... fuese; y no hubo nada'
Cervantes

¡Voto a Dios que me espanta esta franqueza!
¡Santo Opus Dei! ¡Que de un carreroblanco
espere, servicial, al paso franco
quien lleva coronada la cabeza!
¡Por Jesucristo vivo! Es buena pieza
cobrada o por cobrar a tal franquía.
Pero a mí más me maravillaría
que acaudillase el paso a su realeza
con más honra y valor: con entereza,
con lealtad, con fe, con gallardía.[19]

El hecho de que Bergamín señale entre paréntesis que el soneto es 'atribuido' a Argensola, así como la décima es 'atribuida' a Cervantes, merece un breve comentario. Constituye, sin duda, un toque entre lúdico e irónico, dando la impresión de que dos poetas de un pasado remoto habían resucitado de pronto en el siglo XX para expresar sus opiniones sobre la situación política en España. Es como si se tratara de variantes —desconocidas hasta entonces— de textos canónicos, caídos milagrosamente del cielo, rescatados por un 'piadoso' transeúnte y ofrecidos ahora al 'curioso lector'. Pero no olvidemos que estos poemas se dan a conocer sin firma: podría decirse que Bergamín ha optado por enmascararse, ocultando su identidad tras la de esos distinguidos antepasados para que su voz, la de ayer, la de la tradición lírica del Siglo de Oro, se funda y confunda con su propia voz, la de hoy, uniéndose ambas en una sola expresión de discrepancia política.

*

El propio Bergamín solía decir que su auténtica vocación era la de *lector* y no tanto la de *escritor*. Sería más certero, quizá, decir que nuestro poeta era un *re-lector* infatigable, que pasaba gran parte de su vida repasando cariñosamente, con admiración y asombro, un conjunto amplio de libros y autores. Por propia confesión del escritor, sabemos que desde la niñez leía insaciablemente, devorando casi cualquier texto (en español, italiano y francés) que caía en sus manos.[20] De esta manera, y ayudado por una memoria prodigiosa, llegó a acumular unos conocimientos realmente enciclopédicos de la literatura occidental. Dentro de este vasto territorio, sentía una predilección muy especial por los escritores del Siglo de Oro. No hace falta que me detenga en las huellas que dejan esas lecturas y relecturas constantes en su obra crítica y ensayística. Todo conocedor de esa obra se habrá fijado en la frecuencia con que Bergamín construye un ensayo o un artículo a partir de una frase espigada de otro autor y asimilada a su caudal de citas. Huelga decir que el mismo fenómeno se produce en su obra dramática que puede definirse como un 'teatro sobre el teatro', es decir, como una recreación de textos dramáticos ajenos, pre-existentes.

La poesía de Bergamín puede leerse bajo la misma óptica puesto que en ella también el escritor se vale de constantes recuerdos de sus propias lecturas, elaborando en base a ellos algo así como una larga sucesión de ecos y paralelos, actualizaciones o evocaciones de otros textos poéticos leídos y releídos a lo largo de los años. Como hemos visto, Bergamín no oculta esta dimensión intertextual de su poesía. Al contrario, mediante el uso constante de epígrafes, comillas o cursiva, de alusiones directas o indirectas, apunta cándidamente hacia las fuentes en las que se ha nutrido su propio impulso creador. Según creo haber demostrado en los ejemplos citados en este trabajo, es evidente que en muchas ocasiones el poema funciona para Bergamín como un lugar en donde el escritor se sitúa frente a un texto anterior para reconocer no tanto la simple *deuda* que tiene con algún antepasado (aunque de eso se trata muchas veces), como una alegre y solidaria *convergencia*, si bien esa nota de alegría se tiñe a menudo de lúgubre melancolía. Diálogo, homenaje y glosa recreativa: quizá sean éstos los tres componentes recurrentes de no pocos poemas de Bergamín.

NOTAS

1 Me refiero a *Rimas y sonetos rezagados* (Santiago de Chile / Madrid: Renuevos de Cruz y Raya, 1962).

2 Recojo aquí una idea fundamental de Ramón Gaya, esbozada en su 'Epílogo para un libro de poemas de José Bergamín', en *Obra completa*, 4 vols (Valencia: Pre-Textos, 1990-2000), I, 201-09. Refiriéndose, por ejemplo, a los aforismos de *El cohete y la estrella*, el primer libro de Bergamín, publicado en 1923, Gaya dice certeramente: 'se trataba, en realidad, de un *disimulado* libro de versos; todos esos renglones de *El cohete y la estrella* son como una indecisa forma de versificación' (p. 202).

3 Recuérdese que Bergamín sólo publica dos poemas antes de julio de 1936. El primero aparece en la *Primera proclama de Pombo* (1915) y el segundo en el famoso número de la revista malagueña *Litoral* dedicado a Góngora (*Litoral*, 5-7, (1927), 19). En 1993 di a conocer un soneto, hasta entonces inédito, del escritor fechado en 1927. Véase mi 'Jorge Guillén y José Bergamín: fragmentos de un epistolario inédito', *Revista de Occidente*, 144 (1993), 64-73.

4 Sobre este tema puede consultarse el valioso trabajo de David Garrison, 'José Bergamín y la poesía del Siglo de Oro', en Nigel Dennis (ed.), *En torno a la poesía de José Bergamín* (Lleida: Pagès Editors y Universitat de Lleida, 1995), pp. 31-44. Garrison presta atención ante todo a los vínculos que unen a Bergamín con Lope, Calderón y San Juan de la Cruz. Igualmente útil es el artículo de F. J. Díez de Revenga, 'Calderón de la Barca y la poesía última de José Bergamín', *Cuadernos del Lazarillo*, 18 (enero-junio de 2000), 23-29.

5 Véase mi 'Ensimismamiento y enfurecimiento en la poesía de José Bergamín', en James Valender (ed.), *Los poetas del exilio español en México* (México: El Colegio de México, 1995), pp. 221-30.

6 *El Pasajero. Peregrino Español en América*, 1 (primavera de 1943), 48-49.

7 Sobre este aspecto de la obra poética de Bergamín, puede verse mi 'Tiempo y muerte en la poesía de José Bergamín (en busca de la claridad desierta)', *Anthropos*, 172 (mayo-junio de 1997), 42-49. La primera edición de *La claridad desierta* (Málaga: Litoral) es de 1973. Constituye el segundo de los siete volúmenes de su *Poesía* (Madrid: Turner, 1983).

8 Sobre la Junta de Cultura Española y *España Peregrina* pueden consultarse la edición facsimilar de la revista (México: Alejandro Finisterre Editor, 1977) y el estudio de Francisco Caudet, *Cultura y exilio. La revista 'España Peregrina'* (Valencia: Fernando Torres, 1976). Recogí una serie de datos sobre *La Paloma Azul* en mi edición de *Don Lindo de Almería* de Bergamín (Valencia: Pre-Textos, 1988). A la Editorial Séneca se han dedicado dos breves estudios sumamente útiles: Daniel Eisenberg, 'Las publicaciones de la Editorial Séneca', en *Homenaje a Pedro Sainz Rodríguez. Repertorios, textos y comentarios*, 3 vols (Madrid: Fundación Universitaria Española, 1986), II, 225-33; y Gonzalo Santonja, 'La Editorial Séneca y los libros iniciales del exilio', *Cuadernos Hispanoamericanos*, 473-474 (1989), 191-99.

9 Adolfo Sánchez Vázquez, *Del exilio en México. Recuerdos y reflexiones* (México: Grijalbo, 1991), especialmente pp. 60-61.

10 Véase al respecto el importante estudio de Lourdes Márquez Morfín, 'Los republicanos españoles en 1939: política, inmigración y hostilidad', *Cuadernos Hispanoamericanos*, 458 (1988), 127-50.

11 Citado por el propio Bergamín en su polémico artículo 'Las sobremesas del Doctor Lafora. Españoles infra-rojos y ultra-violetas', *Hoy*, 275 (1942), 36-37, 82.

12 Entre los ensayos no poco controvertidos que Bergamín dedica a estos temas, conviene mencionar los dos siguientes: 'El México prodigioso. I. Nación y noción poética', *Hoy*, 228 (1941), 32-33; y 'El México prodigioso. III. Simulación y originalidad', *Hoy*, 243 (1941), 36-37.

13 Este soneto está incluido en la serie de aforismos publicados bajo el título 'Aforística y epigramática. Los senderos trillados', *Hoy*, 293 (1942), 14-15. Quizá sea útil señalar que en la versión publicada en esta revista, el segundo verso del soneto dice 'nutriéndose del aire y luz del día'. He preferido respetar la fórmula más expresiva que Bergamín incorporó a la versión definitiva del poema, versión que me fue facilitada por el propio escritor.

14 Véase el artículo de Usigli, 'Un escritor en manos de sus palabras', *El Libro y El Pueblo*, 11 (1933), 400-03.
15 El primero de estos sonetos está reproducido en Guillermo Sheridan, 'Dos disputas literarias del exilio: Bergamín, Salinas y el rechazo mexicano', *Romance Quarterly*, 46, 1 (invierno de 1999), 25-34 (29). Este artículo incluye una serie de datos de gran interés para comprender el contexto en que Bergamín redacta su 'Burladero de sonetos feos'. El segundo de los sonetos ha sido recogido por Gonzalo Santonja, *Al otro lado del mar. Bergamín y la Editorial Séneca (México, 1939-1949)* (Barcelona: Galaxia Gutenberg / Círculo de Lectores, 1997), p. 76.
16 Villaurrutia, por ejemplo, publicó en Séneca en 1942 su traducción de *El matrimonio del Cielo y del Infierno*, de William Blake. De Ruiz de Alarcón se publicó en el mismo año una edición de *Las paredes oyen*, a cargo de Peter A. Ortiz.
17 Gonzalo Penalva documenta este episodio en *Tras las huellas de un fantasma. Aproximación a la vida y obra de José Bergamín* (Madrid: Turner, 1985), pp. 218-30.
18 El ejemplo más notorio de esta práctica lo constituye la correspondencia en verso que Bergamín mantiene con Rafael Alberti entre 1971 y 1977. Véase mi '"X a X": la correspondencia en verso entre Rafael Alberti y José Bergamín', *Revista Canadiense de Estudios Hispánicos*, XXIV, 1 (otoño de 1999), 191-206.
19 Estos dos poemas no están recogidos en la edición de la *Poesía* de Bergamín mencionada en la nota 7.
20 Véanse las declaraciones del escritor al respecto recogidas por Penalva en *Tras las huellas de un fantasma*, pp. 27-28.

6
Carlos Barral: complicidad y singularidad del orfebre

JUAN ANTONIO MASOLIVER RÓDENAS
Universidad de Westminster

Antecedentes: generaciones y antologías

Son misteriosas o turbias las razones sobre las que se asienta el prestigio o el olvido de un escritor. En el caso de Carlos Barral, ha influido posiblemente su presencia mítica como editor a lo largo de tres décadas que coincidieron, precisamente, con las de su actividad como poeta. Desde el grupo editorial Seix Barral ejerció un papel decisivo en el desarrollo de la novela del realismo crítico y en el progresivo alejamiento de dicho realismo hacia actitudes radicalmente renovadoras, con el descubrimiento de la narrativa latinoamericana y el acercamiento a la cultura europea, a través de los encuentros de Formentor y del Premio Biblioteca Breve que incluía, entre los premiados, a Mario Vargas Llosa, Guillermo Cabrera Infante, Juan Marsé, Luis Goytisolo, Carlos Fuentes o Juan Benet, autores que nos dan la medida de la apertura hacia la nueva narrativa tanto en España como en América Latina.

Seix Barral no creó una época, sino que supo ser la expresión más vital de una época, centrada en la década de los sesenta, una de las más ricas del siglo XX tanto en el terreno de las artes como en el la poesía y la narrativa. Carlos Barral fue uno de los principales protagonistas, y este protagonismo público relegó a un segundo plano el de su presencia como poeta.

Ésta sería la razón más anecdótica e incluso discutible, aunque no olvidemos que algo parecido había ocurrido una década antes con otra de las grandes figuras míticas del mundo editorial: Josep Janés. Ni sus contemporáneos ni nosotros nos acordamos del Janés poeta catalán en tiempos difíciles para la poesía escrita en catalán.

Hay una diferencia fundamental entre Janés y Barral, al margen de la calidad de sus respectivas poesías. En la poesía catalana ha habido una serie de grandes poetas: a través de Josep Carner, J. V. Foix, Carles Riba, Salvador Espriu, Joan Vinyoli, Gabriel Ferrater y Pere Gimferrer nosotros percibimos, no diría un desarrollo (puesto que la poesía europea es moderna desde sus primeros poetas medievales), sino una trayectoria que recorre el siglo y define su modernidad. Algo muy distinto ocurre con la poesía en lengua castellana, marcada por el signo fatídico de las generaciones. Es inevitable que la realidad política, social y cultural, en su sentido más amplio, de una época marque a los individuos que la viven, pero no hasta el punto de condicionar su singularidad. El concepto generacional tiene una positiva función didáctica y permite ver unas líneas generales en un momento determinado, pero su aplicación rígida o esquemática puede llevar a creernos que determinados hechos influyen en todos nosotros de la misma manera o incluso que todos los hechos tienen influencia sobre todos nosotros. De este modo, se nos ha hecho ver lo que de común tienen los escritores de la generación del 98, los de la del 27, los de la más mediocre del 36 y los de la espléndida del 50 en la que se incluye Carlos Barral.

Para reforzar el concepto generacional están las antologías, que nos alientan a definir los valores literarios de una determinada época. Hablo, por supuesto, de las antologías poéticas, algunas de las cuales se han convertido en puntos de referencia inevitables: la antología de Gerardo Diego, la antología consultada de Ribes, *Veinte años de poesía española* de José María Castellet y *Nueve novísimos poetas españoles*, también de Castellet.[1]

De la misma forma que *Nueve novísimos* fue una maniobra de lanzamiento no de una nueva generación sino de una nueva corriente estética dentro de una generación, manipulada por Castellet y el poeta más importante de la antología, Pere Gimferrer, *Veinte años de poesía española* (1960) y más tarde *Veinticinco años de poesía española* (1965), publicada por la editorial Seix Barral, por un lado estaba manipulada por Castellet y por los jóvenes poetas que conoceremos como el grupo o la Escuela de Barcelona, José Agustín Goytisolo, Carlos Barral y, sobre todo, Jaime Gil de Biedma. Por el otro, destacaba una línea dominante: la de la poesía social o de compromiso, hasta el punto de que quedaban excluidos poetas como Juan Ramón Jiménez, Manuel Machado, Juan Gil-Albert, Francisco Pino, Antonio Gamoneda, o Juan Eduardo Cirlot. Más interesante resulta analizar la presencia de los propios representantes de la llamada generación del 50: Jaime Ferrán, con un poema; Francisco Brines y Claudio Rodríguez con tres; Carlos Barral, Ángel González y José Manuel Caballero Bonald con cuatro; Gil de Biedma con seis; y José Agustín Goytisolo y José Ángel Valente con siete. Los poetas más representados de la generación del 27 son Rafael Alberti (12), Jorge Guillén (8), Luis Cernuda (7) y Vicente Aleixandre (7), y el poeta más representado de toda la antología junto con Alberti es Blas de Otero, con doce poemas. Celaya aparece con nueve poemas, es decir, por encima de Guillén, Cernuda o Aleixandre. Escandaloso entonces y no digamos ahora.

Dominan, pues, los poetas sociales, es decir, el criterio de Castellet. Es conocida, en cambio, la preferencia de Gil de Biedma por Guillén y Cernuda. La antología nace, por lo que se refiere a los maestros, de un compromiso. Es de presumir que la destacada presencia de Blas de Otero nace de un consenso, puesto que en él coincide el poeta del compromiso con el poeta existencial estudiado por Dámaso Alonso y el poeta de la palabra. Es decir, el social, el individual y el orfebre.

Por lo que se refiere a la generación del 50, recuérdese que todavía a principios de los sesenta José Ángel Valente es apreciado como poeta comprometido, no como el poeta metafísico y místico que conoceremos y valoraremos más tarde. Y que José Agustín Goytisolo es, dentro del grupo de Barcelona, el más claramente social. Son notables, por otro lado, las ausencias de dos amigos del grupo, Jorge Folch y Alfonso Costafreda, el primero magníficamente retratado por Carlos Barral en *Años de penitencia* (1975) y el segundo uno de los más interesantes de toda la generación.

¿Adónde quiero ir con esta introducción? A mostrar, a través de las antologías, que el criterio generacional depende de determinados gustos estéticos con frecuencia manipulados y que las antologías son el vehículo de dicha manipulación. Castellet, con Gil de Biedma y el poeta y editor Carlos Barral, han incluido a las tres generaciones vigentes, la del 27, la del 36 y la del 50, incorporando asimismo a varios poetas en el exilio. Como anomalía cabe señalar que los poetas jóvenes están tan ampliamente representados como sus maestros. Y que la línea dominante es la social, por la presencia ideológica de Castellet y por los propios poetas, que a principios de la década de los sesenta publican su poesía más marcadamente social: José Agustín Goytisolo *Salmos al viento* en 1958, Gil de Biedma *Compañeros de viaje* en 1959, José Ángel Valente *Poemas a Lázaro* en 1960, Carlos Barral *Diecinueve figuras de mi historia civil* en 1961 y Ángel González *Sin esperanza, con convencimiento* también en 1961.

Poetas, pues, unidos por una misma conciencia social, es decir, poetas pertenecientes a una misma generación, la del 50, llamada así no porque empezaran a publicar en ese año concreto, sino por haberlo hecho durante la década, la mayoría de ellos hacia 1955. Ahora bien: si cada uno de estos poetas se distingue por una notable evolución, ¿cómo podemos identificarlos generacionalmente? Por otro lado, una generación surge cuando rompe de modo claro con las generaciones anteriores, mientras que nosotros podemos advertir hoy una clara línea de continuidad del Machado social y metafísico con los poetas del 50 y, sobre todo, con una dirección de la generación del 27 que excluye a Alberti y a García Lorca y que incluye, muy especialmente, a Guillén y a Cernuda, y en cierta medida al Dámaso Alonso de *Hijos de la ira*

(1944), antecedente de tantos sentidos de Blas de Otero. Lo que vemos es, pues, como he señalado para la poesía en lengua catalana, una trayectoria y no una evolución.

¿A qué conclusión podemos llegar, en este punto, por lo que se refiere a Carlos Barral? Que pese a ser el editor de la antología está, junto con Brines (3) y Claudio Rodríguez (3), en el grupo de los menos representados, frente a Valente, Gil de Biedma y Goytisolo, es decir, que los poetas esencialmente líricos o de la conciencia están peor representados que los sociales o de la experiencia. Lo que explica la escandalosa exclusión de Costafreda, el más cercano a lo que podría llamarse poesía del conocimiento.

La Escuela de Barcelona

Desde la perspectiva actual, queda claro que muchos de los planteamientos que creíamos exclusivos de la generación del 50 aparecen ya en la generación del 27. Queda clara, asimismo, no solamente la marcada diferencia entre cada uno de los poetas sino también la evolución experimentada por cada uno de ellos. Pero, ¿puede decirse lo mismo del grupo de Barcelona? Aquí entra una importante matización: parece inevitable que, perteneciendo a una misma ciudad y compartiendo edad y parecida clase social, las afinidades sean numerosas. La realidad barcelonesa era muy peculiar y en esta realidad se educaron la mayoría de los poetas de lo que se llamará la Escuela de Barcelona: infancia durante los años de la guerra civil, pubertad en los peores años de la represión franquista, educación universitaria común, en los años en que se inicia una ligera apertura, que explicará la publicación de la revista *Laye*. Esta misma revista subraya la realidad del grupo. Un grupo reforzado por la presencia de pensadores marxistas como Manuel Sacristán o de críticos identificados con el socialismo realista como Castellet. Se ha consolidado una relación de amistad entre Castellet, José Agustín Goytisolo, Jaime Gil de Biedma, Carlos Barral y Gabriel Ferrater, con reuniones regulares en las que se comparte la exaltación del alcohol y la lujosa bohemia con la literatura. Aquí sí que puede hablarse pues de un grupo generacional que se influye recíprocamente, sin llegar a constituir un movimiento. Y ésta es su gran originalidad dentro del mundo literario español que carece de movimientos propiamente dichos y que vive bajo el sambenito de las generaciones. De la revista *Laye* a la citada antología de Castellet, hay una relación estrechísima, que en algunos de ellos se prolongará hasta la muerte, en todos ellos prematura.

¿Dónde entra aquí Carlos Barral? Ya hemos visto su determinante presencia como editor, como fue determinante Castellet como ideólogo y Gil de Biedma y Ferrater con su presencia intelectual y sus seductoras personalidades. En casi todos ellos hay una fuerte conciencia de clase, la culpa de ser señoritos de nacimiento, que es la que les lleva a escribir en un momento determinado, precisamente porque aceptan los privilegios de su clase, no una poesía estrictamente social que aspire a la utópica transformación radical de la sociedad, sino una poesía moral y atenta a su tiempo. Por su misma condición de señoritos, hay en todos ellos un acentuado hedonismo. Hay, asimismo, una formación cosmopolita y un positivo intercambio de lecturas: la atracción de todos ellos por el simbolismo, la atracción de Gil de Biedma por la poesía anglosajona (Eliot, Auden) y por Guillén, el interés de Goytisolo por la italiana y por la catalana, el de Barral por Rilke, al que tradujo. Y es una poesía esencialmente urbana, la ciudad nocturna de la exaltación, la cruel luz del amanecer que nos transporta a otra realidad. Y, como espacio del hedonismo, esa playa, ese Mediterráneo, que aparece de forma recurrente en la poesía de Gil de Biedma o de Barral y en la narrativa de Juan Marsé.

Barral, Biedma y la poesía de la experiencia

La estrecha relación de amistad entre los cuatro poetas más importantes de la Escuela de Barcelona –Gil de Biedma, Goytisolo, Ferrater y Barral– contribuye a que compartan muchas ideas estéticas. Y, sin embargo, los resultados poéticos son muy distintos. A los tres primeros los identificamos fácilmente con la poesía de la experiencia, y casi podríamos decir que esta experiencia, guiada por el rigor de la inteligencia y por el humor, les hace compartir una estética y una ética comunes. Experiencia individual y experiencia colectiva que explica el carácter esencialmente narrativo de su poesía, así como el nivel comunicativo, sea con una sola persona (los poemas a Helena de Ferrater), con un reducido grupo de amigos, como en el caso de Gil de Biedma, o con una colectividad, como en el caso de José Agustín Goytisolo. La escuela se convierte casi en un movimiento y el representante indiscutible de este movimiento sería Gil de Biedma, tan presente en la poesía española actual, tanto en castellano, con García Montero a la cabeza, como en gallego (Ramiro Fonte) o en catalán (Joan Margarit o Pere Rovira).

Y aquí es donde entra Carlos Barral. Para distinguirse de un grupo con el que sin embargo comparte no poco. La primera poesía de José Agustín Goytisolo es fuertemente elegíaca, y ésta es la palpitación lírica que nunca ha de abandonar. Una palpitación que se expresa a través de un lenguaje depurado en busca de la claridad, que dará título a su tercer libro de poemas, *Claridad*. Jaime Gil de Biedma se inicia, en *Según sentencia del tiempo* (1953), con una poesía en la que hay una voluntad lírica y cierta oscuridad, pero en la que se encuentra ya un punto de partida que le permitirá llegar a una claridad que nunca ha de abandonar, alimentada por la voluntad comunicativa: este punto de partida es lo que él llamará más tarde una 'sordina romántica', aquí expresada como un intimismo todavía sentimental, sin el tratamiento irónico posterior, y un tema recurrente que le identifica con todo el grupo de Barcelona, el de la amistad:

> Pero luego hay momentos felices
> para dejarse ser en amistad.
> Mirad:
> somos nosotros.[2]

Versos estos de 'Amistad a lo largo' que están estrechamente relacionados con un aspecto de la poética de Carlos Barral, marcado precisamente por el 'mirad' del poeta que se dirige a un lector. Con una gran diferencia: tanto *El retorno* de Goytisolo, *Según sentencia del tiempo* de Gil de Biedma y *Metropolitano* de Carlos Barral nacen, en primer lugar, de la necesidad de modernizar el lenguaje poético. Modernizarlo significa repudiar tanto el marmóreo formalismo de los garcilasistas como el prosaísmo de poetas sociales como Gabriel Celaya, para regresar a los poetas del 27. No a la línea entre populista y vanguardista de García Lorca y Alberti, sino a la del rigor, la percepción de la realidad desde una experiencia individual y la necesidad de comunicación, no a un grupo social abstracto, sino a un grupo de amigos concreto. No siempre esta necesidad está explícita en el poeta. En el caso de Carlos Barral se expresa como una complicidad. Pero queda claro que hay una necesidad de trabajar con el lenguaje, y que esta necesidad la lleva Barral hasta sus límites. José Agustín Goytisolo y Gil de Biedma borran, en su poesía, toda tradición visible mientras que Carlos Barral, en *Metropolitano*, muestra una vocación lírica que inevitablemente le integra a una tradición. Si se prefiere, inventa una tradición que aceptamos sin extrañeza precisamente porque responde a una tradición poética: la oscuridad de *Metropolitano* surge de la exacerbación de la percepción, allí donde se confunde con el conocimiento, cortando ciertos referentes lógicos del discurso comunicativo. La identificación con Mallarmé es visible. Al mismo tiempo, hay un regreso a lo que podríamos llamar la heráldica del lenguaje: Barral identifica los objetos percibidos, su materia, con la materia del lenguaje, y trabaja ambos como lo haría un orfebre. En cierto modo, la poesía de Goytisolo y la de Gil de Biedma nacen del sentimiento, la de Barral de lo que él llama 'las pasiones de la inteligencia'.

Barral y Gil de Biedma

La relación poética de Goytisolo con Barral es, en realidad, escasa. Por el contrario, su relación con Jaime Gil de Biedma es tan profunda que, a la hora de hablar de influencias, todas ellas están canalizadas por esta relación. La misma relación de amistad era parte de dicha sustancia poética: vivieron y poetizaron espacios comunes, lecturas, una misma actitud hedonista ante la vida, un parecido sinsabor ante la vejez. Esta relación de amistad está exhaustivamente estudiada por Carme Riera en su libro *La Escuela de Barcelona* y nada tengo que añadir.[3] Lo que a mí me interesa destacar es la estrecha relación entre ambos poetas y entre ambas poesías y, al mismo tiempo, cómo se trata de dos estéticas que surgen de planteamientos muy distintos, se encuentran en un momento determinado (*Diecinueve figuras de mi historia civil* y *Compañeros de viaje*) para de nuevo caminar por caminos divergentes.

El análisis de esta relación es, simultáneamente, la puerta que cierra esta introducción sobre los antecedentes y las bases sobre las que se asienta la generación del 50 y la Escuela de Barcelona y la puerta que se abre a la poesía de Carlos Barral cuyo análisis dejo para otra ocasión.

Como prueba de esta amistad deberíamos empezar al revés: con el homenaje que Gil de Biedma rinde no sólo al amigo, sino también al poeta. Con 'En el nombre de hoy' (*PV* 77-78) Gil de Biedma nos introduce a su libro *Moralidades* (1966) y, a modo de 'ars poetica', señala algunos de los aspectos centrales de este libro y de la casi totalidad de su poesía: su afán de actualidad o, mejor dicho, de limitarse a sus experiencias personales, al margen de la historia, que aparece en muy pocos poemas ('Apología y petición' es el más notable), con el énfasis 'en el nombre de hoy'; la sordina sentimental 'Para tí que no te nombro, / amor mío', para añadir 'y ahora hablo en serio', subrayando así la presencia del humor en el poema; la amistad: 'Finalmente a los amigos', cuyos nombres aparecen encabezados por Carlos; y su personal visión de la poesía de compromiso ('señoritos de nacimiento / por mala conciencia escritores / de poesía social'). Sólo una nota lírica se añade a un poema esencialmente comunicativo: no sólo escribe en el nombre de hoy, de la experiencia vital del poeta, sino 'y asimismo en el nombre del pájaro / y de la espuma del almendro', que procede directamente del largo poema de Barral 'Las aguas reiteradas', de 1952: 'Y en el nombre del pájaro, / de la inflamada espuma del almendro'.[4] Biedma no sólo rinde homenaje al amigo y al poema del amigo, sino que toma prestado el ingrediente lírico que acepta como necesario en toda poesía. El mismo ingrediente que aparece en Machado, defensor de la poesía 'cordial'.

La constatación de que son 'señoritos de nacimiento / por mala conciencia escritores / de poesía social' es un tema frecuente en ambos poetas. Es la respuesta al dogmatismo de los poetas sociales, convencidos de que la poesía tiene una función revolucionaria no subvirtiendo el orden moral, como los surrealistas, sino el orden político. Tanto Barral como Gil de Biedma introducen, como ya he señalado antes, una matización definitiva: la poesía no tiene una responsabilidad política sino civil y moral, lo que explica el título de Carlos Barral, *Diecinueve figuras de mi historia civil* y el de Gil de Biedma, *Moralidades*. En 'Discurso', del mencionado libro, Barral incluye un epígrafe de Bertolt Brecht, 'no me gustaron las gentes de mi clase' (*PC* 115),[5] que nos remite a la realidad social de la época de 'Sol de invierno', donde la pobreza de los pescadores contrasta con la riqueza de su familia, 'donde estaba aguardando el automóvil / anguloso y solemne como un acorazado', que coincide con el 'Duesemberg *sport* con doble parabrisas, / bello como una máquina de guerra' de los padres de Gil de Biedma en 'Barcelona ja no és bona, o mi paseo solitario en primavera' (*PV* 79-81), donde Biedma contempla un paisaje en decadencia que él asocia 'con el capitalismo de empresa familiar', 'todo fue una ilusión, envejecida / como la maquinaria de sus fábricas', que nos remite a la visión de Barral en 'Parque de Montjuich' de *Usuras*: 'y aun después que inventaron una industria / mediocre que los hizo esclavos / de un orden diminuto' (*PC* 180). Dueño de un apellido, como Biedma, en 'Apellido industrial': 'todo estaba pagado, todo a crédito / de libertad rendida, de conciencia / confusa...' (*PC* 142-43).

Frente a esta conciencia de clase está la mitificación de la infancia, tema reiterado y que Biedma condensa espléndidamente en 'Infancia y confesiones' (*PV* 49-50), evocación 'de cuando las familias / acomodadas, / como su nombre indica, / veraneaban infinitamente', 'De mi pequeño reino afortunado / me queda esta costumbre de calor / y una imposible propensión al mito'. También Barral hace frecuentes referencias a su infancia. En 'Fotografías', de *Diecinueve figuras*, nos dice 'He sido un niño alegre, / un retoño feliz del bienestar, / según dicen los datos predispuesto / al espacio y la luz' (*PC* 118). E igual que en 'Infancia y confesiones', donde 'Se contaban historias penosas, / inexplicables sucedidos' (*PV* 47-48), aquí, pese a que 'eran los tiempos de Auschwitz, / los peores tiempos de la historia', la suya era 'una infancia acomodada'. Incluso la guerra, ya que fue vivida en la infancia, está vista como un juego. En 'Intento formular mi experiencia de la guerra', de *Moralidades*, Biedma escribe que los años de la guerra civil, al igual que para el Jaime Camino de *Las largas vacaciones de 1936*, fueron 'posiblemente, / los años más felices de mi vida' (*PV* 122-24), y para el Barral de 'Las alarmas', 'De entre todos los supervivientes / fuimos los más intactos; / dueños de la heredad abandonada' (*PC* 132).

Al igual que en Biedma, pues, se une la mitificación de un pasado feliz con la conciencia de la historia y de la sociedad. Hay un poema de Barral que resume perfectamente esta actitud en clave irónica. En 'Baño de doméstica', en un jardín de verano que evoca 'los senderos de grava y cenadores / rústicos' de 'Infancia y confesiones', el poeta contempla a la doméstica bañándose con un barreño:

> Su espléndido desnudo,
> al que las ramas rendían homenaje,
> admitiré que sea
> nada más que un recuerdo esteticista.
> Pero me gustaría ser más joven
> para poder imaginar
> (pensando en la inminencia de otra cosa)
> que era el vigor del pueblo soberano. (*PC* 130)

Por un lado existe, pues, la solidaridad. Por el otro, la suficiente lucidez para saber cuáles son las trampas de la demagogia o del llamado mensaje social, aquí desenmascaradas por el deseo. Porque si son muchos los poemas de Biedma y Barral en torno a la solidaridad, son también muchos los poemas 'esteticistas', que aquí equivale a hedonistas. El hedonismo es otro de los rasgos centrales compartidos por ambos poetas. Una exaltación del cuerpo que nos lleva al verano, a las playas, al espectáculo de los cuerpos desnudos. E incluso las estatuas cobran vida. En 'Conversaciones poéticas', de Gil de Biedma, dedicado 'a Carlos Barral, amante de la estatua', 'alguien bajó a besar los labios de la estatua / blanca, dentro del mar, mientras que vacilábamos / contra la madrugada. Y yo pedí, / grité que por favor que no volviéramos / nunca, nunca jamás a casa' (*PV* 89-90). En 'Baño en cueros', de Carlos Barral, en 'el agua que la luna enturbia', el poeta, 'llamado por el agua o por los cuerpos', penetra en el agua donde 'Las estatuas / se ablandan entre risas en la espuma'. En 'Ritual de la ducha', de *Lecciones de cosas* (1986), Barral recupera este hedonismo. Ahora no es ya el voyeur de 'Baño de doméstica' o de 'Baño en cueros', sino que se trata de 'la historia / estrictamente personal', para exclamar: 'Ya somos por fin alguien, somos agua. / Su memoria magnífica, ondulada, / recorre el espinazo' (*PC* 304).

El hedonismo, la intensidad de la noche, lleva a la malsana realidad del alba, a la que Gil de Biedma dedica una 'Albada', inspirada en una famosa *alba* de Giraut de Bornelh, en la que imagina las flores amontonándose en los puestos de las Ramblas, 'y silbarán los pájaros —cabrones— / desde los plátanos mientras que ven volver / la negra humanidad que va a la cama / después de amanecer' (*PV* 86). Carlos Barral le dedica toda una sección de *Usuras*, 'Informe personal sobre el alba y acerca de algunas auroras particulares'. En el poema que abre la sección, 'Contra el alma o enemigos del alba' se pregunta

'Quién sabe por qué la aurora legañosa, / por qué el alba de espina amarillenta, / más que la estancia del día y que las lajas / resbaladizas de la noche, injuria' (*PC* 210).

Pero hay un poema que resume este sentimiento de hedonismo derrotado, de la perdida felicidad de la noche del alcohol y de los cuerpos que tan bien reconstruye Juan Marsé en *Últimas tardes con Teresa* y que es el tema central, como expresión del paso del tiempo y de la humillación del cuerpo, de *Poemas póstumos*, especialmente en 'Contra Jaime Gil de Biedma'. Me refiero a 'Evaporación del alcohol' de *Figuración del tiempo*. También aquí, como en el caso de Biedma, hay un desdoblamiento. En la resaca del alba

>   Acuden
> arrugados recuerdos y, en medio, dilatada
> como un odre la idea de la culpa,
> como una maldición,
>   con un injusto
> olvidar la alegría de la noche,
> el joven compañero que hemos sido
> y hemos visto quedarse en el portal,
> ávido de aventura... (*PC* 242)

La juventud, la amistad, el alcohol, los cuerpos del amor, la noche y el agua son los grandes temas de inspiración de los dos poetas. En el mismo poema nos dice Barral que la última copa de la noche

>   nos hizo más ligeros
> al borde del canal y ungió la carne
> triste frente a las aguas tenebrosas
> y nos hizo nadar y hacer poemas
> y traducir sin falta y entender lo oscuro
> y hablar con desempeño,
>   y recorrer el bosque
> que no tiene caminos por el día. (*PC* 242-43)

Todo lo que he señalado hasta ahora no pueden ser puras coincidencias, puesto que constituyen el centro de la poesía de ambos poetas. Por supuesto, no me interesa comentar aquí la fecha de los poemas para comprobar quién debe a quién. Este análisis cronológico no llevaría a ninguna parte, puesto que no es una relación de dependencia sino de interdependencia. Pocas veces dos poetas han estado más cerca en el desarrollo de su poesía, podría decirse que a lo largo de toda una vida, y pocas veces amistad y poesía han estado tan fundidas. Esta identificación no sólo afecta a las preocupaciones centrales,

Hay coincidencias mucho más curiosas. Como por ejemplo, la impresión que les produce a ambos una visita a Madrid, capital entonces de la España franquista y centralista, burocrática y provinciana. En 'De aquí a la eternidad', escrito en 1960 e incorporado en 1966 a *Moralidades*, más allá de la magnífica avenida ve 'algo más, algo espectral / como invisiblemente sustraído, / y sin embargo verdadero. / Yo pienso en zonas lívidas, en calles / o en caminos perdidos' (*PV* 94). En 'Cercanías del Prado', de *Usuras*, Carlos Barral no necesita alejarse del centro para ver, en las cercanías del Prado, a 'mucha gente / muerta en su paja popular', 'ciudad de gente a rayas que no entiendo' (*PC* 182 y 183). Más curiosa todavía otra coincidencia. Gil de Biedma incorpora 'Auden's *At Last the Secret is Out*...', que no es una composición propia sino una versión del poema de Auden, como homenaje al poeta inglés, influencia central, junto a la de Eliot, en su poesía (*PV* 102). Por su parte, Barral incorpora a *Usuras* 'Claves del desvelado', versión libre de tres poemas de Fernando Pessoa (*PC* 222-23).

Hay otras coincidencias que no voy a desarrollar aquí porque nos desviarían del tema, pero que sí vale la pena tener en cuenta para un estudio que se limite exclusivamente a la relación entre ambos poetas y ambas poesías. Para empezar, la disposición del poema: no sólo los encabalgamientos sino lo que podríamos llamar 'encabalgamientos métricos', es decir, prolongar la medida de un verso en el siguiente verso, recurso frecuente en ambos poetas y que trata de conseguir un efecto no sólo rítmico sino también visual, por eso hablo de disposición o dibujo. Un ejemplo especialmente feliz, en el caso de Biedma, es 'Infancia y confesiones', aunque podríamos mencionar asimismo 'Ampliación de estudios', 'Los aparecidos', 'Conversaciones poéticas' o 'Pandémica y celeste'. Es mucho más frecuente en Barral, ya desde los primeros libros, por lo que no es necesario mencionar ejemplos ilustres. En ambos poetas este procedimiento contribuye a subrayar el tono confidencial, conversacional o confesional, la fusión de intimismo y comunicación y el desarrollo narrativo. Lo mismo ocurre con los titubeos, que reflejan el proceso mental y expresivo del poeta, la búsqueda del matiz y de la palabra exacta. Un buen ejemplo en Gil de Biedma se da en 'Los aparecidos' (de *La historia para todos*):

> No sé cómo explicarlo, es
> lo mismo que si todo,
> lo mismo que si el mundo alrededor
> estuviese parado
> pero continuase en movimiento... (*PV* 64)

Que recuerda, por supuesto, al Neruda de 'Galope muerto' y sobre todo de 'Walking Around', de *Residencia en la tierra*, aunque en el chileno la indecisión tiene muy distintas raíces. Estos titubeos aparecen también en Barral con parecida intención. Son frecuentes en él las repeticiones de una palabra, como para aferrarse a ella para proseguir el discurso, cuando no tiene una función simplemente enfática, un carácter invocativo, en todo caso siempre dentro de la palabra 'hablada': 'Iré / Iré al angosto / pasadizo' ('Un lugar desafecto'; *PC* 73); 'Y antes que preguntemos, mucho antes / que el último silencio se destruya', 'Oigo tu voz. / Oigo tu voz' ('Timbre'; *PC* 76 y 78), 'Oh, nunca más, ya nunca / más las hojas' ('Los P.P. y el verano'; *PC* 138), que culminan en 'Método del alba': 'Digo, / digo frases caudales con pausas escarpadas, / digo tu nombre en griego' (*PC* 212). Dentro de esta voluntad comunicativa habría que añadir el frecuente 'mirad' con el que el poeta se dirige a los lectores y que aparece ya en la poesía juvenil. 'Mirad: / somos nosotros', dice Biedma en 'Amistad a lo largo', poema escrito en 1952, y Carlos Barral en 'Mendigo al pie de un cartel' de *Metropolitano*: 'mirad que continúa la orilla del muñón. / Mirad qué orilla', para subrayarlo con un 'y yo os digo' (*PC* 86 y 87). Cierto que aquí es un mendigo el que habla a los viandantes, pero se expresa ya esta voluntad dialogante como superación del monólogo típico de la tradición lírica.

Carlos Barral. Superación del monólogo

Superación del monólogo, en efecto. Y voluntad de comunicación. Tanto en José Agustín Goytisolo, como en Gil de Biedma y en Carlos Barral hay una necesidad de comunicar con el lector, aunque en direcciones muy distintas e incluso a lectores distintos. Paradójicamente, el más monologante es Goytisolo, quien se dirige al lector en general, con el que establece una relación de solidaridad. Carlos Barral se dirige, implícitamente, a un grupo de lectores: en su poesía no sólo hay comunicación sino complicidad. Hay un fuerte sentimiento de solidaridad con los oprimidos y un afectivo sentimiento de amistad hacia los mitificados pescadores, pero la complicidad le obliga a rendir cuentas a su grupo, aceptar que para él, 'aquella ciencia era lujosa' y que 'Era del todo claro / que yo no había perdido mi jornada / y del todo inexacto / que fuésemos iguales, ni siquiera / en la mar' ('Hombres en la mar'; *PC* 163 y 166). Esta complicidad aparece de forma explícita, como una exigencia estética y ética, en Gil de Biedma, desde el primer poema de Compañeros de viaje, 'Amistad a lo largo': 'Pasan lentos los días / y muchas veces estuvimos solos. / Pero luego hay momentos felices / para dejarse ser en amistad' (*PV* 21). Tono conversacional que se va definiendo en un crescendo a lo largo del poema: 'Pero callad. / Quiero deciros algo. / Sólo quiero deciros que estamos todos juntos', para añadir: 'Quiero deciros como todos trajimos / nuestras vidas aquí, para contarlas'.

Vidas para contarlas, pero lejos del prosaísmo de los poetas sociales anteriores y contemporáneos. Basta acudir, para comprobarlo, a la tercera edición de la antología *Poesía social española contemporánea (1939-1968)* publicada por Leopoldo de Luis en 1981 (hay una primera edición de 1965),[6] donde se incluyen, entre otros, a poetas como Victoriano Crémer, Gabriel Celaya, Ramón de Garcíasol, Gloria Fuertes, Manuel Pacheco, José Hierro o Eugenio de Nora. Ninguno de ellos de extracción proletaria y muchos de ellos bastante complacientes con el sistema político imperante, a diferencia de los poetas de la generación del 50.

Para aligerar el tedio de esta exposición, propongo un ejemplo de prosaísmo. El poema se titula 'Momentos felices' y procede del libro *De claro en claro* (1956) de Gabriel Celaya, uno de los poetas más celebrados de la poesía social en la década de los cincuenta, por los años en que los poetas del grupo de Barcelona publicaban sus primeros libros. Una de sus estrofas dice así:

> Cuando llega un amigo, la casa está vacía,
> pero mi amada saca jamón, anchoas, queso,
> aceitunas, percebes, dos botellas de blanco,
> y yo asiento al milagro —sé que todo es fiado—
> y no quiero pensar si podremos pagarlo;
> y cuando sin medida bebemos y charlamos,
> y el amigo es dichoso, creo que somos dichosos,
> y lo somos quizá burlando así la muerte,
> ¿no es la felicidad lo que trasciende?

Señalo de paso una notable contradicción: cualquier poema elaborado de Barral o de Biedma es mucho más conversacional, aunque no más prosaico, que este poema de Celaya, quien tiene que buscar el tono poético en el ritmo impuesto por el alejandrino, uno de su versos preferidos.

En esta segunda parte de mi exposición pretendo mostrar cómo coinciden, en Carlos Barral, y no siempre en la misma medida, el aspecto comunicativo y el aspecto lírico. La generación del 50 tiene a dos grandes poetas de la experiencia, Jaime Gil de Biedma y Francisco Brines. Las distancias entre ambos son notables, pero también lo son las coincidencias. Tiene asimismo dos poetas intensamente líricos: Carlos Barral y Claudio Rodríguez. Las diferencias, son, sin embargo, mucho más notables que las escasas coincidencias. La una es poesía urbana y la otra es rural, la una cosmopolita y la otra busca y crea una tradición esencialmente castellana. Una es elaboración de la materia, la otra exaltación o celebración. En cualquier caso, la singularidad de la poesía de Barral es doble: por su especial rigor como poeta lírico y por su especial vigor como poeta de la comunicación.

La bibliografía sobre la obra de Carlos Barral es mucho más reducida que la dedicada a otros miembros de su generación. Un punto de referencia inevitable es Carme Riera, autora de un libro sobre su poesía, *La obra poética de Carlos Barral* (1990), de la introducción a la edición de Cátedra (1991) y a la *Poesía completa* de Lumen (1998).[7] Hay que añadir su tan discutible como imprescindible estudio sobre *La escuela de Barcelona* (1988). Son especialmente interesantes las aportaciones de Juan Ferraté,[8] Luis García Montero[9] y, por supuesto, el artículo que Gil de Biedma publicara en *Ínsula* en 1958 con el título de '*Metropolitano*: La visión poética de Carlos Barral',[10] incorporado más tarde a *El pie de la letra* (1980).[11] Están asimismo los estudios en torno a la revista *Laye*, entre otros los de Barry Jordan y Laureano Bonet.[12] De 1955 a 1965 Barral escribió un *Diario de trabajo*, publicado en 1988 por Luis García Montero con el título *Diario de Metropolitano*.[13] Es posible que estos trabajos y otros sean parte del sedimento que reposa en este estudio, pero no he vuelto a ellos. He preferido regresar a la poesía de Barral sin contaminaciones exteriores.

He regresado, sí, a sus libros de memorias, no tanto por la información que pueda encontrar sobre su poesía como por lo que hay en ellos de creación. En España ha habido poco interés por las biografías, las autobiografías, los diarios y las memorias. Los escritores del 50 son los primeros en cultivar el género memorialístico de forma consistente. Baste pensar en el *Diario de un artista seriamente enfermo* (1974) de Jaime Gil de Biedma, *Coto vedado* (1995) y *En los reinos de taifa* (1997) de Juan Goytisolo, *Tiempo de guerras perdidas* (1995) y *La costumbre de vivir* (2001) de José Manuel Caballero Bonald, *Contra el olvido* (1998) de Alberto Oliart, donde Barral ocupa un espacio privilegiado y, en una menor medida, *Els escenaris de la memòria* (1988), colección de retratos de Josep Maria Castellet. En 1993 Carme Riera publicó la edición de *Los diarios 1957-1989* de Carlos Barral.[14] Su interés es relativo: tienen mucho de boceto, hay comentarios sobre compañeros y amigos que se salen de la habitual cortesía del poeta, sus frecuentes referencias a los problemas económicos, al 'alcoholismo y catástrofe personal' (22 junio 1989) poco tienen que ver con su poesía. De este libro podría decirse lo que él mismo dice a propósito de sus crisis y desconsuelos: 'Todos los harapos arrinconados en las zonas oscuras de la conciencia, izados como pavesas restallan ahora dolorosamente'. Pero no hay harapos en la poesía de Barral. Y no los hay, por supuesto, en sus tres libros de memorias, *Años de penitencia* (1975), *Los años sin excusa* (1978) y *Cuando las horas veloces* (1988), posiblemente los mejores del género de la segunda mitad del siglo XX, especialmente el primero.[15] Podría añadirse aquí, por su valor predominantemente autobiográfico, la novela *Penúltimos castigos*, publicada en 1983 (Barcelona: Seix Barral).

De los tres libros de memorias el que tiene más interés y el que lo tiene para esta exposición es *Años de penitencia*. Es el más narrativo. Habla de los años de formación del poeta, desde la sórdida posguerra y el mundo familiar hasta sus años en la universidad, la revista *Laye* y su amistad con Sacristán, Castellet, Gil de Biedma, Jorge Folch, Alberto Oliart, Costafreda y los hermanos Joan Ferraté y Gabriel Ferrater. Muestra su desprecio por la vulgaridad física y moral de 'un país que no me gustaba, poblado por gentes feas en general, rencorosas y satisfechas de su mediocridad. Me daba cuenta de que el rasgo nacional del que yo tenía más clara, más indiscutible experiencia era la cobardía moral'. Desprecia la estupidez y elogia la inteligencia. Evoca el mundo mítico de la infancia, especialmente Calafell y los pescadores, manteniendo, al igual que Biedma, un distanciamiento autocrítico e irónicamente complacido: 'Por supuesto que todo era pura apariencia, o mejor, obra de la imaginación, pero he tardado tantos años en desengañarme, que es como si efectivamente hubiera sido así'. Nos habla de sus primas y la madre, que 'tienen un papel, aunque discreto, en mi despertar al erotismo y mi aprendizaje de la ternura. Cuando en un poema escribo ahora "primas", sin referirme a nadie en concreto, la imagen me las evoca, evoca su piel de la primera adolescencia oliendo a juegos de verano'.

Iniciación, pues, al erotismo y al hedonismo, a la sensualidad y a la ternura, que se relaciona con la revelación del desnudo femenino que ha de acompañarlo ya para siempre y que se expresa como un acto de voyeurismo y como una experiencia pictórica. En *Los diarios* nos habla de su primer recuerdo sexual preciso, en invierno de 1934-35, a los cinco años, cuando se le apareció la doncella, Clara, totalmente desnuda. 'Lo que sí recuerdo de esa misma chica son sus baños, el verano siguiente a la escena de la puerta, en pelota viva dentro de un barreño, en el jardín de Calafell', que corresponde al espléndido desnudo apreciado voyeurísticamente en 'Baño de doméstica'. En 'Años de penitencia', siempre en Calafell, nos habla de 'el mito de la infancia feliz', que aquí interesa sobre todo por su relación con la calidad plástica de las experiencias visuales de Barral. Entre sus recuerdos, nos dice, está un enorme baño de palangana, 'un *tub* como el de los cuadros de Degas o Bonnard, que luego ha seguido arrastrándose de rincón en rincón en aquella casa y acabó como plato de la ducha de las chicas de servicio. Desde que descubrí su notable función en la historia de la pintura, aquel viejo trasto me obsesionó y no descansé hasta que pude contemplar a una de las criadas enjabonándose en él'. De nuevo en Calafell, años más tarde, es favorecido por otra ocasión extraordinaria, cuando descubre, nadando, el cuerpo desnudo de la que resultó ser una de las chicas del barrio, una de las más guapas: 'No ocurrió nada extraordinario, pero era aquél el primer desnudo de adolescente que se me proponía a los ojos y a las manos y por primera vez sabía de esa deliciosa superposición del deseo y del miedo y del temblor y de la muda comunicación epidérmica'.

'Adolescente herido por la retórica leopardiana', nos habla de sus lecturas, entre ellas de *I malavoglia* de Verga, por su obvia relación con el mundo de la pesca, de Rimbaud, de Baudelaire, de Mallarmé –'pasión que duró muchos años pero que entonces se iniciaba y se manifestaba en la necesidad de conocerlo todo acerca del poeta'–, Apollinaire –'a cuya frecuentación debo mucho'– y, por supuesto, Rilke:

> Seguramente fui yo el que inoculó a Jaime Gil el morbo rilkeano, una fiebre que al cabo de los años recuerda como una pesadilla y por influencia suya entré yo en la obra de Guillén, el primer poeta español moderno que leí seriamente, y en la de Salinas, que había leído con cierta distracción un par de años antes.

Descubre a Valéry, a Guillén y a Salinas. Con Jaime Gil de Biedma 'hablábamos largamente del mundo griego. Los dos habíamos leído recientemente *La rama dorada* y yo había descubierto a Calímaco', y 'En las conversaciones con Jaime Gil los temas religiosos venían siempre a cola de largas disquisiciones sobre actitudes morales o de interpretaciones del mundo clásico. Pienso en una época en la que la lectura de *La rama dorada* nos había marcado mucho a los dos'. Por el contrario, y creo que conviene subrayarlo como reacción a una retórica que ha penetrado hasta la médula del alma nacional, 'Era esa tradición de preocupada pasión por la supuesta esencia de España con que la generación del 98 había infectado, parecía en aquellos años que para siempre, el pensamiento y la literatura de este país'. Y menciona asimismo su lectura de Ortega ('¿quién me empujaría?'), 'que tan poca huella me dejó'. Barral había coincidido con Luis Martín-Santos en un viaje de estudios a Alemania y 'se convirtió en el imprescindible compañero de taberna, en el contrincante ideal para las justas de ingenio'. Pues, bien, en *Tiempo de silencio* Martín-Santos ataca el concepto de la intrahistoria y de los males crónicos o hereditarios de España y hace una burla feroz de Ortega y Gasset, el Gran Buco goyesco. Y en 'Apología y petición' de *Moralidades*, Gil de Biedma rechaza también la esencialidad nacional: 'Quiero creer que nuestro mal gobierno / es un vulgar negocio de los hombres / y no una metafísica…' (*PV* 82).

Ya en *Años de penitencia* hay una conciencia de escritor que se impone casi como un destino. En la breve nota introductoria Barral nos dice que el libro 'quería pintar el paisaje civil y la amósfera moral de aquellos años', pero 'el alma del testigo, minuciosamente educada para la poesía lírica, ha ido invadiendo inexcusablemente el relato […] Y así ha resultado otro libro, un libro distinto del previsto'. Es como si el propio escritor se diese cuenta de que existen dos mundos, el moral y civil, de carácter público y objetivo, y el lírico, de carácter subjetivo. En realidad no es que el uno niegue al otro. Lo que ocurre es que uno, el moral y civil, está en función del otro. Pero también a la inversa. El mismo título apunta a una penitencia personal y colectiva.

Por otro lado, el subjetivismo, inevitable en cualquier libro de memorias que no quiera ser un sermoneo moralista, queda mitigado por la conciencia de grupo. No sólo por el retrato de figuras individuales que han de formar parte del conjunto (y el de Jorge Folch es el más notable y extenso, el más narrativo y dramático), sino por el conjunto mismo particularizado, nos dice Barral, por dos hechos:

> Por una parte, el que no sustituíamos a un grupo parecido que nos hubiese precedido ni fuimos sustituidos por otros más jóvenes. Por otro lado, el que hayamos mantenido cierta cohesión a lo largo de los años y hayamos intentado, sin perder la relación unos con otros, serpentear en la vida intelectual del país desde posiciones que siempre acababan repercutiendo unas en otras […] Por lo demás, en otros aspectos, éramos en todo semejantes a aquella multitud de mansos universitarios de cuello y corbata […] Pero las fiebres literarias, como las tuberculosis de antaño, marcan una vida. Y entretanto preservan, relativamente, de las formas generales de abyección.

Hay, pues, una clara actitud moral, salvarse de la abyección, y civil, puesto que no es la actitud romántica del poeta individual, sino un grupo que se mantiene más allá de sus iniciales años de formación.

Años de penitencia interesa, pues, como germen de lo que sería el mundo mítico de la poesía de Barral y como germen de su presencia en la sociedad civil y literaria, es decir, como testimonio de una época especialmente dura y que el escritor desarrolla no política o sociológicamente (este tipo de historia no parece interesarle) sino moralmente. Regresando a 'Discurso', 'Historia / estrictamente personal, exilio / del corazón entre la gente, pero / historia que no está deshabitada' (*PC* 111).

Pero a la historia (personal, de grupo o colectiva) se añade la dimensión estrictamente poética: en primer lugar la reflexión sobre la poesía, y en segundo lugar el artificio no en el sentido de engaño sino en el que le doy yo de trabajo del artífice o del orfebre. Las reflexiones sobre el trabajo poético son frecuentes, y están estrechamente relacionadas con lo que he venido exponiendo aquí. Una de ellas se refiere precisamente a la relación entre lenguaje y experiencia, y a los orígenes del lenguaje personal. Se trata, nos dice, 'de identificar el mundo habitual de la experiencia que a mí me parece vinculado a los orígenes del propio lenguaje. De indicar la posible relación de ese paisaje escogido de la infancia con los primeros nombres propios de las cosas y las relaciones comunes'. De ahí la importancia de Calafell y del mundo de la pesca, 'objetos litúrgicos, piezas de devoción, se me proponían en la conversación cotidiana'. Incorpora, pues, una jerga intraducible, 'un fenómeno de insularidad léxica de una zona de la experiencia'. Barral establece explícitamente una relación entre Calafell fuente del lenguaje y Calafell fuente de la conciencia civil. Por un lado, 'algunas piezas determinadas de mi poesía reflejan bastante directamente algunos aspectos de mi densa relación con el paisaje de Calafell y con los nombres de las cosas que lo identifican'; por otro, 'la pequeña comunidad, el grupo de familias que para mí consistía el Calafell de la infancia y de la adolescencia, acusó de un modo relevante las consecuencias, primero, y los efectos, después, de los grandes cambios históricos de la postguerra civil. En tal sentido como un teatro moral'. Conviene recordar que, además del lenguaje y de la realidad histórica, está la solidaridad social con los pescadores y, como señala el propio Barral, 'las referencias sensuales básicamente marinas'.

Hay una experiencia mucho más directamente relacionada con su vocación de orfebre, más allá de la conciencia de las raíces del lenguaje. Barral evoca 'los seis interminables cursos escolares que hube de soportar en el lóbrego colegio [*los jesuitas*] de la calle Caspe', y en especial las clases de historia de la literatura, las de gramática, las de métrica y retórica. Recuerda bien un curso de métrica en el que por lo menos se vieron ejemplos y se leyeron textos, lo que le permitió un primer contacto con los monumentos literarios:

> para mí, aquellos primeros versos que aprendí de memoria fueron muy importantes. Me enseñaron a escandir, me hicieron el oído y me empujaron no sólo a leer por mi cuenta, sino a tentar mis primeras aventuras de versificador y, casi enseguida, de presunto poeta. Porque creo que aprendí muy pronto lo que probablemente era la poesía lírica. Y a esa edad eso es lo que cuenta, porque en ninguna otra se tiene igual sensación de tener tanto que decir. Sensación, por fortuna, engañosa. Con el tiempo aprendemos todos que la exuberancia de la vida emotiva es tan esterilizante, al menos como la extrema pobreza de ella que atravesamos por largas temporadas.

Una observación importante, porque uno de los principales defectos de la poesía social era, paradójicamente, su excesiva carga de emotividad y de sensiblería. En esta cautela ante la vida emotiva está tal vez el punto clave que separa a la poesía de Barral de la de Biedma quien, en 'Después de la muerte de Jaime Gil de Biedma', ve su propia poesía como 'el deseo de ensueño y la ironía, / la sordina romántica que late en los poemas / míos que yo prefiero' (*PV* 157). Por su parte, añade Barral:

> Lamentablemente, no conservo ni una sola de las estrofas que las impuestas tareas escolares me obligaron a inventar. Pero si he de dar crédito a los recuerdos extremadamente vagos que guardo de ellas, me atrevería a decir que anunciaban ya una enfermedad literaria que he venido padeciendo por largos años y de la que no me siento aún definitivamente curado; un cierto formalismo perfectivista.

Carlos Barral es consciente, pues, del conflicto que hay en su poesía entre la comunicación y la elaboración, la claridad y la oscuridad. Conflicto, que, por supuesto, tiene un efecto benéfico y que forma parte de la esencia poética. No sólo hay una reflexión estética sino una elaboración de carácter lírico. Para empezar, es frecuente encontrar frases que identificamos fácilmente con las de sus poemas, como cuando dedica el libro, no sólo a los miembros del grupo, sino a Joan Verge 'Dimoni' y Ramón Calvet 'Moreno', 'compinches en la lujosa escuela de la mar', hace referencia a 'el paisaje civil y la atmósfera moral de aquellos años', a 'las vigas y postigos de pino, pintadas con el azul ingenuo e implacable, típico del país', que nos remite a 'Estancias sobre la conveniencia de pintar las vigas de azul', 'las cosas de la mar', la pesca, 'oficio para ellos y vicio para mí', la denuncia de los grandes barcos que, protegidos incluso contra las leyes y las ordenanzas por las autoridades, 'arrancaban hasta las rocas de la corta plataforma continental, la rebañaban día tras día hasta la última alga', que nos remite a 'Sol de invierno', donde 'Antes bastaban unos años / para fletar un bou una familia. / Ahora los de puerto, / con potentes motores, como escobas / que rebañan los fondos…' (*PC* 124); la 'historia estrictamente singular' y el 'diálogo estrictamente personal' coinciden con la 'historia / estrictamente personal' de 'Discurso' (*PC* 117).

Esta voluntad de relación y de elaboración se ve en la utilización de los adjetivos, como cuando habla de 'una belleza insoportable', 'el aire canalla de los anocheceres urbanos' o 'aquella ciudad encanallada' que podría proceder de Biedma, 'la vulgaridad purulenta' o 'la espesa vulgaridad cotidiana', 'un granítico escepticismo', 'la carnosa tormenta', 'el conformismo tenderil y la sensibilidad pesebrística de mis conciudadanos', los 'fríos sucios, escarchosos' de la ciudad de Gerona. Adjetivación rigurosa, unas veces cargada de veneno, otras materia con la que trabaja el artesano, lejos de la retórica de su amigo Sitjá, poeta 'dominguero', como se dice de los pintores, elegantísimo y 'seguido por un imaginario criado con una bandeja llena de adjetivos'.

Lo más notable de *Años de penitencia* es cómo un libro de carácter confesional, como han de serlo las memorias, no busque la evocación por el camino de la lírica sentimental sino a través de la plasticidad. Hay, lógicamente, una explicación digamos 'saussuriana', es decir, de recuperación de la imagen que hay detrás de cada palabra o, en el caso del Barral, de los nombres que se daban a los objetos en su infancia. Pero muy bien podría ser que pasión por las palabras y pasión por la materia sean cosas distintas que se funden o encuentran en la escritura. Que vea en el lenguaje la materia que veía en la colección de espadas de su padre, en los cuadros que adornan las paredes de las casas de la alta burguesía. Y, por supuesto, el acercamiento al mundo no a través de los sentimientos sino de la percepción, del mismo modo que el amor, centrado en Yvonne, se exprese también físicamente. No hay que olvidar (aunque se suele olvidar) que Barral, como él mismo nos cuenta en sus memorias, en sus años de estudiante de bachillerato fue alumno de la Escuela de Artes y Oficios, antesala de la de Bellas Artes, porque 'en aquella época yo pretendía pintar', y si en el colegio de los jesuitas 'nunca fueron descubiertos mis versos, lo fueron, en cambio, mis ensoñaciones gráficas', por otro lado tan directamente relacionadas con su trabajo de editor. Algunos de sus dibujos están incorporados a *Los diarios*, y, en la introducción a la *Poesía completa*, Carme Riera nos recuerda su interés por la pintura y en especial por la escultura.

Veamos, pues, cómo se expresa esta plasticidad y orfebrería en *Años de penitencia* y en su poesía, para señalar de este modo el aspecto más original de Barral: poesía de la comunicación y poesía del lenguaje lírico. Las referencias pictóricas en *Años de penitencia* son numerosas, y en general no están tanto relacionadas, como en el caso de Ferrater, con apreciaciones sobre la pintura sino con la calidad pictórica que tienen los cuerpos y la calidad de orfebrería que tienen los objetos, los cuerpos e incluso los sentimientos. Así, al hablar de la colección de espadas, destaca la que él llama Dannina, 'una hermosa pieza de cincel florentino de fines del siglo XVI', que 'sigue siendo una pieza excepcional, cálida y convincente como un desnudo del Caravaggio'. En este fenómeno de elaboración se unen, pues, el trabajo de cincel, el pictórico y la sensualidad del desnudo femenino. La matización de un rostro se hace a través de la pintura, y Marisol era 'rubia, de una mirada azul y transparente; iba a decir que tenía aspecto botticelliano, pero me doy cuenta de que tiene el corte de cara y la mandíbula del retrato de un mancebo de Antonello da Messina'. ¿Qué importa más aquí, el retrato de su prima o los retratos de los pintores? Posiblemente ambos, esto tiene que decidirlo el lector, pero sobre todo el retrato escrito que nos ofrece y que tiene una calidad artística.

En las páginas dedicadas a los prostíbulos, nos describe a las andaluzas como 'muchachas esbeltas, de tonos tierra y azules' y

> algunos años más tarde, cuando frecuenté los prostíbulos en calidad de consumidor, cultivé una marcada preferencia por las putas a lo Romero de Torres, aunque ahora, a la distancia, tengo la impresión de que se trata de unas apariencias más bien relacionadas con la frialdad y el egoísmo. Pero se ve que siempre pudo más en mí la admiración de la forma que la consideración de las cualidades morales.

Lo que no le impide una consideración de carácter sociológico y hasta histórico: 'En fin, las putas de entonces, una galería de modelos para pintura mediocre con una frontera en Gutiérrez Solana y otra en Zuloaga; las épocas se parecen a las formas medias del arte que las expresa'.

Pero lo aprendido en los lupanares no formaba parte del lenguaje aplicable a sus ensoñaciones, 'lo que precisaba la imaginación había de ser materia limpia, situaciones y objetos surgidos de una selección secreta, como en un cierto tipo de poesía o de pintura amaneradas'. Y cuando va al campo a hacer el amor con una helvética alta y elegante:

> ella se quedaba inmóvil, desnuda, apoyada en una roca, mientras yo me vestía. Yo le había dicho que me gustaba verla así, y era realmente un espectáculo para pintor *pompier*. El sol poniente daba de lleno contra la roca gris y rugosa y sobre su cuerpo, y estaba realmente bellísima.

Claramente, de esta relación que, acepta el poeta, 'no pasó de superficial y deportiva', lo que más parece interesarle es el acto voyeurístico del pintor ante la modelo. Y una de estas modelos es la propia Yvonne, entonces 'una colegiala con un cuerpo en prematuro esplendor, de bronce de Maillol'. No sorprende que escriba que 'la posesión óptica del desnudo de la amante sigue siendo para mí el más importante elemento de la satisfacción erótica'.

No se trata sólo de la identificación de los cuerpos con modelos pictóricos, sino de la calidad plástica y cromática de su poesía. No deja de ser sintomático que en la nota introductoria nos diga que en *Años de penitencia* 'quería pintar el paisaje civil y la atmósfera moral de aquellos años'. Con insólita audacia estética nos dice que

> ese modo de concebir sus barcas, de expresar estéticamente el instrumental de un oficio que, por lo demás, tiende a constituirse en una definición del mundo, lo extendían los pescadores a todo lo que les rodeaba. De los

mismos colores que las barcas pintaban los botecillos y los instrumentos de la mar, y las maderas de sus casas y los muebles, de modo que el conjunto consagraba una gama y configuraba un estilo. Ellos mismos eran de aquellos colores, enmarcados por el negro neutro y soleado, y de algún modo, estaban impregnados del sentido de aquellas formas. Un mundo cromático y formal que recuerda una cierta época de Braque. Es verdaderamente una lástima que tal paisaje no haya pasado ante los ojos de un pintor de veras, que del paraíso de mi infancia no quede un testimonio pictórico digno de crédito, un solo cuadro como el de las barcas de Les Santes Maries de la Mer, de Van Gogh.

Mi discurso queda momentáneamente en suspenso, como las espadas altas y desnudas del valeroso vizcaíno y el famoso don Quijote. He tratado de mostrar, en primer lugar, los peligros del criterio generacional, porque se presta a generalizaciones y porque desplaza a unos autores en favor de aquellos que se atengan más a las leyes generacionales. Leyes, por otra parte, que por diversas razones nos conviene aceptar, aunque sea con cautela. He tratado de situar al grupo de Barcelona en el contexto de la generación del 50 y en el contexto más amplio de la poesía moderna, que incluiría a la generación del 98, a la del 27 y a la más modesta del 36. Y he tratado asimismo de señalar los puntos de contacto y de disidencia entre la escuela de Barcelona y la dominante poesía social o comprometida. He analizado brevemente la relación entre los distintos miembros del grupo y he analizado más detenidamente la relación entre Jaime Gil de Biedma y Carlos Barral, para mostrar lo que comparten como poetas de la experiencia y lo que distingue radicalmente a Carlos Barral como poeta lírico, con una peculiar calidad lírica basada en la identificación del lenguaje con los objetos y con la materia, en la percepcíon como forma de conocimiento, en el distanciamiento sentimental, en la visualización pictórica, en la elaboración del orfebre. Hasta este punto de mi discurso, me he limitado a subrayar el peculiar carácter lírico de una poesía con calidad pictórica, y me he apoyado en *Años de penitencia* no solamente porque es el volumen de sus memorias más interesante desde el punto de vista literario, por la fusión de lo narrativo, lo lírico y lo documental, sino también porque está centrado en los años de formación de un poeta donde la infancia, la pubertad y la adolescencia tienen un peso definitivo.

En una segunda parte de este trabajo me centraré en la obra de Carlos Barral, desde *Metropolitano* y *Poemas previos* hasta sus últimos libros, *Lecciones de cosas* y el inédito, hasta la aparición de la obra completa, *Extravíos*, publicado después de la muerte del poeta. Allí ilustraré de forma más clara la relación entre el elemento comunicativo y el elemento cognoscitivo, y algunos de los rasgos más importantes de la sustancia lírica así como la vida de la materia, el trueque de la materia, los distintos niveles de la realidad y la transformación de la realidad. Para definir así la poesía de Carlos Barral en un trabajo de exégesis que él insinúa ya en 'En el nombre de Pafos, precisamente' de *Usuras*:

> en memoria de un único poema
> que nunca has entendido, y que te roe
> desde el centro inseguro y que te mueve
> a releer con ira,
>   a ser
>   su espuma escuálida.
> [...]
>   el verso
> aquel de las aletas del caballo,
> precisamente oscuro, y se insinúa
> como un indicio de interpretaciones. (*PC* 198 y 199)

NOTAS

1 Gerardo Diego, *Poesía española contemporánea (Antología)* (Madrid: Taurus, 1962); Francisco Ribes, *Antología consultada de la joven poesía española* (Valencia: 1952; re-editada por Bello, Valencia, 1983); José María Castellet, *Veinte años de poesía española* (Barcelona: Barral, 1960) y *Nueve novísimos poetas españoles* (Barcelona: Barral, 1970; re-editada por Península, Barcelona, 2001).
2 Jaime Gil de Biedma, *Las personas del verbo* (Barcelona: Seix Barral, 1982), p. 21. Todas las citas a la poesía de Gil de Biedma remitirán a esta edición y tomarán la forma: *PV* más número de página.
3 Carme Riera, *La Escuela de Barcelona. Barral, Gil de Biedma, Goytisolo: el núcleo poético de la generación de los 50* (Barcelona: Anagrama, 1988).
4 Carlos Barral, *Poesía completa*, edición y prólogo de Carme Riera (Barcelona: Lumen, 1998), p. 110. Todas las citas a la poesía de Barral remitirán a esta edición y tomarán la forma: *PC* más número de página.
5 La cita en alemán es: 'Gefielen mir die Leute meiner Klasse nicht'.
6 Leopoldo de Luis, *Poesía social española contemporánea (1939-1968)* (Madrid: Júcar, 1981).
7 Carme Riera, *La obra poética de Carlos Barral* (Barcelona: Península, 1990); Carlos Barral, *Poesía*, edición de Carme Riera (Madrid: Cátedra, 1991); Carlos Barral, *Poesía completa*, edición de Carme Riera (Barcelona: Lumen, 1998).
8 Juan Ferraté, 'Dos poetas en su mundo', en *Dinámica de la poesía* (Barcelona: Seix Barral, 1969).
9 Luis García Montero, 'Barral o los matices del conocimiento', *Ínsula*, 523-524 (1990), 25-27.
10 *Ínsula*, 135 (1958), 12.

11 Jaime Gil de Biedma, *El pie de la letra. Ensayos completos* (Barcelona: Crítica, 1980), pp. 38-44.
12 Barry Jordan, '*Laye*, els intelectuals i el compromís', *Els marges*, 17 (1979), 3-96; Laureano Bonet, *La Revista 'Laye'. Estudio y antología* (Barcelona: Península, 1988), más distintos artículos en *Ínsula*.
13 Carlos Barral, *Diario de 'Metropolitano'*, prólogo de Luis García Montero (Granada: Diputación Provincial, 1988; re-editada por Cátedra: Madrid, 1997).
14 Carlos Barral, *Los diarios 1957-1989*, edición de Carme Riera (Madrid: Ed. Anaya-Mario Muchnik, 1993).
15 Carlos Barral, *Años de penitencia* (Madrid: Alianza, 1975), *Los años sin excusa* (Barcelona: Barral, 1978), *Cuando las horas veloces* (Barcelona: Tusquets, 1988).

7

'Contra Jaime Gil de Biedma' y el 'fatigado tema' del doble

JORDI LARIOS
Universidad de Cardiff

Uno de los poemas en prosa que Baudelaire incluyó en *Le Spleen de Paris*, 'Perte d'auréole', consiste en un breve diálogo entre el poeta y otro individuo del que en principio nada se sabe. Éste se sorprende al encontrarse con 'le buveur de quintessences', 'le mangeur d'ambroisie', en un lugar que probablemente sea un prostíbulo y que sólo aparece definido como 'un mauvais lieu'.[1] El poeta reacciona explicándole la circunstancia que le ha llevado al 'mauvais lieu', que no es otra que la pérdida de su halo. Recuerda a su interlocutor el miedo que le inspira el tráfico, fenómeno por entonces nuevo en la ciudad de París, y le cuenta como, mientras cruzaba la calle en medio de un trajín caótico y siniestro, al efectuar un movimiento brusco, el halo se ha desprendido de su persona para ir a parar al fango del 'macadam'. El poeta confiesa que no ha tenido valor para recogerlo. Muy sensatamente, le ha parecido mejor aceptar esta pérdida que arriesgar la integridad física. Su sensatez se complementa con un sentido práctico indiscutible, ya que se dice a sí mismo que no hay mal que por bien no venga, y enseguida se da cuenta de hasta qué punto resulta ventajoso prescindir del halo: puede pasear sin ser reconocido, 'faire des actions basses' y abandonarse a una vida disoluta, exactamente igual que otros hombres. Ante esta actitud, su interlocutor le insta a recuperar el halo, pero él se niega rotundamente. Se encuentra bien en el prostíbulo, sin atraer la atención de nadie, y, además, está harto de la dignidad que el halo le confiere: 'D'ailleurs la dignité m'ennuie'. Por otra parte, le divierte pensar que algún poeta malo lo recogerá y tendrá la desfachatez de ponérselo.

Marshall Berman sostiene que el halo de este poeta satiriza la fe en el carácter sagrado del arte que el mismo Baudelaire profesaba. Por tanto, 'Perte d'auréole'

> is about how Baudelaire's own God fails. But we must understand that this God is worshipped not only by artists but equally by many 'ordinary people' who believe that art and artists exist on a plane far above them. 'Loss of a Halo' takes place at the point at which the world of art and the ordinary world converge. This is not only a spiritual point but a physical

one, a point in the landscape of the modern city. It is the point where the history of modernization and the history of modernism fuse into one.[2]

Según Berman, para Baudelaire, como para Marx, 'one of the crucial experiences endemic to modern life, and one of the central themes for modern art and thought is *desanctification*'.[3] Desde el punto de vista estético, esta desacralización no produce un resultado forzosamente negativo, sino todo lo contrario, ya que en realidad propicia la anexión de nuevos territorios a la poesía. Berman advierte que al perder su halo, el poeta baudelairiano descubre que la santidad no es un elemento esencial de su poesía y que, por consiguiente, 'poetry can thrive just as well, and maybe even better, on the other side of the boulevard, in those low, "unpoetic" places like *un mauvais lieu* where this poem itself is born'.[4] Es así porque, paradójicamente, la modernidad implica que el poeta, para ser poeta de verdad, debe renunciar a su condición de ser aureolado y convertirse en un tipo normal y corriente. Si quiere transformar en arte el caos incesante de la vida moderna no le queda más remedio que sumergirse en él como cualquier otro ciudadano. En cambio, 'The "bad poet" in this world is the poet who hopes to keep his purity intact by keeping off the streets, free from the risks of traffic'.[5]

Otra formulación de la pérdida del halo experimentada por el poeta moderno nos la proporciona W. H. Auden en uno de los apartados de su ensayo 'The Poet & the City', citado por algunos estudiosos de la obra de Gil de Biedma: 'The characteristic style of "Modern" poetry is an intimate tone of voice, the speech of one person addressing one person, not a large audience; whenever a modern poet raises his voice he sounds phony'.[6]

En 'Dos poetas en su mundo', Juan Ferraté propone una reflexión similar, referida esta vez a la poesía de Jaime Gil de Biedma y Carlos Barral. Ferraté empieza este ensayo llamando la atención sobre la importancia del tono de voz en cualquier poema: 'Un valor a menudo desatendido en la interpretación y evaluación de la poesía es el de la justeza en el tono propio de cada poema individual'.[7] Ferraté entiende que el 'tono justo' de un poema 'es el tono que corresponde exactamente a lo que pretende expresar el poeta' y, por consiguiente, no puede tratarse de un tono 'predeterminado', sino que depende de 'la experiencia peculiar, la situación específica, la actitud personal, la voz del individuo que nos habla o se habla a sí mismo o les habla a otro o a otros en el poema'.[8] Esta voz del hablante poético es la que busca el lector para apropiársela mientras dura su lectura del poema. Un tono poético 'predeterminado', que no se ajusta a la experiencia del poema concreto, a su situación específica o a la actitud personal del sujeto que desde él nos habla constituye para Ferraté el 'tono de poeta', el cual 'es un tono ya por sí mismo fraudulento, puesto que, ni como condición social ni como situación personal, la poesía no tiene realidad específica'.[9]

Creo que no sería exagerado afirmar que entre los estudiosos de la obra poética de Gil de Biedma existe un amplio consenso sobre la modernidad que ésta introduce en el panorama de la poesía española de posguerra, una modernidad cuyo elemento clave cabe identificar con el tono, con la justeza del tono de voz del hablante o los hablantes que la habitan, tal como fue descrito por Ferraté. Pues bien, el objetivo del presente trabajo consiste en analizar 'Contra Jaime Gil de Biedma' y poner de relieve que, en este poema concreto, la modernidad que nace del tono de voz, de su adecuación a la experiencia del sujeto hablante del poema, convive con un tema tan viejo como el del mito de Narciso.

'Contra Jaime Gil de Biedma' figura tanto en las dos primeras ediciones de *Poemas póstumos* (1968, 1970), que contenían un total de 12 poemas, como en las dos de *Las personas del verbo* (la de 1975, que consta de 20 poemas, y la de 1982, con 27), libro al que 'Poemas póstumos' aporta la última sección. Pere Rovira ha señalado que en *Poemas póstumos* existen dos grupos de poemas: uno lo formarían los escritos entre 1965 y 1967 y giraría en torno a 'la "crisis de final de juventud" que su autor atraviesa durante aquellos años'.[10] Al otro grupo pertenecerían los poemas que Gil de Biedma escribió posteriormente, entre 1968 y 1981, los cuales 'han ido engrosando la primera redacción del libro, perfilando aspectos de aquella crisis o ahondando en sus secuelas'.[11] Siguiendo la distinción de Rovira, 'Contra Jaime Gil de Biedma' formaría parte del núcleo inicial de poemas escritos entre 1965-67 que se integra en la primera edición de *Poemas póstumos*. Igual que 'Después de la muerte de Jaime Gil de Biedma', con el que está estrechamente relacionado por ser los dos únicos poemas en los que se menciona explícitamente al que Ferraté llama 'el personaje espectral'[12] de Jaime Gil de Biedma, es decir, al 'Gil de Biedma' textualizado en los títulos respectivos. Se trata de dos monólogos dramáticos que presentan al yo poético hablando con otra versión más joven de sí mismo, con su doble, que en 'Después de la muerte de Jaime Gil de Biedma' ya se ha suicidado, acontecimiento que explicaría el título general de la colección: *Poemas póstumos*.

'Contra Jaime Gil de Biedma' se compone de un total de 55 versos blancos agrupados en cinco estrofas de 11 versos cada una. La primera estrofa plantea una interrogación retórica por medio de la cual el sujeto hablante afirma la inutilidad de 'cambiar de piso', 'poner visillos blancos', 'tomar criada' y 'renunciar a la vida de bohemio' si luego se le presenta el otro 'Gil de Biedma', que recibe una retahíla de insultos:

>   pelmazo,
>   embarazoso huésped, memo vestido con mis trajes,
>   zángano de colmena, inútil, cacaseno,

> con tus manos lavadas,
> a comer en mi plato y a ensuciar la casa?[13]

La segunda estrofa dibuja el contexto de la llegada, o las llegadas, del otro 'Gil de Biedma', que se produce(n) de madrugada y en estado de ebriedad:

> Te acompañan las barras de los bares
> últimos de la noche, los chulos, las floristas,
> las calles muertas de la madrugada
> y los ascensores de luz amarilla
> cuando llegas, borracho,
> y te paras a verte en el espejo
> la cara destruida,
> con ojos todavía violentos
> que no quieres cerrar. Y si te increpo,
> te ríes, me recuerdas el pasado
> y dices que envejezco.

En la tercera estrofa, el sujeto hablante enumera una serie de reproches que podría lanzar a su doble, empeñado como está en hacer 'la vida de bohemio' más allá de cierta edad ('cuando se tienen más de treinta años') y muestra su lado más vulnerable, el lado más vulnerable del otro 'Gil de Biedma':

> Mientras que tú me miras con tus ojos
> de verdadero huérfano, y me lloras
> y me prometes ya no hacerlo.

Al empezar la cuarta estrofa vuelve a recurrir al insulto ('Si no fueses tan puta!'), en este caso provocado por su impotencia para cambiar la situación:

> Si no fueses tan puta!
> Y si yo no supiese, hace ya tiempo,
> que tú eres fuerte cuando yo soy débil
> y que eres débil cuando me enfurezco...

y luego describe el poso que han dejado en su conciencia los 'regresos' del otro:

> De tus regresos guardo una impresión confusa,
> de pánico, de pena y descontento,
> y la desesperanza
> y la impaciencia y el resentimiento
> de volver a sufrir, otra vez más,
> la humillación imperdonable
> de la excesiva intimidad.

Finalmente, en la última estrofa el sujeto hablante refiere la desagradable operación de llevar a la cama al otro, al doble, borracho, y termina con una declaración de amor hacia él, es decir, hacia sí mismo:

> Oh innoble servidumbre de amar seres humanos,
> y la más innoble
> que es amarse a sí mismo!

Shirley Mangini ha escrito que 'Contra Jaime Gil de Biedma' tiene 'un especial interés' por el tono y por 'las peculiaridades del personaje que el monólogo dramático configura'.[14] Mangini afirma que el poema trata el conocido tema del doble, que ya aparece en la obra de Unamuno, y comenta que su originalidad estriba precisamente en el tratamiento, 'desprovisto tanto de solemnidad como de pretenciosidad filosófica, reducido a experiencia cotidiana, a vivencia vulgar' (p. 90), una experiencia cotidiana que se plantearía en forma de tensión entre, por un lado, 'una decidida ambición de respetabilidad' y, por otro, 'una conducta a todas luces inconveniente e irresponsable, por no decir escandalosa' (p. 91). Mangini piensa que el desarrollo del poema invita al lector a considerarse 'un indiscreto y no solicitado testigo de una riña entre amantes' (p. 91), hasta que al final, en el último verso, descubre que el monólogo del sujeto hablante en realidad iba dirigido a su doble, 'el lado negativo [...] de su personalidad' (p. 92). Factor determinante en este 'engaño' sería el tono de voz, 'revelador de una vieja, estrecha intimidad entre los dos personajes que el poema delinea claramente' (p. 92). Según Mangini, '[e]strofa a estrofa, el poeta desarrolla, insiste, confirma un tipo bien definido de vieja y desgastada relación amorosa, tanto en lo que dice como en el "tono", que delata intimidad deteriorada, larga convivencia, rencor no indiferente a los celos, imposibilidad real de ruptura, dependencia mutua y... amor todavía' (p. 92). Así pues, hasta llegar al sorprendente verso final, el lector, desinformado, asistiría a una típica trifulca entre amantes condenados a reconciliarse, a lo que Mangini califica de 'un borrascoso episodio conyugal' (p. 93). La información contenida en el último verso nos obligaría a reinterpretar todo lo dicho anteriormente y al mismo tiempo invalidaría 'el juicio moral condenatorio' hacia el otro impuesto por el sujeto hablante, ya que '[e]l comportamiento desvergonzado del supuesto intruso adquiere bruscamente una inesperada, abrumadora legitimidad. El poeta consigue ser aceptado y comprendido en su compleja constitución, con sus contradictorias cualidades' (p. 93).

Pere Rovira, a quien debemos otra lectura crítica de este poema, niega que el lector experimente sorpresa alguna al enfrentarse al último verso, puesto que el desdoblamiento del personaje se anuncia ya en el título, impidiendo la más mínima confusión al respecto. Rovira imagina una situación en la que el sujeto hablante 'está en su nueva casa, una noche cualquiera, dispuesto a pasar apaciblemente la velada', cuando se produce la aparición del otro con el propósito de 'tentarle', lo cual daría pie a las 'imprecaciones' iniciales.[15] Tras estas imprecaciones, 'el protagonista sabe ya por experiencia lo que va a suceder y se proyecta al momento del regreso de la excursión nocturna' (p. 315) representado en la segunda estrofa. Por tanto, Rovira defiende que el 'si vienes luego tú...' de la primera estrofa y el 'cuando llegas...' de la segunda corresponden a dos momentos distintos: 'La primera frase no alude a la llegada del "otro" tras la juerga, sino a su irrupción, a su presencia, en la vida del protagonista [...] En cambio "cuando llegas" sí se refiere a la llegada del "tú" tras una noche agitada, pero tampoco se centra en una noche concreta, sino que alude a algo habitual, al carácter que suelen tener las llegadas' (p. 316). Así, el poema participa de dos momentos distintos, 'el de la reflexión del personaje y aquel al que la reflexión se proyecta basándose en la experiencia de múltiples situaciones semejantes' (p. 316).[16]

A mi juicio, la lectura de Rovira tiene la clara ventaja de postular la existencia de un lector menos inocente. En efecto, resulta difícil creer que un lector algo experimentado no considerará la posibilidad de que el sujeto hablante se dirija a su doble. Sin embargo, la descripción del desarrollo del poema que ofrece Mangini encaja bien con nuestra percepción instintiva del mismo como un artefacto diseñado para alcanzar el clímax en el último verso. Pienso que esto puede explicarse por la filiación del poema, es decir, por su forma peculiar de relacionarse con la tradición.

Como he dicho antes, el mito de Narciso es un mito antiguo, que en el ámbito de la literatura occidental nos hace retroceder hasta el libro tercero de las *Metamorfosis* de Ovidio, de donde parten incontables versiones posteriores. 'Contra Jaime Gil de Biedma' es una de estas versiones, y los críticos han señalado diversos intertextos de la tradición moderna que convergen en ella. Antonio Carreño, por ejemplo, escribe: 'El desdoblamiento a través [...] de la contemplación, y dentro de las múltiples variantes que ofrece el mito de Narciso ('Narcisse parle', por ejemplo, de Paul Valéry; 'La Jolie Rousse' de

Apollinaire), surge en [...] *Poemas póstumos*. En el poema 'Contra Jaime Gil de Biedma', el buen burgués se enfrenta ante el bohemio en que éste se ve: el hombre maduro, cuarentón, ante el "otro" disoluto'.[17] Pero, aparte de ser dos variantes del mito de Narciso, poco tienen en común 'Narcisse parle' y 'Contra Jaime Gil de Biedma', ya que entre otras cosas les separa el tono de voz, mucho más moderno en el poema de Gil de Biedma. Sí es posible, en cambio, que nuestra lectura de este monólogo dramático se enriquezca al incorporar la tensión entre la aventura y el orden que recoge el poema de Apollinaire, cuyo sujeto hablante alude a la muerte de la propia juventud en estos términos: 'Voici que vient l'été la saison violente / Et ma jeunesse est morte ainsi que le printemps / O Soleil c'est le temps de la Raison ardente...'.[18] Rovira, por su parte, ha encontrado en 'Jura', de Kavafis, 'un posible precedente' de 'Contra Jaime Gil de Biedma'.[19] 'Jura' es un poema de 1915, y la versión inglesa de Edmund Keeley y Philip Sherrard dice así:

'He Swears'

> He swears every now and then to begin a better life.
> But when night comes with its own counsel,
> its own compromises and prospects –
> when night comes with its own power
> of a body that needs and demands,
> he returns, lost, to the same fatal pleasure.[20]

Un eco claro de la 'vida mejor' que se propone empezar el protagonista de Kavafis lo hallamos en la primera estrofa de 'Contra Jaime Gil de Biedma' al preguntarse el sujeto hablante si tiene sentido 'cambiar de piso', 'poner visillos blancos', 'tomar criada' y, en definitiva, 'renunciar a la vida de bohemio'. Hallamos, además, otro eco de la acción de jurar enunciada en el título de Kavafis en el 'me prometes ya no hacerlo' que cierra la tercera estrofa de 'Contra Jaime Gil de Biedma', donde la noche y sus placeres también aparecen como una tentación irresistible para el Gil de Biedma bohemio.

Puestos a buscar precedentes poéticos de desdoblamiento, podríamos retroceder hasta el Romanticismo, hasta Espronceda y *El estudiante de Salamanca*, que nos muestra a Félix de Montemar contemplando, asombrado, su propio entierro. Exactamente como el *Don Juan Tenorio* de Zorrilla. Ya en el siglo XX, el desdoblamiento de 'Contra Jaime Gil de Biedma' evoca los que se observan en la poesía de amor de Pedro Salinas, sobre todo en *La voz a ti debida*, cuyo sujeto hablante establece una distinción muy bergsoniana entre el 'yo fundamental' y el 'yo superficial' de su amada, que en relación a él son, claro está, un 'tú fundamental' y un 'tú superficial'. También evoca tres poemas de Lorca con tres tratamientos distintos del mito de Narciso, en realidad casi tan distantes de 'Contra Jaime Gil de Biedma' como la versión de Valéry. El primero se titula 'Narciso':

> Niño.
> ¡Que te vas a caer al río!
>
> > En lo hondo hay una rosa
> > y en la rosa hay otro río.
>
> ¡Mira aquel pájaro! ¡Mira
> aquel pájaro amarillo!
>
> > Se me han caído los ojos
> > dentro del agua.
>
> ¡Dios mío!
> ¡Que se resbala! ¡Muchacho!
>
> > ... y en la rosa estoy yo mismo.
>
> Cuando se perdió en el agua,
> comprendí. Pero no explico.[21]

El segundo carece de título y, curiosamente, termina igual, con la palabra 'mismo', que 'Contra Jaime Gil de Biedma':

> Narciso.
> Tu olor.
> Y el fondo del río.
>
> Quiero quedarme a tu vera.
> Flor del amor.
> Narciso.
>
> Por tus blancos ojos cruzan
> ondas y peces dormidos.
> Pájaros y mariposas
> japonizan en los míos.
>
> Tú diminuto y yo grande.
> Flor del amor.
> Narciso.

> Las ranas, ¡qué listas son!
> Pero no dejan tranquilo
> el espejo en que se miran
> tu delirio y mi delirio.
>
> Narciso.
> Mi dolor.
> Y mi dolor mismo.[22]

El tercero es un soneto inicialmente titulado 'Soneto. Narciso' y dedicado 'A Josep Maria de Sagarra. Recuerdo de la primavera de 1925', que en la edición de García-Posada aparece simplemente con el título 'Soneto':

> Largo espectro de plata conmovida
> el viento de la noche suspirando,
> abrió con mano gris mi vieja herida
> y se alejó: yo estaba deseando.
>
> Llaga de amor que me dará la vida
> perpetua sangre y pura luz brotando.
> Grieta en que Filomela enmudecida
> tendrá bosque, dolor y nido blando.
>
> ¡Ay qué dulce rumor en mi cabeza!
> Me tenderé junto a la flor sencilla
> donde flota sin alma tu belleza.
>
> Y el agua errante se pondrá amarilla,
> mientras corre mi sangre en la maleza
> mojada y olorosa de la orilla.[23]

Una docena de años antes que Gil de Biedma reciclara el mito de Narciso, José Ángel Valente había compuesto 'El espejo', poema que sitúa al sujeto hablante ante su imagen envejecida, lo que desencadena el recuerdo de una infancia ya lejana en el tiempo:

> Hoy he visto mi rostro tan ajeno,
> tan caído y sin par
> en este espejo.

Está duro y tan otro con sus años,
su palidez, sus pómulos agudos,
su nariz afilada entre los dientes,
sus cristales domésticos cansados,
su costumbre sin fe, sólo costumbre.
He tocado sus sienes: aún latía
un ser allí. Latía. ¡Oh vida, vida!

Me he puesto a caminar. También fue niño
este rostro, otra vez, con madre al fondo.
De frágiles juguetes fue tan niño,
en la casa lluviosa y trajinada,
en el parque infantil
–ángeles tontos–
niño municipal con aro y árboles.

Pero ahora me mira –mudo asombro,
glacial asombro en este espejo solo–
y ¿dónde estoy –me digo–
y quién me mira
desde este rostro, máscara de nadie?[24]

Otro desdoblamiento poético que debe mencionarse es el de 'Evaporación del alcohol', una de las cuatro composiciones que forman parte de *Usuras, cuatro poemas sobre la erosión y usura del tiempo* (1965), de Carlos Barral. Aquí el sujeto hablante refiere un despertar bajo los efectos del alcohol y describe una versión más joven de sí mismo que se encargó de alegrar la noche anterior:

Acuden
arrugados recuerdos y, en medio, dilatada
como un odre la idea de la culpa,
como una maldición,
                      con un injusto
olvidar la alegría de la noche,
el joven compañero que hemos sido
y hemos visto quedarse en el portal,
ávido de aventura, y que podía
llegar mucho más lejos, que propuso
tomarnos otra copa, buscarla, si era el caso,
en los escombros úricos del puerto.

> Que con mano segura
> nos guió por el filo del raíl reluciente,
> en fácil equilibrio, nos hizo más ligeros
> al borde del canal y ungió la carne
> triste frente a las aguas tenebrosas
> y nos hizo nadar y hacer poemas
> y traducir sin falta y entender lo oscuro
> y hablar con desempeño,
>   y recorrer el bosque
> que no tiene caminos por el día.
>
> Y que ensanchó la curva peligrosa
> y nos puso de acuerdo con el ruido
> furioso del motor; que nos llevaba
> a un lugar con tambores y muchachas
> vertiginosas que a la luz del alba
> giran sobre la punta de los dedos
> y que cambian de cintas según cambian
> los delgados colores de la aurora.
>
> Y que insistentemente prometía
> un amor para héroes, en lo alto
> de un edificio de cristal y acero
> fortificado contra el sol (cercano
> pero un poco más tarde).

Al evaporarse el alcohol este 'joven compañero' también ha desaparecido, y el poema termina con unos versos en los que el sujeto hablante se pregunta:

> ¿Qué es ahora
> de él en este exilio de rastrojos,
> de polvoriento leño consumido
> o de piedra velluda y de reptiles,
> después de las cenizas de su noche,
> larga como los años,
> y plena y exaltante, y que ya muerta
> nos quema y envejece, y se derrumba
> con los ojos cerrados, vacilando
> bajo la ducha atemperada…?[25]

Imagino que no sería difícil alargar la lista de posibles precedentes o intertextos poéticos. Pero quisiera sugerir que, además de entroncar con una tradición poética, 'Contra Jaime Gil de Biedma' se reclama parte de una tradición en prosa, y esto por diversas razones. En primer lugar, por su condición de monólogo dramático. En su momento Robert Langbaum ya destacó la proximidad de esta forma poética a determinadas manifestaciones de la narrativa moderna (Chejov, Conrad, Joyce, Proust o Virginia Woolf).[26] Después Arthur Terry ha insistido en que el monólogo dramático 'significa un compromís molt fèrtil amb la tècnica de la novel·la'.[27]

En segundo lugar, porque modernamente, es decir, desde que los románticos empiezan a ocuparse de él, el tema del doble ha sido tratado sobre todo en prosa, y algunos de los motivos de 'Contra Jaime Gil de Biedma' son simplemente una versión reciclada de motivos que pertenecen a relatos canónicos del siglo XIX.

Para empezar, el desdoblamiento del protagonista se produce entre dobles antagónicos, como sucede en 'William Wilson' (1840), de Edgar Allan Poe, en *El doble* (1846), la novela de Dostoievski, o en el popular *The Strange Case of Dr Jekyll and Mr Hyde* (1886) de Robert Louis Stevenson, cuyo protagonista descubre 'that man is not truly one, but truly two', y consigue disociar 'these polar twins [...] continuously struggling'.[28]

El 'memo vestido con mis trajes' que, según el sujeto hablante, se dedica a 'comer en mi plato y a ensuciar la casa' es heredero de una tradición de dobles que se apropian de posesiones y atributos del yo doblado. El narrador de 'William Wilson', por ejemplo, expresa la admiración que siente por su doble en estos términos: 'His cue, which was to perfect an imitation of myself, lay both in words and in actions; and most admirably did he play his part. My dress it was an easy matter to copy; my gait and general manner were without difficulty, appropriated; in spite of his constitutional defect, even my voice did not escape him. My louder tones were, of course, unattempted, but then the key, – it was identical; *and his singular whisper, it grew the very echo of my own*'.[29] Algo muy parecido le sucede a Yakov Petrovich Golyadkin, el personaje de la novela de Dostoievski, víctima de la humillación de ver, o de imaginar, cómo su doble homónimo le usurpa el trabajo de forma deshonesta y como se le concede por ello un mérito que no le corresponde. Y no sólo esto. Como dice el mismo Golyadkin: 'He ate my bread [...]; he took advantage of my hospitality'.[30]

El espejo lacaniano en el que se mira el otro Gil de Biedma en la segunda estrofa del poema surge de una larga tradición de espejos —espejos poéticos y espejos en prosa— que incluye el retrato de Dorian Gray, de función claramente especular.[31] En la novela de Wilde (1891), el joven Dorian descubre que está dispuesto a vender su alma a cambio de conservar la juventud cuando se ve a sí mismo en el retrato recién acabado de Basil Hallward. El poema de Gil de Biedma es también, esencialmente, un poema sobre el paso del tiempo y la pérdida de la juventud, algo que el otro Gil de Biedma se niega a aceptar, quizá porque sabe, como Lord Henry Wotton, el tentador de Wilde, que '[y]ou have only a few years in which to live really, perfectly, and fully. When your youth goes, your beauty will go with it, and then you will suddenly discover that there are no triumphs left for you, or have to content yourself with those mean triumphs that the memory of your past will make more bitter than defeats',[32] fragmento que trae a la memoria otro poema de Gil de Biedma, 'Desembarco en Citerea', donde se nos habla de un personaje al que 'le apremia el tiempo, / y en amor –él lo sabe– / aunque no tiene aún que dar dinero / tiene ya que dar inteligencia'.[33]

Otro motivo de 'Contra Jaime Gil de Biedma' que podemos rastrear en la tradición moderna de relatos sobre el doble es el de la alternancia fortaleza/debilidad a la que se alude en la cuarta estrofa: 'Y si yo no supiese hace ya tiempo, / que tú eres fuerte cuando yo soy débil / y que eres débil cuando me enfurezco...'. El sujeto hablante comparte esta experiencia con el narrador de 'William Wilson', quien se pregunta: 'was it only fancy which induced me to believe that, with the increase of my own firmness, that of my tormentor underwent a proportional diminution?'[34] Y también con Jekyll, que opta por una de sus dos naturalezas, la del doctor Henry Jekyll, a la que permanece fiel durante dos meses, hasta que, como él mismo dice, 'I began to be tortured with throes and longings, as of Hyde struggling after freedom; and at last, in an hour of moral *weakness* [la cursiva es mía], I once again compounded and swallowed the transforming draught'.[35] Y, más adelante, al referirse a la creciente dificultad de ser Henry Jekyll, confiesa: 'The powers of Hyde seemed to have grown with the sickliness of Jekyll'.[36]

El motivo que confirma el narcisismo del 'personaje espectral' de Gil de Biedma, diseminado por todo el poema, se formula explícitamente justo al final, en el último verso. La tradición establece que Narciso se ama a sí mismo, de manera que no es nada extraño que el poeta deje constancia de este amor. Sin embargo, aquí la relación del yo con el otro está teñida de impulsos contradictorios que, en cierta manera, atenuados o acentuados, son comparables a los que rigen la relación de William Wilson con su doble. William Wilson explica que, encontrándose en la escuela, 'I could not bring myself to hate him altogether', aunque enseguida matiza: 'We had, to be sure, nearly every day a quarrel in which, yielding me publicly the palm of victory, he, in some manner, contrived to make me feel that it was he who had deserved it', y luego resume: 'It is difficult, indeed, to define, or even to describe, my real feelings toward him. They formed a motley and heterogeneous admixture; – some petulant animosity, which was not yet hatred, some esteem, more respect, much fear, with a world of uneasy curiosity'.[37] La relación entre Henry Jekyll y Edward Hyde también posee su marca de complejidad: 'Jekyll (who was a composite) now with the most sensitive apprehensions, now with a greedy gusto, projected and shared in the pleasures and adventures of Hyde; but Hyde was indifferent to Jekyll, or but remembered him as the mountain bandit remembers the cavern in which he conceals himself from pursuit. Jekyll had more than a father's interest; Hyde had more than a son's indifference'.[38] Pero, sorprendentemente, es el final del poema en cuanto final lo que aleja 'Contra Jaime Gil de Biedma' de estos relatos canónicos del siglo XIX que, dóciles a la tradición, deparan a Narciso la muerte ('William Wilson', *The Picture of Dorian Gray*, *The Strange Case of Dr Jekyll and Mr Hyde*) o, en algún caso, como en *El doble* de Dostoievski, la locura. Gil de Biedma prescinde de la truculencia de estos desenlaces y se limita a proponer una declaración explícita de amor a sí mismo por parte del sujeto hablante, declaración que constituye su momento epifánico, tan característico del monólogo dramático. Y, paradójicamente, es a través de este momento epifánico, que lo aleja de determinadas versiones del mito, que el poema de Gil de Biedma vuelve a enlazar con la tradición narrativa, puesto que la epifanía del sujeto hablante, este fogonazo de lucidez incrustado en el último verso, equivale a la *verdad* en el sentido que la entendía Poe, para quien '[t]ruth is often, and in very great degree, the aim of the tale'.[39] Efectivamente, el final de 'Contra Jaime Gil de Biedma' nos permite leer el poema como un 'tale of effect', por utilizar una expresión bien conocida de Poe.[40] Y, al mismo tiempo, nos induce a reinterpretarlo, no, como sugiere Mangini, porque 'descubrimos' que el sujeto hablante se dirige a sí mismo, sino porque ahora estamos en condiciones de advertir la presencia de un elemento irónico que le permite funcionar como una micro-parodia de la novela rosa. Catherine Belsey ha explicado que en este tipo de novelas, 'the relationship between the central figures often begins in antagonism. One or both may have been hurt by life, and they resort to attack, we are to understand, as the best means of defence'.[41] Aquí este ataque, que se anuncia en el título y del que surgirá algún rebrote a lo largo del poema, se concreta sobre todo en los insultos que el sujeto hablante dedica a su doble en la primera estrofa. Según Belsey, el argumento de la novela rosa contiene siempre una serie de obstáculos para mantener la incertidumbre hasta que 'in the final chapter circumstances, often in the form of a happy accident, dispel all uncertainty, and the couple know beyond any further shadow of doubt that this really is true love'.[42] Se trata, claro está, de un amor heterosexual que conduce directamente al matrimonio. Pero más importante todavía es la consideración de que en la novela rosa, '[l]ove dissolves the anxiety of division in the subject, and replaces it with a utopian wholeness',[43] unidad o compleción que en 'Contra Jaime Gil de Biedma' es por supuesto de signo narcisista y resulta cuestionada ('la más innoble servidumbre') precisamente por ello.

En el relato titulado 'Veinticinco de agosto, 1983', Borges, que acaba de cumplir 61 años, se encuentra en un hotel con su otro yo, 'más viejo, enflaquecido y muy pálido',[44] que acaba de cumplir los 84, y con el que mantendrá una interesante conversación. Al iniciarse ésta, el Borges viejo confiesa: 'En cualquier momento puedo morir, puedo perderme en lo que no sé y sigo soñando con el doble. El fatigado tema que me dieron los espejos y Stevenson'.[45] 'Contra Jaime Gil de Biedma' es, en definitiva, una versión moderna, reciclada, hecha de viejos retazos, de este 'fatigado tema' que a Borges le dieron 'los espejos y Stevenson'. Pero quizá deberíamos resistir la tentación de cargar las tintas sobre la fatiga que a estas alturas produce el viejo mito de Narciso. Para ello nos vendrá bien terminar con unos versos de Eliot citados por Gil de Biedma en el prólogo que redactó para su traducción al castellano de *The Use of Poetry and the Use of Criticism*.[46] Los versos en cuestión pertenecen a los *Four Quartets* ('East Coker') y definen magistralmente la relación del presente con la tradición:

> [...] And what there is to conquer
> By strength and submission, has already been discovered
> Once or twice, or several times, by men whom one cannot hope
> To emulate –but there is no competition–
> There is only the fight to recover what has been lost
> And found and lost again and again: and now, under conditions
> That seem unpropitious. But perhaps neither gain nor loss.
> For us, there is only the trying. The rest is not our business.[47]

NOTAS

1 Todas las citas de este poema proceden de Charles Baudelaire, *Le Spleen de Paris [Petits poèmes en prose]*, en *Oeuvres Complètes*, vol. 1, edición de Claude Pichois (París: Gallimard, 1999), p. 352.
2 Marshall Berman, *All That is Solid Melts into Air: The Experience of Modernity* (Londres/ Nueva York: Verso, 1995 [1982]), pp. 156-57.
3 Berman, *All That Is Solid*, p. 157.
4 Berman, *All That Is Solid*, p. 160.
5 Berman, *All That Is Solid*, p. 160.
6 W. H. Auden, *The Dyer's Hand and Other Essays* (Londres: Faber & Faber, 1975), p. 84.
7 Juan Ferraté, 'Dos poetas en su mundo', en *Jaime Gil de Biedma. Cartas y artículos* (Barcelona: Quaderns Crema, 1994), p. 185. 'Dos poetas en su mundo' ya fue incluido en *La operación de leer* (1962).
8 Ferraté, 'Dos poetas en su mundo', p. 185.
9 Ferraté, 'Dos poetas en su mundo', p. 189.

10 Pere Rovira, *La poesía de Jaime Gil de Biedma* (Barcelona: Edicions del Mall, 1986), p. 218.
11 Rovira, *La poesía de Jaime Gil de Biedma*, p. 218.
12 Ferraté, 'A favor de Jaime Gil de Biedma', en *Jaime Gil de Biedma. Cartas y artículos*, pp. 211-22 (220).
13 Todas las citas de este poema proceden de Jaime Gil de Biedma, *Las personas del verbo* (Barcelona: Barral Editores, 1975), pp. 142-43.
14 Shirley Mangini, *Jaime Gil de Biedma* (Madrid: Júcar, 1980), p. 91.
15 Rovira, *La poesía de Jaime Gil de Biedma*, p. 315.
16 Otro aspecto interesante, aunque discutible, de la interpretación de Rovira consiste en introducir lo que él llama 'un tercer elemento' (p. 318), que sería 'el que decide enfrentar a los otros dos [Gil de Biedmas], la voz que habla "contra el Jaime Gil de Biedma" que los reúne, es decir, la conciencia capaz de contemplarse' (p. 318). Según esta interpretación, la voz del sujeto hablante no coincidiría con la del Gil de Biedma decidido a cambiar de vida que reconviene a su doble más joven y bohemio, sino con la de la conciencia contempladora de ambos: 'El poema, aunque a veces consiga engañarnos, no se dirige sólo contra el "Jaime Gil de Biedma" noctámbulo, borracho y truculento, sino también contra el "otro", el que le aloja en su nueva casa, le impreca, le sufre y acaba acostándose con él. La verdadera imprecación parte de una conciencia capaz de contemplar al cuerpo que tienen estas dos caras, una conciencia cuya voz escuchamos en la exclamación de los tres versos finales' (pp. 318-19).
17 Antonio Carreño, *La dialéctica de la identidad en la poesía contemporánea. La persona, la máscara* (Madrid: Gredos, 1982), pp. 43-44.
18 Apollinaire, *Oeuvres Poétiques* (París: Gallimard, 1956), pp. 313-14 (314).
19 Rovira, *La poesía de Jaime Gil de Biedma*, p. 224.
20 C. P. Cavafy, *Collected Poems*, edición de George Savidis, traducción de Edmund Keeley y Philip Sherrard (Londres: Chatto & Windus, 1998), p. 41.
21 Federico García Lorca, *Obras Completas*, vol. I, edición de Miguel García-Posada (Barcelona: Galaxia Gutenberg/Círculo de Lectores, 1996), p. 377.
22 García Lorca, *Obras Completas I*, pp. 402-03.
23 García Lorca, *Obras Completas I*, p. 405.
24 José Ángel Valente, *Punto cero (Poesía 1953-1979)* (Barcelona/Caracas/México: Seix Barral, 1980), pp. 15-16. 'El espejo' nos remite a su vez a otros dos poemas: 'I look into my glass', que Thomas Hardy incluyó en los *Wessex Poems* (1898), y 'Mirror', monólogo dramático de Sylvia Plath que tiene por sujeto hablante al espejo del título. 'Mirror' fue compuesto en 1961 y figura en *Crossing the Water* (1971).
25 Carlos Barral, *Poesía Completa*, edición de Carme Riera (Barcelona: Lumen, 1998), pp. 242-43.
26 Robert Langbaum, *The Poetry of Experience: The Dramatic Monologue in Modern Literary Tradition* (Chicago y Londres: The University of Chicago Press, 1985 [1957]), p. 226.
27 Arthur Terry, *La poesia de Joan Maragall* (Barcelona: Quaderns Crema, 1999 [1963]), p. 119.

28 Robert Louis Stevenson, *The Strange Case of Dr Jekyll and Mr Hyde and Other Stories*, edición de Jenni Calder (Harmondsworth: Penguin Books, 1985), p. 82.
29 Edgar Allan Poe, *The Complete Stories* (Londres: David Campbell Publishers, 1992), p. 407.
30 Fyodor Dostoyevsky, *Notes from Underground / The Double*, traducción inglesa de Jessie Coulson (Harmondsworth: Penguin Books, 1972), p. 245.
31 Para una lectura lacaniana de 'Contra Jaime Gil de Biedma', véase Juana Sabadell, 'El sujeto y sus dobles: objetivaciones y configuración literaria en *Las personas del verbo*', en *Actas del Congreso 'Jaime Gil de Biedma y su generación poética'*, vol. I (*En el nombre de Jaime Gil de Biedma*), edición de Túa Blesa y Antonio Pérez Lasheras (Zaragoza: Gobierno de Aragón, Departamento de Educación y Cultura, 1996), pp. 517-23.
32 Oscar Wilde, *The Picture of Dorian Gray*, edición de Peter Ackroyd (Harmondsworth: Penguin Books, 1985), pp. 45-46.
33 Gil de Biedma, *Las personas del verbo*, pp. 124-25.
34 Poe, *The Complete Stories*, p. 416.
35 Stevenson, *The Strange Case of Dr Jekyll and Mr Hyde*, p. 90.
36 Stevenson, *The Strange Case of Dr Jekyll and Mr Hyde*, p. 95.
37 Poe, *The Complete Stories*, p. 405.
38 Stevenson, *The Strange Case of Dr Jekyll and Mr Hyde*, p. 89.
39 Edgar Allan Poe, *The Complete Works of Edgar Allan Poe*, vol. XI, edición de James A. Harrison (Nueva York: AMS Press Inc., 1979), p. 109.
40 Poe, *The Complete Works*, p. 109.
41 Catherine Belsey, *Desire: Love Stories in Western Culture* (Oxford UK y Cambridge USA: Blackwell, 1994), p. 21.
42 Belsey, *Desire*, p. 22.
43 Belsey, *Desire*, p. 23.
44 Jorge Luis Borges, *La memoria de Shakespeare* (Madrid: Alianza, 1997), p. 11.
45 Borges, *La memoria de Shakespeare*, p. 12.
46 '"Función de la poesía y función de la crítica", por T. S. Eliot', texto reproducido en Jaime Gil de Biedma, *El pie de la letra. Ensayos completos* (Barcelona: Crítica, 1994), pp. 17-29 (22).
47 T. S. Eliot, *The Complete Poems and Plays of T. S. Eliot* (Londres: Faber & Faber, 1969), p. 182.

8
El diálogo con la tradición en la poesía de Jaime Gil de Biedma

MONTSERRAT ROSER I PUIG
Universidad de Kent en Canterbury

Aunque en general la poesía de los años 60 y 70 se destaca en su intento innovador, en el caso de Jaime Gil de Biedma se reconoce fácilmente la presencia de muchos elementos procedentes de la tradición literaria española y europea. Estos elementos se presentan a tres niveles no siempre mutuamente excluyentes: a nivel de forma, de incorporación y de temática. En los tres casos, lo que nos interesa es ver que Gil de Biedma nunca se identifica del todo con una definición específica dada (lo suyo no es apoderarse de algo y defenderlo), sino que su forma de enfocar la poesía consiste invariablemente en mantener un diálogo abierto con lo que le ofrece la tradición para crear algo independientemente nuevo.

Por lo que se refiere a la forma, según Dionisio Cañas, es importante su 'experimentación con las formas fijas de la métrica', que él interpreta como 'parte del reciclaje posmoderno de la tradición retórica'.[1] Así vemos como, por ejemplo, Gil de Biedma decide traducir el poema de Auden 'At Last the Secret is Out' en romance, o como en 'Apología y petición' Gil de Biedma 'se ajusta con fidelidad a una forma extremadamente complicada y rigurosa: la sextina, iniciada por los trovadores provenzales'[2] mientras que el poema describe, al mismo tiempo, la situación política española del momento:

> A menudo he pensado en esos hombres,
> a menudo he pensado en la pobreza
> de este país de todos los demonios.
> Y a menudo he pensado en otra historia
> distinta y menos simple, en otra España
> en donde sí que importa un mal gobierno. (vv. 19-24)

La octava real es otra de las estrofas (muy frecuentemente utilizada en el Siglo de Oro y en el período romántico, como en el caso de Bermúdez de Castro y Espronceda), que Jaime Gil de Biedma recupera aunque 'sustituyendo la rima consonante por la asonante, quizá para desdibujarla un poco, para hacerla más rotunda, menos *cantable*, más contemporánea'.³

> Me digo que yo tenía
> sólo diez años entonces,
> que tú eras un hombre joven
> y empezabas a vivir.
> Y pienso en todo este tiempo,
> que ha sido mi vida entera,
> y en el poco que te queda
> para intentar ser feliz. (vv. 1-8)

Parecidamente, en el poema 'En el castillo de luna', como dice Shirley Mangini, 'la alusión a la Edad Media y la sonoridad de la estrofa dan al poema una vibración romántica, que contrasta con la inequívoca contemporaneidad del tema y de su planteamiento crítico'.⁴ Esto se ve también reflejado en el tono medieval de la canción trovadoresca que aparece en 'Albada':

> Despiértate. La cama está más fría
> y las sábanas sucias en el suelo,
> Por los montes de la galería
>   llega el amanecer,
> con su color de abrigo de entretiempo
>   y liga de mujer. (vv. 1-6)

Tales poemas podrían hacer pensar que Gil de Biedma no fue más que un participante muy tardío en la fase formalista por la que pasaron los poetas de los 40. No obstante, como nos recuerda Mangini, esa fase fue 'profundamente alterada por varios hechos literarios que se producen en la posguerra', entre los que destaca la aparición, en 1944, de *Sombra del paraíso* de Vicente Aleixandre, que 'recupera el espíritu de libertad expresiva latente en el surrealismo y remite a la tendencia neorromántica iniciada por Cernuda ya en 1935 con sus traducciones de Hölderlin en la *Revista de Occidente* y la publicación de sus *Invocaciones a las gracias del mundo*'.⁵ De esta forma, y sabiendo la admiración que profesaba Gil de Biedma tanto por Aleixandre como por Cernuda, bien pudiera ser que éste viera la experimentación formal como ejercicio obligatorio en su propia contribución a la evolución estética iniciada por sus maestros.

Por otra parte, si en Gil de Biedma la experimentación formal pasa a menudo de primer a segundo plano, el desarrollo de diversas fórmulas de incorporación literaria, como lo son las citas de autores clásicos utilizadas después como parte del poema, las citas directas o indirectas de otros poetas, la manipulación de versos ajenos o incluso la autocitación, se convierten en una constante en su poesía.[6]

Así, como nos cuenta Antonio García Berrio, Gil de Biedma importa a Catulo, a Horacio y a tantos otros, llegando a una 'clasicidad expresiva y balance moderno de un saber ya de vuelta, para ensordinar cualesquiera demasías de la palpitación romántica del sentimiento',[7] visión que confirma Dionisio Cañas cuando nos dice que en él 'la imitación no es en absoluto un gesto que disminuya la originalidad de la obra' sino un inteligente uso de 'citas, préstamos literarios, collages, apropiaciones de tonos, estilos y temas' obtenidos tanto 'a nivel de la alta cultura, como en el de la popular'. Su obra, y con ella 'el recurso a las alusiones literarias, nos lleva siempre al enfriamiento de las falacias emocionales que un poema puede contener'. Y todo ello 'nos remite siempre al autor como lector, que es uno de los rasgos que definen su identidad poética [...] Esta identidad como lector [...] es deudora de la tradición anglosajona con la que Biedma se identifica'.[8]

Podemos así decir que Gil de Biedma es un poeta posmoderno, muy ligado a W. H. Auden y a T. S. Eliot, gran conocedor de la literatura inglesa y de Baudelaire que, como explica Cañas, 'Muestra predilección por lo extranjero, rechaza el provincianismo por él atribuido a sus contemporáneos, pero siempre sigue respetando la tradición hispánica'[9] y que, como nos recuerda José Luis Giménez Frontín, sigue una tradición literaria en la que 'los soliloquios dramáticos [se remontan], en la poesía española contemporánea, a Luis Cernuda', quien a su vez los recreó a partir de los románticos ingleses y de los clásicos españoles, en especial Espronceda, actuando los estudios críticos de Gil de Biedma sobre Cernuda y Espronceda como 'puente cultural entre los eslabones del proceso'.[10]

A nivel de temática, Gil de Biedma se nos presenta en diálogo con dos temas inmemoriales: 'el yo', con el amor como la experiencia fundamental, y 'el tiempo', también desde la perspectiva subjetiva y personal. Así, tanto él mismo como los críticos que le han estudiado, parecen descubrir afinidades con muchos poetas a quienes ha leído. Pero, al ser la suya una posición libre, Gil de Biedma puede declarar, como lo hace, que 'el que mi poesía responda a mi experiencia personal nada tiene que ver con los románticos',[11] y lo mismo se podría decir de los otros movimientos y estilos que tan bien conoce.

Conecta, especialmente, con los poetas de la generación del 27 cuyo tema central es el amor, sin excluir, por supuesto, el amor heterosexual. En sus declaraciones él mismo se sitúa en relación con los poetas con quienes se siente personalmente más próximo, siendo quizás mayormente influido por la poesía de Luis Cernuda, sobre la cual realiza varios estudios, aunque su interés por la tradición de la poesía amorosa, como ya hemos dicho, vaya desde la época medieval hasta sus días. Por otra parte, su inclinación sexual parece tener considerable importancia a la hora de definir tal posición.

En 'Una conversación con Jaime Gil de Biedma' de Bruce Swansey y José Ramón Enríquez, Gil de Biedma asocia directamente la falta de aceptación de la poesía cernudiana en ciertos círculos a su condición de homosexual declarado que 'en parte, la antipatía que se dispensa a Cernuda se debió a que forzó a todos a darse por enterados'.[12] Así Cernuda actúa como referente de la expresión natural de una vinculación sexual compartida y que ha sido silenciada por la historia. De esta forma, Gil de Biedma reconstruye, en retrospectiva, una nueva tradición y en la misma entrevista declara:

> No se puede olvidar que la homosexualidad ha sido algo totalmente clandestino durante siglos. Yo sospecho, por ejemplo, que Góngora era homosexual, cosa absolutamente indetectable en su poesía. Pero hay una vibración especial en ciertos pasajes, y está el hecho de que Quevedo se lo dice siempre. En la guerra satírica entre Quevedo y Góngora, Quevedo es el policía que denuncia: le denuncia por homosexual y judío... (pp. 206-07)

Como parte de la misma tradición, Gil de Biedma reclamará también a Federico García Lorca, aunque desde su punto de vista, el nivel de liberación de éste no se acerca todavía al de Cernuda. Es por ello que la identificación con Federico García Lorca es menor:

> Es que Lorca oficialmente no era homosexual [...] la prueba de que no se acepta es que uno de sus temas centrales es la esterilidad del amor: en la visión de Lorca, que es absolutamente genésica y rural, campesina, un amor estéril, un amor que no fecunda, es un amor maldito. (pp. 206 y 207)

Pero Gil de Biedma sí que se acepta y es por ello que, a pesar de la tristeza producida por el paso del tiempo y de la observación realista de la vida en los barrios bajos, su poesía es esencialmente positiva.[13] Para Gil de Biedma esta negatividad amorosa suponía una tendencia preocupante en la que no quería participar. Así, en 1970 declaraba:

> Lo primero que salta a la vista, al reflexionar acerca del amor tal y como nos aparece en la literatura, es que termina mal con intranquilizadora frecuencia. La proporción de historias de amor desgraciadas, sobre todo si

se dejan aparte las formas más baratas de la literatura de entretenimiento, resulta decididamente superior a la de historias de amor con desenlace risueño. Pero no es eso lo más grave. Ocurre que si acudimos a aquellas obras en que la pasión amorosa aparece con más autenticidad pintada, advertimos que el desenlace infausto era obligado, que la situación de los amantes, tal y como nos es planteada, se define precisamente por carecer de posible salida.[14]

Como lo confirma el testimonio de muchos de sus amigos, el carácter de Gil de Biedma era, por naturaleza, muy diferente. Ángel González, por ejemplo, nos cuenta:

> recuerdo que Jaime me sedujo inmediatamente por su prodigiosa inteligencia, sus ocurrencias chispeantes y rápidas y su enorme cultura, sobre todo por la cualidad de *centaurismo* que él mismo se atribuía: esa tendencia a apoderarse de todo lo que pudiera aportar felicidad, la contagiosa y acaso irreal sensación de alegría que él generaba, y que llevaba y traía a la grupa de su irrefutable vitalidad y de su afán de gozar, hasta el agotamiento si el tiempo lo permitía, de todo lo positivo y placentero que la vida ofrece; entonces no era mucho pero él sabía encontrarlo donde quiera que se ocultara, hasta en los rincones más sórdidos de la sórdida realidad que nos rodeaba.[15]

Eso no niega, no obstante, su capacidad de ver la realidad circundante. Según Antonio García Berrio, Gil de Biedma

> Diagnosticó, con razón y sin queja, la inmadurez insuperable de la modernidad del medio cultural en que vivía, el que hablaba mejor: el español, el nuestro. Un espesor de atraso, intolerancia, amores mal entendidos, oportunismo y sobre todo ignorancia; barbarie prepotente de entonces igual que la de ahora.[16]

A pesar de ello, como nos recuerda Cañas, Gil de Biedma parecía aspirar a 'un amor duradero, a una compañía física e intelectual firme' y a la vez sentía 'la continua llamada del deseo' (lo que se ve con mayor intensidad en su *Diario* y en el poema 'Pandémica y celeste'):

> hasta el punto de decirse a sí mismo, desdoblándose en un otro yo

burlonamente acusador: '¡Si no fuera tan puta!'. El amor mercenario, los retretes y otros lugares donde se hace el acto sexual gratuito, aparecen en su poesía como una forma de la incapacidad para controlar el impulso erótico.[17]

Pero, a pesar de ello, la actitud vital del poeta sigue siendo invariablemente positiva.

Quizás haga falta puntualizar aquí que, a pesar de ser la pasión el tema central de su poesía, en una entrevista realizada por Federico Campbell, Gil de Biedma declaró que por aquel entonces (1971) él sólo había escrito un poema de amor y que 'los demás son poemas sobre la experiencia amorosa' y en su poesía vemos un diálogo constante 'entre la idea del amor y la conciencia del autor […] entre la emoción y la inteligencia', lo que nos remite al bien conocido diálogo platónico.[18] Pero incluso en esta cuestión Gil de Biedma añade un nuevo matiz al debate clásico y también a la tradición poética española. Como advierte Cañas, Gil de Biedma

> supera el tópico neoplatónico que confunde la belleza con el amor, tan persistente en Cernuda, y en tanta poesía amorosa española posterior, y se inclina por un amor mucho más real, íntimo y abarcador. Un amor donde el cuerpo es más bien el poseedor de los atributos ampliamente humanos, y no estrictamente sensuales, que mueven al poeta a desearlo en su integridad y, después, a recordarlo con una ternura muy característica de su escritura. Esto es lo que el poeta llama en 'Pandémica y celeste' el 'dulce amor', aunque también se reconoce allí como un 'buscador de orgasmo', y esto lo llevará a situaciones más sórdidas y promiscuas, puramente carnales, menos memorables desde el punto de vista emocional.[19]

De hecho, como nos recuerda Arthur Terry en su introducción a *Mujeres y días*, el erotismo y el juego amoroso como tema de su poesía es lo que pone a Gabriel Ferrater entre los más destacados poetas de la pasión de su generación.[20] No sería muy osado añadir al caso de Ferrater el de su íntimo amigo Jaime Gil de Biedma. A diferencia de Ferrater, que se inclinaba sin duda posible a la heterosexualidad, nos interesa identificar aquí cuáles son las ideas de Gil de Biedma sobre la inscripción de la diferencia sexual en el texto y en la historia de la literatura y así ver qué otros nombres pueden añadirse a los anteriormente citados.

En la entrevista realizada por Bruce Swansey y José Ramón Enríquez en 1978, hablando de la generación del 27, Gil de Biedma declaraba que 'existe una sensibilidad homosexual que, en gran parte, es consecuencia del ghetto'.[21] Así podemos ver cómo Gil de Biedma analiza la expresión diferencial del homosexual a través de la estética *camp*, el decadentismo serio (de Wilde) y el decadentismo irónico (de Ronald Firbank), puntualizando, no obstante, que 'estos recursos también pueden ser aplicados con éxito por escritores no homosexuales'.

Como ejemplo de su propia contribución a la tradición de la estética *camp* está el poema 'Loca', de la colección *Moralidades* publicada en 1966. El título del poema, como nos lo explica James Nolan, traductor del poema al inglés, ya muestra obviamente el tema del poema puesto que 'although literally the title means "crazy woman", in street argot "Loca" means an effeminate homosexual'.[22]

Loca

La noche, que es siempre ambigua,
        te enfurece – color
de ginebra mala, son
        tus ojos unas bichas.

Yo sé que vas a romper
        en insultos y en lágrimas
histéricas. En la cama,
        luego, te calmaré

con besos que me da pena
        dártelos. Y al dormir
te apretarás contra mí
        como una perra enferma.

En 'Una conversación con Jaime Gil de Biedma' el poeta explicaba que 'el camp es fundamentalmente una exhibición, un numerito' y que 'la complicidad y la provocación son elementos indispensables del juego'. Según él, esta forma de comportamiento era 'una complicada y muy apasionante creación sociocultural del ghetto […] un ritual de complicidad colectiva y una refinada venganza contra todos los heterosexuales, incluido el que uno un día pensó que tendría que ser'. Pero es, además, algo más profundo que 'en cuanto provocación simbólica, tiene un significado ético que es serio y admirable. Al asumir irónicamente la falsa imagen que los otros han creado para él, el homosexual está queriendo demostrarse que se ha aceptado a sí mismo con todas las consecuencias'.[23] Esta aceptación, que como vimos antes y desde el punto de vista de Gil de Biedma, le había sido negada a Federico García Lorca, es probablemente la que está detrás de la atracción del poeta hacia la *Loca* del poema.

Aquí Gil de Biedma muestra la predilección antes mencionada por los encuentros nocturnos, enfatizando la ambigüedad del momento y la situación en un ambiente que nos recuerda a los poemas de T. S. Eliot. El poeta, conocedor del protocolo a seguir en tal situación, predice la estereotípica muestra del histerismo de la *Loca*, su comportamiento dominado por el exceso de alcohol barato y el mensaje transmitido por el relampaguear de los ojos viperinos, que descubre una ambigua mezcla de deseo prohibido y furor. El encuentro con la *Loca* que necesita su protección, combina su creciente deseo con la tristeza del barrio chino y termina ofreciendo al lector un final romántico presentado a través de imágenes que sugieren totalmente lo contrario: 'Te apretarás contra mí / como una perra enferma'.

En este poema Gil de Biedma se presenta a sí mismo como poeta homosexual y no como lo habían hecho sus predecesores. Así declara, por ejemplo, que 'la Oda a Walt Whitman es una aceptación del homosexual si es puro y si es poeta; pero de los mariquitas de las ciudades no. Este tipo de susceptibilidad de ciertos homosexuales que establecen una diferencia entre ellos y los demás, era y es todavía muy frecuente. Y es una consecuencia típica del ghetto'.[24] No obstante, en 'Loca', Gil de Biedma va más allá que Cernuda o Lorca al incorporar en su realidad poética una relación de las que incluso los propios homosexuales encuentran embarazosas.

Esta atracción por la vida alternativa, subversiva, triste y esperanzadora al mismo tiempo, se expresa a través de la complejidad temática de los *Poemas póstumos*, publicados en 1968. En esta colección, y según Jorge Rodríguez Padrón:

> El poeta hace recuento de todo lo que ha sido, de lo que ha podido hacer y de lo que ha hecho, 'pasada ya la cumbre de la vida'. Son poemas dados a la reflexión que nos entroncan con una época bien conocida y estudiada, bien decisiva también para la historia española y donde la figura de Quevedo fue crisol crítico, espejo ejemplar de la realidad de entonces. No podemos pasar sin recordar esto. Lo mismo que don Francisco de Quevedo, Jaime Gil de Biedma tiende la mirada y contempla, ya con seguridad pero con agudeza crítica bien patente, lo que ha sido toda su andadura y la de los suyos.[25]

Dentro de esta colección, el poema 'Nostalgie de la Boue', con su complejidad temática, muestra su visión de la realidad del momento y, a su vez, otra línea de ascendencia muy clara: el diálogo de Gil de Biedma con la tradición literaria que pone en juego el tema del amor/pasión/yo.

Nostalgie de la Boue

Nuevas disposiciones de la noche,
sórdidos ejercicios al dictado, lecciones del deseo
que yo aprendí, pirata,
oh joven de los ojos azules.

En calles resonantes la oscuridad tenía
todavía la misma espesura total
que recuerdo en mi infancia.
Y dramáticas sombras, revestidas
con el prestigio de la prostitución,
a mi lado venían de un infierno
grasiento y sofocante como un cuarto de máquinas.

¡Largas últimas horas,
en mundos amueblados
con deslustrada loza sanitaria
y cortinas manchadas de permanganato!
Como un operario que pule una pieza,
como un afilador,
fornicar poco a poco mordiéndome los labios.

Y sentirse morir por cada pelo
de gusto, y hacer daño.

La luz amarillenta, la escalera
estremecida toda de susurros, mis pasos,
eran aún una prolongación
que me exaltaba,
lo mismo que el olor en las manos
—o que al salir el frío de la madrugada, intenso
como el recuerdo de una sensación.

La figura de Baudelaire, el poeta maldito, actúa claramente como referente en el poema, lo que es evidente en el vocabulario, el tema y el tono del poema, aunque no se distinga citación directa de sus versos. En primer lugar, y como declaraba Luis Cernuda en 1946, en su estudio sobre André Gide, 'La súplica de Baudelaire *Ah, Seigneur! Donnez-moi la force et le courage / De contempler mon coeur et mon corps sans dégut!*, arrojando de sí el espejo, ya que la forma en él reflejada no es posible arrojarla sino con la vida, resulta singular en las letras francesas'²⁶ y crea lo que posteriormente pasará a formar parte de la tradición temática de la aceptación como elemento crucial en el conocimiento del ser. Por otra parte, Gil de Biedma recupera del olvido la visión baudeleriana, cosa que en 1947 Agustín Esclasans había declarado muy necesaria:

> Mal se ha entendido al gran Charles Baudelaire, pero hoy los poetas jóvenes más sensibles e inteligentes ven ya en él lo que en realidad fue: uno de los máximos intérpretes de todo el bien y de todo el mal a través del infierno de la vida humana. Toda la materia y todo el espíritu fueron los campos de experimentación de la literatura baudeleriana. La 'vida interior', en él significa, triste, patéticamente, 'vida moderna' [...] Su poesía y su metafísica le alejan, en absoluto, del bajo realismo, de la vulgaridad ambiente, convirtiendo la vida en un pretexto de conversión, más que sobrereal, sobrenatural. 'Les fleurs du mal' no quiere decir, como han creído los lectores y críticos groseros, las flores que da el mal, sino las flores de pureza, de piedad, de elevación que pueden extraerse hasta de la vil materia, de baja putrefacción humana, del mal físico y metafísico.²⁷

En 'Nostalgie de la Boue', Gil de Biedma recicla el tema de Baudelaire y, a través de la adición de una asociación muy freudiana de la experiencia erótica con las memorias de la infancia (primeros deseos, primeros recuerdos, ahora revividos) a la nostalgia de la vida de callejón baudeleriana, crea un nuevo discurso en la que el encuentro sexual se convierte en algo sencillo, mecánico, como los ejercicios de dictado que menciona en el poema.

El placer sexual es visto como un aprendizaje, como en las primeras lecturas de novelas de aventuras y el primer roce con la figura del pirata, del héroe que está más allá de la ley. En el poema este pirata es delatado como objeto de deseo por el fetichismo del azul de sus ojos – y es posible que el magnetismo de los cuales haya sido el que le haya persuadido a dejarse *dictar* otra vez.²⁸

Vemos también la fascinación por la oscuridad, en la que Gil de Biedma va más allá del onirismo de Cernuda o de Ferrater, procedente de su evocación de una experiencia real, tangible, como lo es la espesura del miedo nocturno infantil. En la noche el dramatismo de las sombras se ve transformado por 'el prestigio de la prostitución' que sólo conoce el poeta adulto. No obstante esta prostitución no es idealizada, sino vista por lo que es, puesto que las sombras 'venían de un infierno…' y evocaban imágenes de explotación industrial en las que el cuerpo se convierte en máquina de función única.

La observación detallada que nos presenta el poema destaca el aspecto deslustrado de los inmuebles donde se perpetran los actos sexuales. Con este fondo, la elaboración de la imagen industrial del 'operario que pule una pieza / como un afilador' destaca todavía más la naturalidad con la que Gil de Biedma presenta al lector su propia intimidad en la que él se ve 'fornicar poco a poco mordiéndome los labios'. La combinación de placer, dolor y muerte de los dos versos siguientes ('Y sentirse morir por cada pelo / de gusto y hacer daño') ilustra para el lector uno de los momentos de continuidad en los que, como afirmaba Georges Bataille, se suspende momentáneamente la influencia de la razón. La experiencia que se presenta al lector es finita y carente de transcendencia en cuanto a la relación de los dos participantes, y el poema de Gil de Biedma necesariamente ha de mostrar su límite temporal y físico antes de poder concluir tal experiencia poética. Así, el fin de la visita se describe con la salida a una escalera en la que casi se pueden palpar los susurros anónimos de otros que podrían actuar como testimonios presenciales de su breve aventura nocturna, como lo podrían ser también 'el olor de las manos' o 'el frío de la madrugada' que, por desplazamiento, le permitirán convencerse de que la intensidad de la sensación vivida es, en efecto, real.

Pero no es solamente en la tradición literaria donde Gil de Biedma encuentra la posibilidad de dialogar. En el caso de 'Un cuerpo es el mejor amigo del hombre', también de *Poemas póstumos,* el diálogo que se establece es con la cultura popular, tergiversando la idea de que el mejor amigo del hombre es el perro.[29] Esta distorsión introduce, ya desde el título y en forma parecida a lo ocurrido en 'Loca' y 'Nostalgie de la Boue', un elemento humorístico que estimula el ánimo del lector quien se enfrenta a un poema que continuará sorprendiéndole por su agudeza y capacidad de observación:

Un cuerpo es el mejor amigo del hombre

Las horas no han pasado, todavía,
Y está mañana lejos igual a un arrecife
Que apenas yo distingo.

        Tú no sientes
Cómo el tiempo se adensa en esta habitación
con la luz encendida, como está fuera el frío
lamiendo los cristales… Qué deprisa,
en mi cama esta noche, animalito,
con la simple nobleza de la necesidad,
mientras que te miraba, te quedaste dormido.

> Así pues, buenas noches.
>   Ese país tranquilo
> cuyos contornos son los de tu cuerpo
> da ganas de morir recordando la vida,
> o de seguir despierto
> —cansado y excitado— hasta el amanecer.
>
> A solas con la edad, mientras tú duermes
> como quien no ha leído nunca un libro,
> pequeño animalito: ser humano
> —más franco que en mis brazos—
> por lo desconocido.

En su tendencia hacia lo popular, Gil de Biedma hace aquí uso del coloquialismo y la ironía y de la distancia conseguida a través del monólogo dramático en el que un interlocutor imaginario se dirige a un público que también lo es; todos ellos recursos literarios ya presentes en T. S. Eliot y W. H. Auden, quienes le sirven de referentes.

Contra la idea del tiempo subjetivo que se acelera en momentos de placer, Gil de Biedma abre el poema presentando la suspensión del tiempo en el encuentro erótico, lo que nos remite otra vez a la visión de Georges Bataille. Esta problemática temporal, no obstante, es perceptible para el poeta aunque no para su amante. También es el poeta quien experimenta la amenazante presencia del frío que se funde con las imágenes caninas 'lamiendo los cristales' mientras su compañero duerme (tal asociación se desarrollará en el poema con el uso de vocablos tales como 'animalito', el 'pequeño animalito' y la referencia a la imagen del *noble salvaje*, más noble porque se ve guiado por la necesidad física del descanso corporal).

La existencia corporal de 'ese país tranquilo / cuyos contornos son los de tu cuerpo' se presenta ante los ojos del poeta como un lugar idílico de armonía y tranquilidad que existe sólo en 'esta habitación / con la luz encendida'. Vemos aquí, al igual que en 'Nostalgie de la Boue' la contraposición de vida y muerte, placer y sufrimiento, el constante deseo de morir en un momento de éxtasis o, a falta de tal perfección, de continuar experimentando el placer cuanto más tiempo posible, sabiendo que éste es necesariamente finito.

El joven amante puede descansar, inocente y libre de tortura por no intelectualizado 'como quien no ha leído nunca un libro', como 'pequeño animalito'. Y es precisamente esta distancia física, ahora que el amante ya no está en sus brazos sino dormido, la que permite al poeta ver al ser humano que le acompaña y que se convierte en 'más franco por lo desconocido'.

Este final es intencionadamente ambiguo. Puede sugerir que es el cuerpo lo que se conoce; que el ser humano queda por descubrir y que no puede ser descubierto sin perder su exotismo o 'lo desconocido' se puede interpretar como algo abstracto (el conocimiento, quizás) que, de estar en posesión del amado, necesariamente le habría de restar encanto. Pero lo más destacable del poema es el tono de confidencia que establece el poeta hacia el lector, dejándole participar en lo que el amante ignora.

En esta exposición hemos visto cómo Jaime Gil de Biedma dialoga con las estructuras formales para producir variantes propias que se adaptan mejor a las necesidades expresivas de la vida moderna. La incorporación de citas de otros autores se realiza de varias maneras pero siempre con la intención de crear más bien una distancia con el lector que no de identificarse propiamente con los poetas citados. No obstante, es éste un culturalismo ligero que no niega nunca la comunicación entre el poeta y el lector. En cuanto al tema del *yo pasional*, Gil de Biedma identifica una evolución histórica hacia la expresión diferencial del amor no heterosexual y la instituye como tradición a la que añade su propia contribución poética y desarrolla la visión baudeleriana, haciéndola suya y transportándola a su experiencia emocional y vital. A través del tratamiento irónico de la cultura popular Gil de Biedma se adscribe al legado poético de los modernos ingleses y americanos y así continúa también la tradición temática de la temporalidad del ser humano. En todos los casos, la novedad es evidente pero es una novedad que no habría sido posible sin la presencia de la tradición como interlocutor.

NOTAS

1 Dionisio Cañas, Introducción a Jaime Gil de Biedma, *Volver* (Madrid: Cátedra, 1995), pp. 11-40 (20).
2 Shirley Mangini González, *Jaime Gil de Biedma* (Madrid: Júcar, 1977), p. 48.
3 Mangini González, *Jaime Gil de Biedma*, pp. 49-50.
4 Mangini González, *Jaime Gil de Biedma*, pp. 48, 50 y 51.
5 Mangini González, *Jaime Gil de Biedma*, p. 10.
6 Para una descripción detallada de todas estas técnicas, véase el estudio de Luis García Montero, *Poesía, cuartel del invierno* (Granada: Diputación Provincial de Granada, 1987).
7 Antonio García Berrio, '¿Qué callaba Gil de Biedma?', *Revista de Occidente,* 110-111 (1990), 115-30 (124).
8 Dionisio Cañas, Introducción a *Volver*, p. 20.
9 Dionisio Cañas, Introducción a *Volver*, p. 21.
10 José Luis Giménez Frontín, 'Entre "sociales y novísimos": el legado poético de

Jaime Gil de Biedma', *Quimera*, 32 (1983), 52-63 (58).
11 Giménez Frontín, 'Entre "sociales y novísimos"', p. 57. Por otra parte, Dionisio Cañas le sitúa 'en esta tradición hispánica que se inicia en el romanticismo con apuntes de modernidad, y en la superación de éste, que representa Bécquer' (Introducción a *Volver*, p. 20).
12 Bruce Swansey y José Ramón Enríquez, 'Una conversación con Jaime Gil de Biedma', en *El Homosexual ante la sociedad enferma* (Barcelona: Tusquets, 1978), pp. 206-07.
13 En este sentido nuestro poeta parece caer más cerca de Salinas que de Lorca o de Cernuda.
14 Jaime Gil de Biedma, escribiendo sobre Guillén en *El pie de la letra*, citado por Cañas, Introducción a *Volver*, p. 28.
15 Ángel González, 'Gil de Biedma una larga amistad', *Revista de Occidente*, 110-111(1990), 17-20 (18-19).
16 García Berrio, '¿Qué callaba Gil de Biedma?', p. 122.
17 Cañas, Introducción a *Volver*, p. 27.
18 Federico Campbell, 'Jaime Gil de Biedma o el paso del tiempo', en *Infame turba* (Barcelona: Lumen, 1971), p. 37.
19 Cañas, Introducción a *Volver*, p. 36.
20 Arthur Terry, Introducción a Gabriel Ferrater, *Mujeres y días* (Barcelona: Seix Barral, 1979), pp. I-LII.
21 Swansey y Enríquez, 'Una conversación con Jaime Gil de Biedma', p. 195.
22 James Nolan, Notas a los poemas en Jaime Gil de Biedma, *Longing: selected poems* (San Francisco: City Lights, 1993), p. 113.
23 Swansey y Enríquez, 'Una conversación con Jaime Gil de Biedma', pp. 201-02.
24 Swansey y Enríquez, 'Una conversación con Jaime Gil de Biedma', p. 208.
25 Jorge Rodríguez Padrón, 'Jaime Gil de Biedma desde sus *Poemas póstumos*', *Cuadernos Hispanoamericanos*, 238 (1969), 788-95 (792).
26 Luis Cernuda, 'André Gide', en *Poesía y Literatura* (Barcelona-México: Seix Barral, 1960), reproducido en William F. Aggeler, *Baudelaire Judged by Spanish Critics 1857-1957* (Atenas: University of Georgia Press, 1971), p. 84.
27 Agustín Esclasans, *Mi corazón al desnudo,* Prólogo y traducción (Barcelona: Apolo, 1947), reproducido en Aggeler, *Baudelaire Judged by Spanish Critics*, pp. 84-85.
28 Cabe notar también el vínculo con la 'Canción del pirata' de Espronceda.
29 Este interés concuerda con la visión de Cañas (Introducción a *Volver*, p. 20) de la cita número 8.

9

El arte de glosar: las 'mudanzas' de Antonio Carvajal y la tradición barroca andaluza

TREVOR J. DADSON
Universidad de Birmingham

La glosa es tal vez el tipo de intertextualidad más obvio, el que no hace ningún esfuerzo por esconder sus orígenes. Con la glosa el poeta declara desde el principio sus deudas literarias, al incorporar en su propio texto el hipotexto a glosar:

> Su función consiste, como dice el nombre, en glosar en estrofas, un texto ajeno ya existente, mediante su interpretación, paráfrasis o amplificación, por lo general, verso por verso [...] La glosa no tiene que ver con el moderno sentido de la interpretación crítica y literaria; se trata en ella de la recreación poética de ideas ajenas, sin prescindir de las propias y originales.[1]

Si toda literatura es un mosaico de citas (Kristeva)[2] o un palimpsesto (Genette),[3] que actúan por lo general debajo de la superficie del texto, la glosa vive muy evidentemente en la superficie, lo que podría llevar a algunos a considerarla algo 'superficial', cuando, de hecho, es todo lo contrario. En el Siglo de Oro español la glosa fue practicada por todos los poetas de la época, menores y mayores, y considerada por algunos la cumbre de la agudeza, la cima del ejercicio intelectual: cuanto más difícil el pie forzado que uno había escogido o le había sido impuesto, más mérito tenía luego el glosarlo. La glosa fue una actividad asociada estrechamente con las academias literarias y con las academias o reuniones de palacio o corte, donde un grupo de participantes o amigos se juntaban cada semana o cada dos semanas para practicar su ingenio poético delante de los demás, amigos y críticos a la vez. Para un poeta joven, era una manera inmejorable de hacerse notar y conocer, mientras hacía alarde de su ingenio delante de un público que pudiera contener a un Lope, un Góngora o un Quevedo.

Algunos poetas ganaron una merecida fama por su habilidad en el arte de glosar, como es el caso de Diego de Silva y Mendoza, conde de Salinas, que compuso algunas de las glosas más ingeniosas de la época al escoger pies forzados ajenos de una dificultad endemoniada. Tales son: 'Que no pudo acabar su', 'Que porque sino que cuando', 'Cuesca, obispo, cola y paje', 'Este cántaro sino', 'Lechugas y falsas riendas', 'Tris, tras, llantas, brevas, uh'.[4] Hay que recordar que el pie forzado glosado era normalmente en esta época el último verso del poema o de la estrofa, escrito por lo general en décimas o coplas reales (dobles quintillas). Veamos lo que hizo Salinas con el verso 'Que no pudo acabar su':

>   Un santo mártir miraba
>   el cuchillo de un tirano
>   que a muerte le sentenciaba,
>   y entre él y la cruda mano
>   su muerte y vida luchaba.
>
>   Y dijo con viva fe:
>   «Ayudadme, buen Jesús»,
>   y el cuchillo al cuello fue;
>   y volvió a decir je,
>   *y no pudo acabar su.*[5]

El resultado tiene, desde luego, su gracia, es ingenioso y podemos imaginar la recepción del público cortesano que lo oyera por primera vez. Salinas no sólo compuso algunas de las glosas más ingeniosas del Siglo de Oro, sino que algunos de sus propios versos acabaron siendo pies forzados o glosas de otros poetas. El poeta madrileño Gabriel Bocángel glosó varios de sus versos, entre ellos: 'Quiero, y no saben que quiero; / yo sólo sé que me muero', 'Sólo el silencio testigo / ha de ser de mi tormento, / y aún no cabe lo que siento / en todo lo que no digo', y 'Es el engaño traidor / y el desengaño leal'. Y no sólo se glosaban los versos de poetas menores o de segunda fila en las academias literarias: la redondilla de Góngora 'Ámbar espira el vestido / del blanco jazmín, de aquel / cuya castidad lasciva / Venus hipócrita es' fue glosada por Bocángel y Gabriel del Corral en la Academia de Madrid durante la Cuaresma de 1626.[6]

A pesar de su éxito en el Siglo de Oro, la glosa fue desapareciendo del panorama poético a partir del siglo XVIII, aunque de vez en cuando se encuentra algún rastro de ella, como en la obra del poeta aragonés Joseph Tafalla Negrete quien glosó los siguientes versos de Salinas: 'Los casos dificultosos, / y con razón envidiados, / empréndenlos los osados / y acábanlos los dichosos', poema publicado en su libro *Ramillete poético de las discretas flores* de 1706 (Zaragoza, Manuel Román).

En los últimos treinta y tantos años del siglo XX parece que la glosa ha vuelto a vivir, aunque no necesariamente en su forma áurea. El poeta salmantino Francisco Castaño ha hecho uso de muchos versos de poetas del Siglo de Oro para dar forma a sus propios poemas e ideas. El título de su primer libro de poemas es un buen indicio de sus deudas y filiaciones literarias: *Breve esplendor de mal distinta lumbre* (Madrid: Hiperión, 1985), magnífico verso que procede de la *Primera Soledad*, v. 58, de Góngora. El mismo verso parece que es toda una interpretación de la intertextualidad: el poeta moderno ve como algo distante e indistinta la lumbre de sus predecesores, es un 'breve esplendor', no más.

El primer poema de *Breve esplendor de mal distinta lumbre*, 'Ritual de ausencia', resulta ser una glosa del verso 'Prefiero a lo que miro lo que creo' de Francisco de Quevedo.[7] El verso glosado empieza y termina el poema, pero con una sutil y graciosa transformación:

> Prefiero a lo que miro lo que creo,
> porque la voluntad es generosa
> y generoso y pródigo el deseo.
> [...]
> Premonición feliz de la inminencia,
> eres la realidad de mi deseo;
> por eso cuando estoy en tu presencia
>
> prefiero lo que miro a lo que creo.[8]

Para subrayar aún más las deudas con el Siglo de Oro, el poema está escrito en tercetos encadenados (forma métrica que introdujo Garcilaso al castellano vía sus dos elegías). De todos los poetas áureos glosados en la obra de Castaño es probable que Garcilaso sea el más destacado, el que más haya influenciado su obra, y esta influencia se nota especialmente en su segundo libro de poemas, *El decorado y la naturaleza* (Madrid: Hiperión, 1987). El segundo poema de la sección titulada 'En alguna otra vida (Fin de un amor)', 'Huésped de Garcilaso' es una libre adaptación de la *Égloga I* de Garcilaso.[9] Más adelante en la colección, Castaño nos desvela algunas más de sus filiaciones literarias con el soneto 'Reino de juventud'. En primer lugar, el mero hecho de ser soneto llama nuestra atención a sus orígenes, nada contemporáneos, desde luego. El epígrafe: 'Hágate temerosa / el caso de Anajérete', que procede de la *Canción V* de Garcilaso (vv. 66-67), parece señalar al poeta toledano como inspiración del poema, pero Castaño no es tan fácil ni 'superficial' como este procedimiento podría sugerir. El poema empieza imitando un famoso soneto, eso sí, pero no de Garcilaso, sino de Góngora: 'Mientras por competir con tu cabello', imitación que se nota particularmente en los versos 1, 3, 7, 8, 9 y 12:

> Mientras por compartir tu casi lecho,
> llanto sin voz su amor te nombra en vano;
> mientras con menosprecio soberano
> miras su corazón en ti deshecho;
>
> mientras tu orgullo vuelve más estrecho
> el cauce entre los dos, y más lejano;
> y mientras triunfa tu desdén lozano
> frente al clavel doliente de su pecho;
>
> goza en su voz tu nombre y tu arrogancia
> en su dolido corazón cansado
> goza, si en ello encuentras gozo alguno,
>
> antes de que el desdén y la distancia
> aquel amor total y apasionado
> por ti lo vuelvan huésped importuno.[10]

En los tercetos, Castaño vuelve indirectamente a Garcilaso con la referencia a 'huésped importuno', pues nos hace recordar el poema anterior 'Huésped de Garcilaso'. Por otra parte, Castaño sabría que el soneto de Góngora (escrito tal vez cuando Góngora era estudiante en Salamanca, al igual que Castaño) debe mucho al propio soneto *Carpe diem* de Garcilaso 'En tanto que de rosa y d'azucena' (Soneto 23), por lo que parece que Castaño quiere inscribirse o escribirse con su soneto en esta ilustre tradición. Pero aún hay más. Las referencias a 'huésped' –'huésped de Garcilaso', 'huésped importuno'– y este último en un soneto titulado 'Reino de juventud', remiten irremediablemente al soneto de Quevedo, 'Si fuere que, después, al postrer día' y el verso 12: '¡Oh en el reino de Amor huésped extraño!'.[11] De ahí que la intertextualidad en Castaño es más compleja de lo que a primera vista parece: desde un poeta siempre se llega a otro y luego a otro y otro en un viaje atrás en el tiempo sin fin.

El tercer libro de Castaño, *Fragmentos de un discurso enamorado* (Madrid: Hiperión, 1990), sigue esta línea de diálogo con el Siglo de Oro, subrayado desde el principio con el epígrafe 'Escrito está en mi alma vuestro gesto' (Soneto 5, v. 1, de Garcilaso). Colección de poemas amorosos inspirados por el amor del poeta hacia su musa, *Fragmentos de un discurso enamorado* se inscribe en una larga tradición amorosa poética que va desde Garcilaso a San Juan de la Cruz, Quevedo y Góngora, y luego a los más modernos: Bécquer, Rubén Darío, Guillén, Salinas, Cernuda, Blas de Otero, Gil de Biedma, Ángel González y José Ángel Valente.[12] Como dice el poeta en el soneto 'Cómplice en el dolor':

> Mi dolor necesita que un poeta
> de generoso amor le dé su mano.
> [...]
> En mi dolor su verso necesito
> para darte noticia de un cansado
> corazón de sufrir por ser amado.[13]

El poeta necesita los versos, la ayuda de otros poetas para dar forma y claridad a su propio sufrimiento amoroso. El soneto termina glosando unos célebres y bellos versos de San Juan de la Cruz:

> Y con su propia voz te solicito,
> que de amor la dolencia no se cura
> sino con la presencia y la figura.

Proceden del poema 'Canciones entre el alma y el esposo':

> Descubre tu presencia,
> y máteme tu vista y hermosura;
> mira que la dolencia
> de amor que no se cura
> sino con la presencia y la figura.[14]

En la misma colección hay glosas sobre 'Yo lo tengo por única ventura' (Soneto 36, v. 14, de Garcilaso), 'Lo pálido y lo arrebolado' (*Fábula de Polifemo y Galatea*, v. 84, de Góngora), 'Si quejas y lamentos pueden tanto' (Soneto 15, v. 1, de Garcilaso), 'Sin otra luz y guía' ('En una noche oscura', v. 14, de San Juan de la Cruz), 'Y por sol tengo sólo vuestra vista' (Soneto 18, v. 2, de Garcilaso). Termina el libro con un 'Envío' –'Canción, tienes por destino'– en imitación, tal vez, de las canciones de Garcilaso. El marco áureo de *Fragmentos de un discurso enamorado* y la importancia de la glosa en la obra de un poeta contemporáneo no podían ser más explícitos.

Otro poeta que se sitúa muy claramente en una línea o tradición poética que tiene sus orígenes en el Siglo de Oro es el poeta granadino Antonio

Carvajal, nacido en Albolote en 1943. Sin embargo, al contrario de Castaño (a quien, sin embargo, le unen lazos de amistad y de oficio crítico),[15] quien se aprovecha de los versos de varios poetas áureos, sin privilegiar los de alguno en particular (aunque, sí es verdad que tiene una clara predilección por la poesía de Góngora y Garcilaso), Carvajal se escribe o se inscribe en una tradición literaria barroca andaluza, 'integrado […] en un espléndido rebrote de la escuela granadino-antequerana barroca',[16] con especial dedicación a la poesía de Pedro Soto de Rojas, granadino como él. Esta inscripción se extiende a la poesía de otro andaluz, el cordobés Luis de Góngora, amigo de Soto de Rojas, y de otro granadino, moderno en cuanto a fechas aunque barroco en cuanto a contenido, Federico García Lorca.[17] Y esta inscripción en una tradición barroca empieza muy temprano en su poesía, desde sus principios casi: 'lo que sorprende desde sus comienzos es la manera en que en Carvajal la voz de su protagonista poético no tiene empacho en apropiarse –para su radical autonomía y sin anacronismo, en un juego de paródico lujo– de una riquísima tradición barroca'.[18]

Carvajal publicó dos libros de poesía en la década de 1980 que constituyen un homenaje en cierta manera a la poesía amorosa de Soto de Rojas, a su *Desengaño de amor en rimas*, Madrid, Viuda de Alonso Martín, 1623. Los dos libros son *Servidumbre de paso* (Sevilla: Calle del Aire, 1982) y *Noticia de septiembre* (Córdoba: Antorcha de Paja, 1984). *Servidumbre de paso* fue luego incluido en el volumen *Del viento en los jazmines* (Madrid: Hiperión, 1984), donde forma el Libro primero, *Del viento en los jazmines* siendo el segundo.[19] Sorprendentemente, Carvajal no incluyó *Noticia de septiembre* en este volumen o recopilación de su poesía de los primeros años de la década de los 80, sorprendente porque, como veremos en seguida, este libro tiene mucho en común con *Servidumbre de paso*, una organización interna muy parecida y un reconocimiento explícito de la tradición literaria de que se nutre. En la tapa de *Del viento en los jazmines* leemos lo siguiente: 'Con *Del viento en los jazmines* se completa tal labor recopiladora, ya que este libro agrupa la poesía de Carvajal dada a luz entre 1982 y 1984 y, junto con el anterior [es decir, *Extravagante jerarquía*], hace factible el acceso a la obra completa del autor hasta la fecha'. Obviamente, no es del todo verdad, pero tal vez no por culpa de los editores sino del poeta que al mismo tiempo que preparaba este volumen entregaba *Noticia de septiembre* a la prensa cordobesa.

Servidumbre de paso, como indican su mismo título y el poema que le encabeza, es un análisis de la servidumbre literaria que sufre todo poeta contemporáneo que tiene que competir con el pasado, con el peso del pasado; lo que el crítico norteamericano Harold Bloom ha denominado *La ansiedad de la influencia*:

> Pero ya era imposible
> la libertad. Habíamos
> alzado nuestras manos
> a los frutos de todas
> las heredades. Susurramos: *Nunca*
> *más estos frutos*
> *nos tentarán. Seremos*
> *hijos de nuestro esfuerzo*
> *y brillará el futuro como…*
>
>   Algo
> se nos había escapado:
> Negados a los usos, no cabía
> comparar… (*Servidumbre*, p. 13)

Sobre este poema, Ignacio-Javier López ha dicho: 'el poeta es consciente de que ya es "imposible la libertad" de la tradición o, para volver a sus metáforas, de que es precisa la "servidumbre" por el peso de una tradición que es a la vez pasado y futuro'.[20] El poema termina con, por un lado, la misma sensación de derrota por parte del poeta al recordar las palabras de sus antecesores, palabras con una fuerte carga poética, en especial del Siglo de Oro, y por otro, el reconocimiento del valor de la tradición, lo que llama 'su alto aprecio y su prestigio':

> Pero ya era imposible
> la libertad. Queríamos
> incorporar el mundo
> que hacíamos al sueño; pero el sueño
> lo rechazaba. Apenas
> conteníamos todos la sonrisa.
>   ¿Acaso
> nos burlábamos de
> nuestro fracaso?
>   Aquello
> no nos sonaba bien, no nos decía
> nada para el futuro. Y el futuro
> había ya pasado. Era imposible
> la libertad. Y el oro
> y las perlas y el álamo y el cedro
> y los pastores líricos y el cisne
> y la rosa y el labio como grana
> cobraron su alto aprecio y su prestigio. (*Servidumbre*, p. 14)[21]

Después de este poema prólogo –y merece la pena recordar que *Desengaño de amor en rimas* empieza con un soneto proemio 'Tristes quejas de Amor dilato al viento', donde Soto de Rojas expone las líneas maestras del libro–, *Servidumbre de paso* se divide en dos colecciones, cada cual con su propia estructura y guiño en dirección al libro, autor o tradición de donde procede. La primera colección se titula *Emulada canción*, frase que viene de Baltasar Gracián, *Agudeza y arte de ingenio*, Discurso IV: 'aquella emulada canción de D. Francisco de Quevedo'. Nada más barroco que el conceptismo de Gracián y Quevedo. Esta primera colección se divide en tres *realces*, nombre que Gracián daba a los capítulos de *El Discreto*. El Realce Primero consiste en diez 'mudanzas sobre temas del *Desengaño de amor* de don Pedro Soto de Rojas. Se glosan motes de:…'. El Segundo Realce, de tres poemas, se llama 'Variaciones dolientes', que son variaciones sobre el Salmo 'Super Flumina Babylonis', un lema de Lorca 'Alas rastreras de plata', y un Cantar de Amigo (del propio poeta). El Realce Tercero se titula 'Silva de otra lección', variante a su vez del conocido libro *Silva de varia lección* de otro escritor andaluz, esta vez el sevillano Pedro Mexía.[22] Aquí encontramos variaciones o 'lecciones' más bien sobre versos de Góngora (una hermosa recreación de 'Ven, Amor, si eres Dios, y vuela'), Paul Valéry, Luis de Camões (su preciosa letrilla 'Vai formosa e não segura'), Meléndez Valdés, Manuel Machado y Giacomo Leopardi, y otros. La Segunda Colección, titulada *Retórica de mármol*, se divide esta vez en dos partes: 'Primer primor de odas' y 'Primor final de odas'. Si *realce* venía de *El Discreto* de Gracián, *primor* es el nombre que daba Gracián a los capítulos de *El Héroe*. Así que el marco de la colección lo constituye el teórico español más influyente del siglo XVII, cuya *Agudeza y arte de ingenio* es todo un manual de la poesía de su tiempo, y, de manera particular, de la de Góngora.

Pero, ¿qué significan estas distintas y muy rebuscadas etiquetas? Según Dolores Tortosa Linde, uno de los pocos críticos que se ha dedicado a este aspecto de la obra de Carvajal, 'Carvajal aplica *realces* a las glosas, mudanzas, etc…, es decir, allí donde quiere poner de relieve la huella, y aún la traducción de sus poetas preferidos; *primores*, en cambio, lo reserva para las odas más libres de influencias; aunque reviva metros de Rubén Darío o deje oír ecos de Fray Luis de León'.[23]

Sus glosas o mudanzas sobre temas de Pedro Soto de Rojas se encajan dentro del 'Realce Primero' de la colección titulada *Emulada canción*. Sus intenciones, por tanto, no podían ser más explícitas. Como ha dicho García-Posada, 'Carvajal ha concebido *Servidumbre de paso* –o al menos una buena parte– como un gran diálogo con la literatura y, en concreto, con la barroca'.[24] En este *Realce primero* el diálogo es con Pedro Soto de Rojas, poeta gongorino muy olvidado del barroco, injustamente olvidado no sólo por la calidad de sus versos sino porque era uno de los pocos seguidores de Góngora que entendía la poesía del cordobés y que no cayó en la fácil y estéril imitación de tantos otros poetas secundarios de esa época. Un diálogo con Soto de Rojas es por lo tanto un diálogo con Luis de Góngora (amigo del poeta y 'uno de los que firman las poesías laudatorias al *Desengaño de amor en rimas*')[25] y, vía él, con toda la literatura clásica de occidente.[26] Pues, en su *Discurso sobre la poética*, de hacia 1612, Soto de Rojas había dicho que 'La forma sustancial de la poesía, es la imitación variada con la narración de cosas, en parte verdaderas y en parte fingidas';[27] es decir, y como ha afirmado Gregorio Cabello Porras, 'Para Soto de Rojas la poesía es en lo fundamental un arte mimética'.[28] Poco a poco se va perfilando el porqué del interés de Antonio Carvajal en este poeta granadino algo olvidado.

Los primeros poemas de *Servidumbre de paso* recogen los temas del poema prólogo –el peso de la tradición literaria, la supuesta libertad, las palabras– y los desarrollan mediante los versos que ha escogido el poeta de *Desengaño de amor en rimas*. El primer poema es una glosa o mudanza sobre el verso 'Con todo vivo a la esperanza asido', del soneto 'Perseverancia vence dificultades' (I, 27),[29] poema que a su vez es una imitación muy cercana del soneto CCLXV de Petrarca, 'Aspro core e selvaggio, e cruda voglia':[30]

>   Vivo sol di speranza, rimembrando
>   che poco umor già per continua prova
>   consumar vidi marmi e pietre salde. (*Canzoniere*, CCLXV, vv. 9-11)

>   Con todo vivo a la esperanza asido,
>   viendo que poco humor, continuamente
>   si caí, un mármol gasta endurecido. (*Desengaño*, I, 27, vv. 9-11)

Así que Carvajal inmediatamente lleva al lector mediante una lectura de Soto de Rojas a otra de Petrarca.

En su soneto Soto de Rojas se queja amargamente de la actitud áspera de su querida Fénix, que se porta como otra Anaxarte 'en nada al mármol diferente'. El poema de Carvajal, una especie de romance de cinco estrofas de cuatro versos en octosílabos cada una y con rima asonante bastante regular, es igualmente amargo y negativo:

>   Ojos oscuros: Palabras
>   palabras, labios. Silencio.
>   ¡Silencio, siempre! Y estaba
>   allí la esperanza, el gesto. (*Servidumbre*, p. 19)

El silencio que el poeta siente como una losa puesta encima de él no procede, sin embargo, del Soneto 27 de Soto de Rojas sino del siguiente 'Mandóle que callase' (I, 28), en que Fénix impone el silencio a su amante: 'Pues hoy me intimas que, callando, muera'. También hay un eco, lejano tal vez, pero aún así eco del final de la obra dramática *La casa de Bernarda Alba* de Lorca: '¡Silencio, silencio he dicho! ¡Silencio!', donde, desde luego, no hay nada de 'esperanza' aunque mucho de 'gesto'. Pero, volviendo a Soto de Rojas, de hecho, todo el soneto trata el tema del silencio, de la falta de voz y de palabras, especialmente notable en el segundo terceto:

> Y tú, tirana (en tanto que te adoro)
> me atormentas, y sellas rigurosa,
> si suspiro, mis labios cuando lloro.

Sentimientos que Carvajal recoge en la estrofa central de su poema, donde aparece el verso glosado:

> Silencio: Palabras, labios.
> Vivo asido a la esperanza.
> Nada, nadie, el mar. ¡Qué alto
> va el eco de las palabras! (*Servidumbre*, p. 19)

La importancia de este verso de Soto de Rojas se subraya con su posicionamiento en el mismo centro del poema: en el segundo verso de la tercera estrofa. La esperanza, palabra que se repite en cada estrofa, es obviamente palabra clave en este poema (y tal vez en la colección entera), y el poema termina con otra referencia a ella:

> Memoria son de un horror,
> de un silencio, y me traspasan.
> Ay, esperanza, color
> de corazón y palabras.

Para Carvajal el color de la esperanza no es el verde con que tradicionalmente se le ha asociado, sino el blanco, color del jazmín, flor que, tanto para él como para Soto de Rojas, es el símbolo de su poesía y de su amor: sentimiento (*corazón*) y comunicación (*palabras*). Soto de Rojas explora el concepto en su soneto 'Jazmines, esperanza en blanco' (I, 107), poema que ha ejercido una notable influencia sobre la poesía de Carvajal. Veamos los tercetos del soneto:

> Volved las hojas ya lenguas risueñas,
> así no le paguéis a la mudanza
> el censo a que os obliga haber nacido;
>
> pero no las volváis, que, pues por señas
> muestran agora en blanco mi esperanza,
> dirán mi muerte y, tras mi muerte, olvido.

Esperanza, jazmín blanco, olvido: palabras que aparecerán y volverán a aparecer en estas colecciones de Carvajal, como iremos viendo. 'Nocturno del acecho' de *Noticia de septiembre* glosa el verso 13 del soneto 'Jazmines, esperanza en blanco':

> No habrá vino de oro
> que rebosa tu copa.
> Alguien galopa.
> No habrá mano de nieve
> sobre una frente pálida.
> Alguien cabalga.
> No habrá esperanza en blanco
> de jazmín, a tu puerta.
> Alguien se acerca.
> Alguien galopa, cabalga, se acerca. (*Noticia*, p. 33)

Sin embargo, la re-creación más profunda de este verso viene en el poema 'Del viento en los jazmines', poema que a su vez nos devuelve al primero que hemos estado comentando – 'Con todo vivo a la esperanza asido':

> Alguien oír no puede
> el rumor del viento en los jazmines.
> ¿Cómo compadecerlo?
>
> ¿Cómo compadecernos
> por su ausencia?
>
> Sobre el rumor el vaho de las tardes
> de abril aroma, blanca
> esperanza en blanco de un diálogo
> o imposible o inútil.
>
> Y como caen tocadas las corolas
> por el viento insaciable, los pequeños

>   olvidos desmenuzan las imágenes
>   tanto tiempo queridas,
>   calladas tanto tiempo,
>   hasta quedar desnuda por siempre la esperanza. (*Del viento*, p. 73)

Como ha apuntado Ignacio-Javier López, el poema es un tipo de elegía al amigo recién muerto, Ignacio Prat (quien murió el 16 de enero de 1982), amigo que ya 'no puede oír el rumor del viento en los jazmines', y cuya temprana muerte hace 'imposible o inútil' el diálogo entre poeta y lector.[31] Sin embargo, la 'esperanza en blanco de un diálogo o imposible o inútil', el olvido, las imágenes calladas, son conceptos claves tanto de *Del viento en los jazmines* como de *Servidumbre de paso* y *Noticia de septiembre*, lo que demuestra la coherencia poética de las tres colecciones.

El segundo poema de *Servidumbre de paso* 'Porque es menor el mal comunicado' retoma el hilo de 'Con todo vivo a la esperanza asido' y desarrolla más las ideas presentes en el soneto de Soto de Rojas 'Mandóle que callase', presente, como ya hemos dicho, en el anterior. El tema sigue siendo el silencio y el dolor:

>   Dime, dime, y no gimas
>   hacia dentro, hacia dentro.
>
>   Pájaros de la aurora
>   que rompan tu silencio;
>   arroyos de la siesta
>   que rompan en tu pecho
>   espuma en las orillas,
>   cristales en el eco. (*Servidumbre*, p. 20)

El poema es un romance en é-o, dividido en dos estrofas de seis versos con estribillo, estribillo que recuerda levemente un verso del 'Soneto de la guirnalda de rosas' de García Lorca: '¡Esta guirnalda! ¡pronto! ¡que me muero! / ¡Teje deprisa! ¡canta! ¡gime! ¡canta!'.[32] Hay un eco de Lorca también en el verso 'Pájaros de la aurora', que imita el verso 'Pájaros de la mañana', hablado por Leonardo en *Bodas de sangre*.[33] La glosa de Soto de Rojas viene en la segunda estrofa, que también recoge el último verso del soneto original:

>   El mal comunicado
>   siempre es menor. Yo tengo
>   pájaros que te canten,
>   arroyos sin secreto
>   y labios que suspiran
>   de sed por tu silencio.[34]

Como se ve con este ejemplo, y con el del poema anterior, Carvajal raras veces repite entero el verso que glosa ni respeta generalmente su forma original. Le hace 'mudanza', lo transforma, a veces, incluso, le saca nuevo sentido.

El tercer poema de la serie, 'Ha de perder la vida y costumbre', procede, no de un soneto, sino de un madrigal: 'Metamorfosi corazón mariposa en Fénix' (I, 37). Como indica el título, el poema trata el tema tradicional de la mariposa que se acerca demasiado a la luz o al fuego y muere quemada:

> y tantas vueltas, tantas por delante,
> vuela, revuela, huye, torna y gira,
> que en la amorosa lumbre
> ha de perder la vida y la costumbre;
> mas simple llora y sin razón suspira,
> pues muere mariposa
> y Fénix resucita generosa.

El poema de Carvajal es un tipo de redondilla en pentasílabos, mezcla de dactílicos y trocaicos, que recoge todos los temas hasta aquí desarrollados: ojos, palabras, silencio (del primero), el arroyo (del segundo), y una conexión aún más intertextual: los 'labios que suspiran' del segundo poema encuentran su eco en 'mas simple llora y sin razón suspira' del madrigal, con lo que Carvajal establece otra relación entre sus versos y los de Soto de Rojas al indicar conexiones dentro de la misma obra del poeta áureo. Las primeras estrofas nos remiten directamente al primer poema de la serie:

> Rumor de fuente.
> Palabras, nunca.
> Palabras, siempre.
> Claro de luna.
>
> Rumor de arroyos,
> palabras vivas.
> Palabras, ojos.
> Fragor de espinas. (*Servidumbre*, p. 21)

Y esta coherencia interna, esta coherencia de colección nos recuerda que *Desengaño de amor en rimas* de Soto de Rojas fue concebido como un tipo de *canzoniere* petrarquista en el que cada poema tenía su lugar en relación con los poemas que le circundaban.[35] Antonio Carvajal no sólo extrae los versos que le interesan de *Desengaño de amor*, sino que es un buen conocedor y lector de toda la colección. Esto lo vemos también en la manera en que glosa los versos de Soto de Rojas. No los saca al azar sin tener en cuenta su colocación original y lo que significa el poema entero. El madrigal 'Metamorfosi corazón mariposa en Fénix' de Soto de Rojas contiene referencias a fuego y luz y a lágrimas. También la glosa de Carvajal: 'Fragor de espinas', 'Claro de luna', 'lágrima nítida'. Incluso es posible que haya un tipo de referencia implícita a la mariposa en la repetición de las frases '**mar** de alegría! / **Mar** de la vida'.[36] Al final del poema, el verso glosado vuelve, sutilmente transformado:

> Mar de la vida
> que nos consume
> palabra, espina,
> surco y costumbre. (*Servidumbre*, p. 22)

Y el poema termina algo más positivamente:

> Rumor de fuente,
> nunca palabras.
> ¡Palabras siempre!
> Luna en el agua.

Igual que había terminado el madrigal de Soto de Rojas:

> pues muere mariposa
> y Fénix resucita generosa.

La muerte de la mariposa es seguida por la resucitación de la querida Fénix o de la Fénix, pájaro mítico que renacía de sus propias cenizas. De la misma manera, quizá, Carvajal renacerá de las cenizas de su desengaño, y lo hará mediante una imagen muy lorquiana: la de la luna reflejada en el agua, que recuerda varios de los romances del *Romancero gitano*.

Un buen ejemplo de cómo Carvajal reelabora sus originales sin perder de vista el poema entero de Soto de Rojas lo tenemos en la mudanza sobre 'Antes vestirse de la luz pretende' (I, 46). Lo primero que hace es cambiar ligeramente el verso para que se lea:

> Vestirse de luz pretenden;
> no de hierro, no de seda,
> que sus combates son otros
> y otras sus galas y fiestas. (*Servidumbre*, p. 28)

Luego, mantiene esta estructura poética en las dos siguientes estrofas –'Vestirse de luz pretenden; / no de hielo ni estameña', 'Vestirse de luz pretenden; no de música ni estrella'– para cambiarlo de nuevo en la última estrofa:

> Vestirse de luz, vestirse
> de luz. Y en la boca llevan
> una esperanza: «¡Mañana!»
> Vestidos de luz se acercan.

El soneto de Soto de Rojas, como indica su título 'Especifica su vista', trata el tema de la vista, los ojos y los rayos que destellan, 'el sol claro' de la amada que el poeta amante, como otra mariposa, no puede resistir: 'No puede resistir de mi sol claro / el poderoso rayo, que la ofende'.[37] El romance (en é-a) de Carvajal evidentemente no trata este tema. Pero, a pesar de eso, mantiene algo del vocabulario del original, en especial la referencia a rayos, y con ella la frase 'que quieren ser rayos vivos / crepitantes y en tierra', que nos recuerda *el fuego, el rayo puro, el poderoso rayo* del soneto áureo. Sin embargo, teniendo en cuenta que unos poemas antes ('Ha de perder la vida y costumbre') Carvajal había glosado un verso del madrigal 'Metamorfosi corazón mariposa en Fénix', que trata el tema de la mariposa y su muerte en la lumbre de la amada, es más que probable que, como sabía que el soneto 'Especifica su vista' de Soto de Rojas, de donde procede su verso 'Vestirse de luz pretenden', versaba sobre el mismo tema, la esperanza expresada al final del poema –'Y en la boca llevan / una esperanza: «¡Mañana!» / Vestidos de luz se acercan'– sea más bien ambigua.

La mudanza sobre 'Hasta ver de tu sol su luz a solas', por el contrario, sigue muy de cerca el original, el soneto 'Al pensamiento' (I, 7). Éste se basa en el mito de Ícaro, el joven que se acercó demasiado al sol, cuyo calor derritió la cera de sus alas causando su caída a la tierra y su muerte. En el Siglo de Oro era, junto con el mito de Faetonte, imagen del atrevimiento, del ímpetu juvenil que no escucha ni hace caso de los sabios consejos de los mayores, y deriva de una larga tradición española e italiana.[38] Soto de Rojas compara sus pensamientos con Ícaro: son igualmente atrevidos y vuelan lejos, muy lejos hacia el sol que es Fénix. Pero aunque tiene por delante el fin de Ícaro como ejemplo a evitar, y reconoce que sus pensamientos deberían volver a la tierra 'que es tu asiento', el poeta no hace caso; al contrario, urge a sus pensamiento a volar más alto:

> Pero sube, camina, no repares,
> rompa tu fuerza los contrarios vientos,
> hasta ver de tu sol su luz a solas…

Todo esto lo recoge Carvajal en su magistral recreación de este soneto. Las dos primeras estrofas siguen un mismo ritmo: cada cosa negativa tiene su lado positivo o bueno:

> Cada noche que se inicia
> tiene en su seno la aurora;
> cada nido, su calor;
> cada trigal, su amapola;
> […]
> y cada beso futuro
> un jazmín en la memoria.   (*Servidumbre*, p. 29)

Si todo es así, entonces, dice:

> Sé noche, nido, trigal,
> beso, jazmín y memoria,
> pero sé también el ángel
> que se levanta en la aurora
> y asciende al cielo hasta ver
> de tu sol su luz a solas.

No sólo ha conseguido meter un verso endecasílabo en un poema en octosílabos, sino que ha recreado al mismo tiempo el estilo iterativo del original: 'pero sube, camina, no repares, / rompa' se convierte en 'sé noche, nido, trigal, / beso, jazmín y memoria'. Como ha señalado Baehr, con respecto a las leyes internas de la glosa: 'En la glosa, la cita del texto tiene que pasar a formar parte del cuerpo estrófico mismo, tanto en lo que respecta al sentido, como a la sintaxis y a la rima, de una manera más perfecta y orgánica que en las demás poesías de estribillo y cita'.[39]

La segunda parte del poema de Carvajal, una décima (ABBAACCDDC), sigue aún más de cerca el original. Los primeros versos son casi iguales que los versos 9 y 10 del soneto:

> Sube más, crece, no temas,
> aspira, no desconfíes…   (*Servidumbre*, p. 30)

> pero sube, camina, no repares,
> rompa…

El resto de la estrofa recoge las ideas y vocabulario del segundo terceto:

> que, si muerto cual Ícaro bajares,

>   nombre darás al mar de mis tormentos
>   y eterna vivirás entre sus olas.

que en Carvajal deviene:

>   Sube más, crece, no temas,
>   aspira, no desconfíes;
>   serán rojos alhelíes
>   las apenas blancas gemas.
>   No te importe si te quemas;
>   no te seduzcan las olas
>   del mudable mar. Si inmolas
>   en vuelo todo tu ser,
>   sube más, sube, hasta ver
>   de tu sol su luz a solas.

Merece la pena recordar que Ovidio celebra la transformación de Ícaro en el mar que lleva su nombre en su célebre libro *Metamorfosis* o *transformaciones*.[40] Las mudanzas de Carvajal tienen esta característica de las transformaciones o metamorfosis de Ovidio: el original se convierte o se transforma en otra cosa que sin embargo retiene la esencia del original.

La última de las mudanzas de *Servidumbre de paso* glosa el verso 'De mis cenizas nacerán memorias' del Soneto 'Por su inquietud, amenaza al Amor' (I, 49). El poema de Soto de Rojas es un amargo ataque al Amor, el niño que tanto le hace sufrir:

>   No más, rapaz Amor, espera un poco;
>   déjame respirar, que estoy cansado…

Todo el soneto es una queja contra la arbitrariedad del amor, subrayada por el vocabulario empleado: loco, sacrificio, esclavo, herrado, cadenas, crueldades, muerte. El soneto termina con el poeta deseando su muerte para que de sus cenizas nazcan memorias:

>   Dame la muerte, honor de tus historias,
>   dame la muerte pues, que en ella crecen:
>   de mis cenizas nacerán memorias.

Cada estrofa del poema de Carvajal termina con el verso glosado, convertido en 'árbol será mi memoria / nacido de mis cenizas'. Pero Carvajal utiliza el verso, no para quejarse, sino para regocijarse en la alegría que siente: '–¡oh, qué rombo de alegría!–' dirá en la última estrofa. Hemos dejado atrás las dudas de los primeros poemas de la serie; la esperanza, que era entonces sola una cosa tenue, se ha convertido en algo más sustancial, algo que hemos podido constatar por los mismos versos glosados. Hay como una progresión desde lo negativo hasta lo positivo en los mismos títulos, desde '…eres de nieve…' y 'Un corazón de pedernal labrado' (imágenes tradicionales de la poesía áurea para expresar el corazón duro de la amada), hasta títulos como 'Hasta ver de tu sol su luz a solas', 'Una señal de luz…'. Este nuevo optimismo se expresa, cómo no, en imágenes de Soto de Rojas, en particular el jilguero (pájaro asociado con Fénix):

> Fuera de mí, ya tan tuyo
> –¡oh, qué rombo de alegría!–,
> tendré alondras y jilgueros
> y una rosa sin espinas
> y árbol será mi memoria
> nacido de mis cenizas. (*Servidumbre*, p. 33)

Noticia de septiembre sigue el barroquismo de *Servidumbre de paso* y una deliberada estructura conceptista. Daremos solamente los títulos de las distintas secciones en que se divide: 'Para siempre (Meditación y fuga)', '3 Variaciones y 1 Contera', 'Variaciones de soledad y esperanza', 'Seis Nocturnos (Mudanzas sobre temas del «Desengaño de amor en Rimas» de don Pedro Soto de Rojas)', 'Aldaba de noviembre', 'Dedicatorias', y 'Columbario de estío'. La colección se abre con una cita de Elena Martín Vivaldi: 'O ese olor, ese aroma, que sube de la tierra / tras la lluvia, / noticia de setiembre' (*Noticia*, p. 6), cita que da el nombre al libro y establece también la sensación de una tradición poética que subyace los poemas del libro, sensación aumentada con el segundo poema que es una glosa sobre el verso 'Crece a medida de la edad la pena', del soneto 'A la memoria de la muerte', de otro poeta barroco andaluz, Luis Carrillo y Sotomayor.[41] Carvajal le da la vuelta al verso convirtiéndolo de afirmación en pregunta retórica:

> ¿Crece a medida de la edad la pena
> o mengua con los años la alegría?[42]

Las *Variaciones de soledad y esperanza* nos recuerdan fuertemente las mudanzas sobre Soto de Rojas de *Servidumbre de paso*, sobre todo el énfasis puesto en la esperanza, aquí más explícita, como en el siguiente poema:

> Porque aún en la noche
> la claridad
> rompe cualquier muralla
> de soledad,
> no se me alcanza
> que haya quien ha perdido
> toda esperanza. (*Noticia*, p. 24)

Sin embargo, si creyéramos que estos poemas iban a actuar como prólogo o introducción a los *Seis Nocturnos*, estaríamos muy equivocados. Puede que las glosas o mudanzas de *Servidumbre de paso* acabasen de manera positiva, pero las glosas de *Noticia de septiembre* nos devuelven al mismo mundo de desengaño y desilusión donde habíamos empezado, pero ahora con más amargura y más carga social.

El primer nocturno glosa el verso 'Tú, preso estás; yo, preso' del madrigal 'Silguero en junta y ventana de Fénix' (I, 35). Es tal vez este poema la mejor y más fiel transformación que hace Carvajal de un poema de Soto de Rojas: como el original, es un madrigal de 13 versos, mezcla de heptasílabos y endecasílabos; no mantiene el mismo esquema de rimas asonantes, pero tampoco se aleja demasiado. El tema del madrigal de Soto de Rojas es la comparación que hace entre la vida del jilguero de Fénix, preso en una jaula, y la suya, encadenado como está a ella; ambos cantan sus penas, pero con una diferencia:

> En lo que es diferente
> nuestro estado presente
> es en que tú, Silguero,
> vives cantando, y yo, cantando, muero.

El madrigal de Carvajal también establece una diferencia entre la voz o persona que habla y la que escucha:

> «¿Preso yo?». Y te sonríes.
> En sol, en flor, en gozo, te deslíes,
> te mueves a tu antojo;
> mas pronto necesitas
> esto y eso y aquello
> –bien porque es útil, bien porque es tan bello–
> y, lo mismo que yo, ya estás atado,
> controlado, comprado,
> inocente tal vez de tus prisiones. (*Noticia*, p. 29)

Aquí la prisión es la de la vida moderna y su consumismo que nos encadena a todos, aunque no nos demos cuenta de ello: 'inocente tal vez de tus prisiones'. Con una preciosa rima, Carvajal remata el poema:

> inocente tal vez de tus prisiones.
> No te hagas ilusiones
> y tu primero afán y lucha sea
> romper los altos muros de violencia
> de esa cárcel sutil llamada idea.

Como el jilguero de Soto de Rojas, todos estamos atrapados en 'esa cárcel sutil llamada idea'. Estamos ante uno de los poemas más abiertamente críticos de Carvajal, con fuertes matices socio-políticos. Como ha dicho Tortosa Linde: 'El madrigal de Soto de Rojas es una bella composición amorosa […] el de Carvajal es un poema en que se denuncia la "cárcel de las ideologías", y en donde la frustración amorosa se ha sustituido por un concepto de la libertad, muy de avanzada política y con ciertos tintes existencialistas'.[43]

El siguiente poema mantiene esta línea negativa, aunque esta vez es más bien de apatía. La glosa 'que está mi suerte / en apurarle la ponzoña al vaso' son los últimos versos del soneto 'Dijo Fénix que no le hacía bien ni mal' (I, 33), soneto muy amargo en que el poeta amante, harto de tanta indiferencia, pide a Fénix que le dé veneno:

> Dadme veneno, dadme, que me abraso.
> No beba alguno dél, que está mi suerte
> en apurarle la ponzoña del vaso.

Carvajal recoge la fuerza de la petición en los primeros versos de su poema:

> Beberé este veneno.
> No me digas su nombre: Algas de la pereza.
> Un centello tibio, como floración de labios
> antes besados nunca. Nunca. Y alas.
> Hasta la última orilla. (*Noticia*, p. 30)

De esta transformación o mudanza Tortosa Linde ha dicho:

> se parafrasea el soneto *Dijo Fénix que no le haría bien, ni mal*, pero con tanta libertad, con tan poco énfasis en la pasión amorosa, frente al encendimiento del modelo, que si Carvajal no lo hubiera declarado no hubiéramos podido reconocerlo; antes bien, habríamos pensado en un

Sócrates condenado a muerte o en cualquier otro precedente antiguo sin relación alguna con el poeta barroco granadino.[44]

Nos parece un juicio demasiado severo, que no tiene en cuenta todo el soneto de Soto de Rojas, puesto que Carvajal ha conseguido insertar en su poema no sólo la apatía del título 'que no le hacía ni bien, ni mal', más la muerte que produce el veneno:

> Mas ¿qué veneno hubiere y me matare
> si morir, sonreír, ya no es astro ni espejo?

que recuerdan los versos:

> Que aunque es bastante para darme muerte,
> el que a todos hacéis, mirando acaso,
> quiero morir por vos de mal más fuerte.

El siguiente poema 'dame escudo invencible de paciencia', último verso del madrigal 'O socorro de paciencia, o se rinde' (I, 54), es otro poema de tono negativo y con tintes socio-políticos muy evidentes:

> y brindo por el olvido de otros días pasados
> que plantean, tenaces, una lucha sin tregua.
> Escudo de paciencia para un presente torpe
> cada vez más tendido con pedigüeña mano,
> casi ya desnutrido de luz y luz futuras:
> Paciencia, pobre prójimo, que el mañana aún no es tuyo. (*Noticia*, p. 31)

Lo verdadero interesante de este poema, sin embargo, estriba en el juego de complicidades que Carvajal establece con el lector, ya que recorriendo todo el poema, pero sin glosar, es el verso clave del madrigal de Soto de Rojas:

> Hoy la esperanza que sirvió de escudo
> cayó de un golpe agudo.
> Si quies más resistencia,
> dame escudo invencible de paciencia.

La esperanza que había sostenido al poeta en *Servidumbre de paso*, que había servido como su escudo contra el mundo, ha caído 'de un golpe agudo', y en su lugar Carvajal pide ahora un escudo 'invencible de paciencia'. A menudo las 'mudanzas' de Antonio Carvajal se basan, no en los versos señalados, sino en otros escondidos en su texto pero presentes en el de Soto de Rojas. Si Carvajal es un lector muy atento de Soto de Rojas, nosotros tenemos que ser lectores igualmente atentos de su obra si queremos percatar estos ecos.

Según Tortosa Linde, 'Mudanza en Carvajal es equivalente de paráfrasis. Pero tal paráfrasis no tiene unos caracteres precisos, supone una libertad total en el empleo de los préstamos –temas, motivos, motes–, y el poema resultante no tiene por qué parecerse en nada a la fuente de inspiración…'.[45] Como espero haber demostrado, esta afirmación va demasiado lejos en cuanto que niega una posible o, incluso, necesaria relación entre 'el poema resultante' y 'la fuente de inspiración'. Esta relación no tiene por qué ser evidente a primera vista; a menudo, el verso o versos glosados pueden, o incluso tienen la función de, despistar al lector poco exigente. Y eso es así porque las 'mudanzas' de Carvajal son más que paráfrasis, son verdaderas transformaciones o metamorfosis en que el texto o textos de Soto de Rojas entran en un diálogo vivo y dinámico con los textos de Carvajal, igual que los de Soto de Rojas hacían con sus precursores: 'Reiteradamente observamos en las *Rimas* una propensión a la síntesis, a la incorporación de fuentes variadas para crear un poema nuevo que revele la capacidad de autorrenovación de la poesía. Las diferencias temporales son suspendidas por la fuerza del lenguaje que combina y recombina'.[46] Que esto es lo que pasa en la poesía de Antonio Carvajal, lo ha puesto de manifiesto Antonio Chicharro:

> la actitud del poeta con respecto a su propia tradición no es la de caer en imitaciones puramente externas de la misma, sino que, por el contrario, trata de incorporar renovadoramente determinados modelos poéticos en lo que supone la concepción misma del poema. Cabría, pues, explicar el barroquismo atribuido a su poesía en el sentido de una concepción de la poesía como el resultado de un esfuerzo creador en el que se aúnan sentimiento e inteligencia para, mediante una elaboración minuciosa en todos los planos creadores, producir determinados efectos de belleza, contando con el inmenso legado de la tradición, no sólo barroca…[47]

Si consideramos los significados que tenía la palabra 'mudanza' en el Siglo de Oro, es evidente que Carvajal los tenía muy en cuenta cuando denominó 'mudanzas' a estos poemas de *Servidumbre de paso* y *Noticia de septiembre*:

1º: La alteración esencial o transformación accidental de una cosa en otra.
2º: La variación del estado que tienen las cosas, pasando a otro diferente en lo físico o lo moral.
3º: El movimiento que se hace para pasar de un lugar a otro, trocando el uno

por el otro.
4°: Cierto número de movimientos que se hace en los bailes y danzas.
5°: La inconstancia o variedad de los afectos y dictámenes.[48]

En su distinta manera, todos los significados dados describen bien las situaciones que encontramos en estos poemas de Carvajal: transformación, variación, movimiento físico, movimiento musical, variedad o inconstancia. Llamarlas paráfrasis es darles una denominación demasiado restringida, demasiado estrecha para los propósitos poéticos y temáticos de Carvajal.

Desengaño de amor en rimas es un cancionero amoroso petrarquista, en que el poeta-amante canta sus penas, sus 'tristes quejas' (I, 1), y explica el curso o *peregrinatio* de su vida,[49] como leemos en el *Proemio* de Soto de Rojas: 'Será también la voz de mi instrumento, / en el proceso de mi edad testigo' (vv. 5-6): la voz como testigo de una vida vivida, las palabras, los escritos que 'fuegos de amor abrasan' (v. 14). Las mudanzas carvajalianas sobre temas de Soto de Rojas tienen el mismo propósito: las palabras, la voz del poeta que, como Soto de Rojas, la dilata al viento (el mismo aire de que se hacen las palabras), el silencio. Es muy a propósito, por tanto, que la última glosa de *Noticia de septiembre* verse sobre este tema en su 'mudanza' de la frase 'antorcha escura' (del soneto 'Al alma ciega' (I, 52)):

> Insigne antorcha oscura pues su nombre es incierto,
> un día, sobre todas las huellas de la luna,
> pudo guiar mis pasos a una paz no turbada,
> a un pecho donde fluye mi sangre como ajena.
>
> Y declarar mi nombre a otro nombre mezclado:
> Belleza del silencio si las palabras sobran.   (*Noticia*, p. 35)[50]

En una reseña de 1981, Ignacio Prat llamó a Antonio Carvajal *il miglior fabbro* de la poesía española contemporánea, frase que, aparte de hacer historia, resume mejor que ninguna el contexto poético, la tradición literaria en la que trabaja nuestro poeta.[51] El origen de esta definición se encuentra en la obra de Dante Alighieri, en un verso que se refiere al trovador Arnaut Daniel, cuando lo llama: 'miglior fabbro del parlar materno'.[52] Con esto, Dante quería recordar cómo Arnaut Daniel utilizaba en sus poemas términos como 'forjar' o 'limar', tomados del lenguaje de los *fabbri*, de los 'artesanos', para expresar la creación poética. En un soneto reciente, Carvajal ha recogido este reto y lo ha incorporado en los propios versos del poema:

> Quizá de la poesía sea yo el mejor obrero.
> Lo dicen tantos. Ellos deben saber por qué.
> Pero no saben darme la palabra que quiero,
> toda ella encendida de esperanza y de fe.
>
> Pero no saben darme el abrazo que espero;
> porque antes que poeta, antes que artista, que
> domador del vocablo rebelde, hubo un certero
> rayo que hirió mi alma y curarla no sé.
>
> Porque antes que poeta, y antes que profesor
> de vanidades, soy un varón de dolor,
> un triste peregrino que busca su alegría.
>
> Tal vez cordial o vano, tal vez *il miglior fabbro*;
> pero pocos entienden que en mis palabras labra
> esa fosa con flores que llamamos poesía.[53]

El soneto se abre con la referencia al 'mejor obrero' y termina con otra a '*il miglior fabbro*', pero, entretanto, Carvajal introduce referencias a otros poetas que han labrado como él las palabras.[54] De éstos el más destacado es Gustavo Adolfo Bécquer, cuya *Rima I* aparece citada en el segundo cuarteto: la frase 'domador del vocablo rebelde' (v. 7) es una referencia directa a 'Yo quisiera escribirlo, del hombre / domando el rebelde, mezquino idioma, / con palabras ...' (*Rima I*, vv. 5-7).[55] Pero tampoco podía faltar Soto de Rojas, presente en la frase 'triste peregrino' del verso 11.

Y es que el diálogo con Soto de Rojas ha marcado toda la obra poética de Antonio Carvajal, desde *Tigres en el jardín* (1968) y su alusión a una célebre obra del granadino:

> Hay en cueva de nata paladar de paloma
> y en jardines cerrados para el sol que declina
> paraísos abiertos del tacto y del aroma.[56]

pasando por *Siesta en el mirador* (1979) y *Sitio de Ballesteros* (1981),[57] hasta las dos colecciones que hemos comentado en este trabajo: *Servidumbre de paso* y *Noticia de septiembre*. Al poner delante de un público moderno la poesía de este poeta barroco tan olvidado, Carvajal ha hecho no sólo una labor de rescate sino que nos ha recordado muy oportunamente la existencia de una tradición barroca andaluza de que formaban parte Pedro Soto de Rojas, Pedro Espinosa, Luis Carrillo y Sotomayor y Luis de Góngora, todos poetas incorporados o transformados en la poesía de Carvajal, y en que ahora se ha inscrito el propio Antonio Carvajal.

En el poema que da nombre a la colección *Noticia de septiembre*, Carvajal dejó, sin despejar, la siguiente duda:

> Nunca sabremos quién nuestra cosecha
> recogerá mañana:
> Si los que hicimos de la lluvia siembra,
> si los que hicimos de la edad mortaja. (*Noticia*, p. 11)

Puede (en palabras, de nuevo, de Tortosa Linde) que sea 'la obra de Antonio Carvajal, en una parte muy significativa, un gran homenaje a Soto de Rojas',[58] pero también podría ser que la obra de Soto de Rojas fuese, de una manera premonitoria y *avant la lettre*, un 'gran homenaje' a la obra de Antonio Carvajal, el poeta que sí ha hecho 'de la lluvia siembra'.

NOTAS

1 Rudolf Baehr, *Manual de versificación española* (Madrid: Gredos, 1981), pp. 330 y 331-32. Sobre la glosa, véase también Hans Janner, 'La glosa española: estudio histórico de su métrica y de sus temas', *Revista de Filología Española*, 27 (1943), 181-232.

2 'Tout texte se construit comme mosaïque de citations, tout texte est absorption et transformation d'un autre texte. A la place de la notion d'intersubjectivité s'installe celle d'intertextualité, et le langage poétique se lit, au moins, comme *double*' (Julia Kristeva, *Semeiotiké: Recherches por une sémanalyse* (París: Seuil, 1969), p. 146).

3 Véase Gérard Genette, *Palimpsestes: la littérature au second degré* (París: Seuil, 1982).

4 Como apunta Baehr. 'Las rimas del texto han de ser de tal manera que permitan al poeta encontrar luego el suficiente número de rimas para la glosa; y lo más común es que sean cuatro. De ahí que las rimas difíciles sirvan de piedra de toque para probar la técnica consumada del glosador' (*Manual de versificación*, p. 333).

5 Poema CXIV en D. Diego de Silva y Mendoza, conde de Salinas, *Antología poética 1564-1630*, edición de T. J. Dadson (Madrid: Visor, 1985), p. 189.

6 Para estos poemas, véase Gabriel Bocángel y Unzueta, *Obras completas*, edición crítica con introducción y notas de T. J. Dadson, 2 vols (Madrid: Universidad de Navarra/Iberoamericana/ Vervuert, 2000), poemas números 171, 172, 61, 62, y 64.

7 Es el último verso del soneto 'Lisis, por duplicado ardiente Sirio': 'Lo que conozco y no lo que poseo / sigo, sin presumir méritos, cuando / prefiero a lo que miro lo que creo' (Francisco de Quevedo, *Obras completas. I. Poesía original*, edición de J. M. Blecua (Barcelona: Planeta, 1974), p. 520, poema 484).

8 Nótese cómo Castaño mantiene la misma rima del original, al rimar 'creo' con 'deseo', y cómo introduce otro referente intertextual con la alusión a Luis Cernuda

y su libro de poesía *La realidad y el deseo* (Castaño, *Breve esplendor*, p. 11).
9 Para más sobre esta adaptación, y de hecho sobre la influencia de Garcilaso en la obra de Francisco Castaño, véase T. J. Dadson, 'Garcilaso y la poesía española de finales del siglo XX', [en prensa].
10 F. Castaño, *El decorado y la naturaleza* (Madrid: Hiperión, 1987), p. 97.
11 Quevedo, *Obras completas*, p. 504, poema 461.
12 Como ha dicho Celia Fernández: 'En efecto, el libro se inserta en la tradición poética del lenguaje amoroso, afirmando de paso cómo la experiencia del amor está inevitablemente contaminada de la imaginería poética destilada a través de los siglos (y es que quizá es aquí donde la vida más le ha copiado a la literatura)' ('El amor como escritura de una pasión que da el conocimiento', *Ínsula*, 541 (1992), p. 16).
13 F. Castaño, *Fragmentos de un discurso enamorado* (Madrid: Hiperión, 1990), p. 33.
14 San Juan de la Cruz, *Poesía*, ed. de Domingo Ynduráin (Madrid: Cátedra, 1983), p. 249. Es interesante notar que hacia los mismos años, 1990, Guillermo Carnero también glosaba este verso, en su poema 'Razón de amor': 'deseo embellecido y abreviado / sin la presencia mas con la figura' (*Divisibilidad indefinida* (Sevilla: Renacimiento, 1990), p. 43).
15 Castaño ha escrito uno de los pocos estudios críticos de la obra de Antonio Carvajal: 'Don de la gallardía (Notas a la poesía de Antonio Carvajal)', *Pliegos de Poesía Hiperión*, I (1985), pp. 49-64.
16 Ignacio Prat, 'Sobre "Siesta en el mirador"', *Ínsula*, enero 1981 (recogido en A. Carvajal, *Extravagante jerarquía (Poesía 1968-1981)* (Madrid: Hiperión, 1983), p. 306).
17 Olympia González señala que García Lorca, que de Soto de Rojas sólo conocía el *Paraíso cerrado para muchos, jardines abiertos para pocos*, pero quien lo 'encuadra dentro del ambiente granadino', veía en Soto de Rojas 'un seguidor de una poesía "pura y abstracta", pero concentrada en el jardín' (*Mirtos frescos y deleitosa nave: La poesía de Pedro Soto de Rojas* (Madrid: Orígenes, 1992), p. 15), y nos recuerda que Lorca dio una conferencia sobre el *Paraíso cerrado para muchos* de Soto de Rojas.
18 Francisco J. Díaz de Castro, 'Antonio Carvajal: *Testimonio de invierno* y *Miradas sobre el agua*', en *Poesía española contemporánea: catorce ensayos críticos* (Málaga: Universidad de Málaga, 1997), pp. 251-72 (252).
19 De ahora en adelante, las citas a los poemas de Carvajal se harán mediante estas tres ediciones: *Servidumbre*, *Noticia*, *Del viento*, con la página correspondiente.
20 I-J. López, 'Entre dos lecturas: *Del viento en los jazmines* de Antonio Carvajal', *Revista Canadiense de Estudios Hispánicos*, 13 (1989), 215-29 (220).
21 Cfr. I-J. López: 'el poeta concluye por establecer la necesidad de regresar a la tradición, enunciada como pasado y futuro a la vez […], regreso en fin que es enunciado en función de los signos de la poesía tradicional – el pastor lírico renacentista, las perlas barrocas, el labio como grana romántica, el cisne modernista, el álamo de Machado, la rosa de Juan Ramón' ('Entre dos lecturas', p. 218).
22 Pedro Mexía, *Libro llamado silva de varia lección … en el cual a manera de Silva … se tratan por capítulos muchas y muy diversas materias*, Sevilla, Domenico de Robertis, 1540 (1ª edición).

23 D. Tortosa Linde, 'La huella de Soto de Rojas en un poeta actual', en *Al Ave el Vuelo. Estudios sobre la obra de Soto de Rojas* (Granada: Universidad de Granada, 1984), pp. 158-67.
24 Reseña de Miguel García-Posada de *Servidumbre de paso* en *ABC*, Madrid, 24 de diciembre de 1983.
25 Jesús Gómez, 'Pedro Soto de Rojas y Giambattista Gelli en el prólogo al *Desengaño de amor en rimas*', *Criticón*, 38 (1987), 45-56 (54).
26 Como ha observado Francisco Castaño: 'La amistad, unida a la lectura cómplice de Soto de Rojas, que traerá de su mano otras lecturas, está en el origen de esta penúltima entrega de Antonio Carvajal, *Servidumbre de paso*' ('Don de la gallardía', p. 62). Para algunas de estas lecturas, véanse Gregorio Cabello Porras, 'Significación y permanencia de Horacio y Tibulo en el *Desengaño de amor en rimas* de Pedro Soto de Rojas', *Castilla*, 11 (1986), 81-110, y Antonio Gallego Morell, *Estudios sobre poesía española del primer Siglo de Oro* (Madrid: Ínsula, 1970), p. 171 (para Virgilio y Ovidio).
27 Antonio Gallego Morell (ed.), *Obras de Don Pedro Soto de Rojas* (Madrid: C.S.I.C., Biblioteca de Antiguos Libros Hispánicos, 1950), p. 25.
28 Gregorio Cabello Porras, 'Significación y permanencia del *Canzoniere* de Petrarca en el *Desengaño de amor en rimas* de Pedro Soto de Rojas', *RICUS (Filología)*, IX (1985), 41-69 (43).
29 Antonio Gallego Morell (ed.), *Obras de Don Pedro Soto de Rojas*, p. 47. Todas las citas de Soto de Rojas proceden de esta edición y se indican por la forma: I (=Primera Parte) más número del poema.
30 Sobre esta imitación, véase Cabello Porras, 'Significación y permanencia', pp. 52-56.
31 I-J. López, 'Entre dos lecturas', p. 216.
32 Federico García Lorca, *Sonetos del amor oscuro. Poemas de amor y erotismo. Inéditos de madurez*, Ilustraciones de Josep María Subirachs, Epílogo de Jorge Guillén (Barcelona: Ediciones Áltera, 1995), p. 25.
33 F. García Lorca, *Bodas de sangre*, Acto III, Cuadro Primero.
34 Como ha señalado Tortosa Linde, 'El verso de Soto de Rojas ya es una *variatio* sobre el verso 142 de la Égloga II de Garcilaso: 'qu'el mal comunicado se mejora', con el que se continúa la cadena transmisora con un nuevo eslabón, y Carvajal demuestra así su voluntad de establecer en su obra una efectiva "servidumbre de paso"' ('La huella de Soto de Rojas', pp. 165-66).
35 Cfr. A. Prieto, 'El *Desengaño de amor en rimas* de Soto de Rojas como cancionero petrarquista', en *Serta Philologica Lázaro Carreter*, II (Madrid, 1983), pp. 403-12, y Cabello Porras, 'Significación y permanencia del *Canzoniere* de Petrarca en el *Desengaño de amor en rimas* de Pedro Soto de Rojas'.
36 Semejante alusión fónica establecería otro lazo con la poesía de Soto de Rojas, que también la practicaba. En el segundo cuarteto de su soneto 'Especifica su vista', Soto de Rojas describe la mariposa que se acerca peligrosamente a la luz, donde encontrará su muerte, pero sin mencionarla por su nombre, sino por la alusión fónica del verso 8: 'Otra (regida mal, bien deseosa / de alegrarse en la luz), que al fuego asiste / y hasta que de su muerte en él se viste / (desta especie es mi vista),

no reposa' (I, 46, vv. 4-8): noreposa > mariposa.
37 Como ha demostrado Cabello Porras, el soneto de Soto de Rojas es otra imitación de Petrarca, del soneto XIX 'Son animali al modo de sì altèra' ('Significación y permanencia', pp. 56-60).
38 Como ha demostrado J.-Graciliano González Miguel (*Presencia napolitana en el Siglo de Oro español. Luigi Tansillo (1510-1568)* (Salamanca: Universidad de Salamanca, 1979), p. 126), el soneto de Soto de Rojas, como otros tantos de sus contemporáneos, deriva de uno muy célebre de Luigi Tansillo: 'Amor m'impenna l'ale, e tanto in alto'. La imitación se nota especialmente en el verso 13 del soneto del granadino: 'nombre darás al mar de mis tormentos', que en Tansillo es 'dié nome eterno al mar col suo morire' (v. 10).
39 Baehr, *Manual de versificación*, p. 331.
40 Así se titulaba la traducción hecha por Pedro Sánchez de Viana de la obra de Ovidio: *Las transformaciones de Ovidio*, Valladolid, Diego Fernández de Córdoba, 1589.
41 Luis Carrillo y Sotomayor, *Poesías completas*, ed. de Angelina Costa (Madrid: Cátedra, 1984), p. 110, Soneto 48.
42 Merece la pena señalar que el segundo cuarteto del soneto de Carvajal es una glosa del conocido verso de Quevedo 'Cerrar podrá mis ojos la postrera / sombra que me llevare el blanco día' (Quevedo, *Obras completas*, p. 511, poema 472): 'Pero la noche acecha y con cadena / tenaz ata los límites del día; / quien cerrare los ojos no podría / saberse a salvo con la aurora plena' (*Noticia de septiembre*, p. 10).
43 Tortosa Linde, 'La huella de Soto de Rojas', p. 164.
44 Tortosa Linde, 'La huella de Soto de Rojas', p. 164.
45 Tortosa Linde, 'La huella de Soto de Rojas', p. 163.
46 O. González, *Mirtos frescos y deleitosa nave*, p. 39.
47 Antonio Chicharro, *Estudio previo* a Antonio Carvajal, *Una perdida estrella. Antología* (Madrid: Hiperión, 1999), pp. 7-70 (47).
48 Definiciones del *Diccionario de Autoridades* de la Real Academia Española.
49 Sobre este aspecto del *Desengaño de amor en rimas*, véase Gregorio Cabello Porras, 'El motivo de la *Peregrinatio* en Soto de Rojas: sumarización ejemplar de un itinerario en la vida y en la literatura', *Analecta Malacitana*, X (1987), 81-106 y 272-318.
50 Olympia González señala en Soto de Rojas 'la propiedad del lenguaje para evocar, recordando al mismo tiempo sus limitaciones y su inevitable disolución en el silencio' (*Mirtos frescos y deleitosa nave*, p. 17).
51 'Que Antonio Carvajal sea *il miglior fabbro* entre los poetas españoles de hoy no cabe ponerlo en duda' (recogido en A. Carvajal, *Extravagante jerarquía*, p. 305).
52 Dante, *Purgatorio*, XXVI, 117.
53 Carvajal, 'Elegías, 8', de la colección *Miradas sobre el agua* (Madrid: Hiperión, 1993).
54 Aparte de la referencia muy notable a Bécquer (que comentamos seguidamente), el verso 3 del soneto parece recordar a uno de San Juan de la Cruz: 'que no saben decirme lo que quiero' (v. 30 del poema 'Canciones entre el alma y el esposo').
55 Es posible que la frase 'Tal vez cordial o vano' del verso 12 del soneto de Carvajal

venga también de la Rima de Bécquer, del verso 12 (¡notemos la simetría!): 'Pero en vano es luchar'.

56 *Extravagante jerarquía*, p. 18. Hay que recordar que el título exacto de la obra de Soto de Rojas es *Paraíso cerrado para muchos, jardines abiertos para pocos*, Granada, Imprenta Real por Baltasar de Bolívar, 1652, título a que Carvajal obviamente da la vuelta: 'jardines cerrados' 'paraísos abiertos'. Sobre este poema, véase Margarita Almela Boix, '*Retablo con imágenes de arcángeles* de Antonio Carvajal, veinte años después', *Epos*, 5 (1989), 253-70.

57 Tortosa Linde ('La huella de Soto de Rojas', p. 166) señala algunas de las imitaciones o prestaciones en estas dos obras.

58 Tortosa Linde, 'La huella de Soto de Rojas', p. 167.

10
Luis Antonio de Villena y un nuevo realismo poético

CHRIS PERRIAM
Universidad de Newcastle

> Pertenezco a las afueras, al margen,
> a la vida ágil y sucia que se escapa
> de su red de soga. En lo que a ellos
> les duele y asusta yo hallé la bondad.
> [...]
> Les irrita otra pasión, porque en la red ven
> un roto grande, y les grita el vértigo.
> Somos una espada sobre su cabeza.[1]

I

No obstante la fama que ya tenía Luis Antonio de Villena de narrador de peripecias urbanas y creador de vidas sórdidamente reales en el año 1993, al salir a la venta su poemario *Marginados*,[2] puede haber sorprendido momentáneamente a los devotos de su poesía la siguiente revelación contenida en el 'Epílogo':

> A fines de junio de 1989, recogiendo –me parece– hilos poéticos que me venían de muchos años atrás [...] me vi tratando de acercarme a una grimosa realidad que es imposible no ver, y que siento, a la par, terrible y lírica. Me vi ante un poema *social, neosocial, urbano,* da lo mismo. (*Marginados*, p. 53)

Así fue que este hijo rebelde de los años 60, ahijado y hermano de los *novísimos*, co-inventor de los *posnovísimos*,[3] moderno por antonomasia, parece haberse dado cuenta en un momento determinado de que en los entresijos de la obra estaba pululando una masa informe de sentimientos y afiliaciones algo alejados del mundo habitual suyo de paisajes exóticos, de Áfricas conceptuales, tratadistas, poetas, y adolescentes árabes, neoplatonismo, refinada homofilia, y Madrid como paraíso perverso.[4] Cediendo a una nueva tentación '[d]el placer de lo cotidiano sórdido, de la vida literalmente hablada' (*Marginados*, p. 54), en *Marginados* y en ciertos poemas claves de *Asuntos de delirio* Villena se acerca a una tradición literaria recién acuñada, la de la poética de la escuela granadina de la 'otra sentimentalidad', con su subsuelo de 'poesía de la experiencia',[5] o más bien, simplemente a la 'poesía impura', de la cual dice en 1993 que 'No me importaría que se hiciera esa conexión [...] Hay que sacar a la poesía de ciertos tópicos ilustres en los que todos nos hemos formado [...] Es hora de que la poesía intente ganar otros terrenos'.[6] Empiezan a reaparecer con cierta coherencia y persistencia en la poesía de Villena de los noventa elementos que antes se daban sólo muy de vez en cuando y casi siempre entremezclados con aquellos 'tópicos ilustres' ya referidos; se perciben algunas características fundamentales de la poesía de la escuela granadina, formuladas por el crítico norteamericano Antony Geist: 'la historicidad de los sentimientos; el arte como simulacro; y la preferencia por un lenguaje coloquial'.[7] El experimentalismo a la vez vanguardista y preciosista (en el mejor sentido de la palabra) de lo que podríamos llamar sin demasiadas deformaciones la poesía anti-realista de *Viaje a Bizancio* (1978), *Hymnica* (1979), *La muerte únicamente* (1981), e incluso *Como a lugar extraño* (1990), se convierte ahora en matizado análisis de dolores y formas de marginación psíquica, emocional, y social. Villena construye alrededor de su yo poetizado, y de las voces de los personajes de estos poemas, un lugar liminar que se solapa con nuevos territorios cuidadosamente explorados en sus trabajos críticos y antológicos – territorios en los cuales se ocupa de la 'vida ágil y sucia que se escapa / de [la] red de soga' de la hegemonía normalizadora (véase nuestro epígrafe). Son territorios politizados, espacios de compromiso, casi armas cargadas de futuro (como dijera Celaya, en otra realidad); y a la vez este suelo se nutre de viejos valores como son los de la originalidad, la creatividad, la peculiaridad privilegiada del poeta y de sus palabras. Es decir, es una tierra de contradicciones y tradiciones entrecruzadas, ya que los valores que acabamos de citar representarían nada menos que un compendio de anatemas no solamente para los viejos poetas de la línea impura de los años treinta a cincuenta, sino también para los que, en los años noventa, han acogido como tendencia dominante y prometedora una versión puesta al día de la 'poesía de la experiencia'.[8]

Este término, 'que tanta fortuna ha tenido',[9] remonta a los finales de los cincuenta y la práctica emergente de Gil de Biedma, su comentario del libro de Langbaum, *The Poetry of Experience* (de 1957), y su fuerte conexión con la poesía y ensayo de Cernuda.[10] El 'poema de la experiencia' es, para Villena:

un texto lírico escrito racionalmente: realista y figurativo [...] y con una base narrativa o anecdótica [...] escrito en un lenguaje *natural* –no sofisticado– y en tono de conversación [aunque] acept[e], incluso a menudo, sabiamente incrustado, algún término de claro cuño literario, o una metáfora esencialmente *poética*.[11]

Se prefiere la métrica tradicional, sin rimar; el tema que importa es el día a día, '[las] situaciones habituales y urbanas de un individuo cualquiera';[12] se emplea la primera persona en singular, en una narración sincopada y elíptica, algunas veces basada en un lenguaje coloquial de 'ensuciada realidad', otras veces dando paso a un discurso más meditativo y el desarrollo de 'una inclinación moral', es decir que se base en 'sentir el pensamiento y pensar el sentimiento'.[13] Las dos figuras claves aquí son, obviamente, Felipe Benítez Reyes y Luis García Montero; pero Álvaro García, Concha García, Carlos Marzal, Jorge Reichman y Roger Wolfe ofrecen ejemplos, para Villena, de una poesía que se centra en la 'intensificación del realismo' o la 'indagación de la hondura psíquica'.[14] Para Villena hay 'un riesgo muy evidente' en el 'cultivo del *buen sentido*, de lo común, de lo sensato' en ciertas manifestaciones que él llama 'hegemónicas' de esta poesía, que 'le prive del afán de búsqueda, de conocimiento y de sorpresa' (p. 31); estos poetas vienen a ser defensores de ese afán, una cohorte post-poesía de la experiencia si se quiere.

Quisiéramos explorar en estas páginas hasta qué punto las observaciones de Villena como crítico y antologista están basadas en su propia experiencia poética en los libros *Marginados* (que contiene poemas escritos entre los finales de 1989 y abril de 1993) y *Asuntos de delirio* (con poemas escritos entre finales de 1989 y, de nuevo, enero de 1996). En ambos, él se involucra en una 'intensificación del realismo'; hay una marcada atención a sórdidas realidades y percepciones poco glamorosas; existe también una 'búsqueda radical del sentimiento' (*Asuntos*, p. 39). Esta misión, en muchos de los poemas, se asocia con los protagonistas marginales representados y se proyecta hacia ellos, desconfiando de la capacidad lírica del poeta; pero también es una búsqueda de parte del yo poético de definiciones radicales de deseo y expresión, de nuevos límites al término 'delirio'. Un aspecto clave de nuestra exploración será la manera en que Villena intenta mantenerse a cierta distancia del 'riesgo muy evidente' que implica el 'cultivo del *buen sentido*, de lo común, de lo sensato' a la vez que va despojando su poesía de los oropeles e irrealidades de antaño;[15] otro aspecto será el paradójico –pero tal vez no tan sorprendente– descubrimiento de complejidades y complejos personales justo en medio de un discurso poético que se deseara relativamente objetivo y versado hacia el mundo exterior.

II

En su análisis del fenómeno de la nueva 'poesía de la experiencia', el crítico norteamericano Jonathan Mayhew ha explorado lo que él prefiere denominar una 'nueva estética conservadora en la poesía contemporánea española'.[16] Tal estética –siempre que tenga razón Mayhew en identificarla como tal– parece ir en contra del esfuerzo que hace Villena por reconciliar el vitalismo y exoticismo desafiante con el contacto con la sucia realidad y la muerte no metafísica; porque esta empresa es innovadora, casi de vanguardias, y es el modo preferido de Villena para 'romper la identificación con la sensibilidad que hemos heredado', ruptura que estaba fundamental en su día a la poesía de la otra sentimentalidad, según García Montero.[17] Mayhew ve en los escritos del poeta granadino Luis García Montero (mayormente en los ensayos críticos de éste, y en una introducción a *Poesía (1979-1987)* del gaditano Felipe Benítez Reyes), las señas de una prohibición contra la anormalidad en cuestiones de sujetividad – señas, o espíritu, de prohibición que para este crítico también existen en ciertas declaraciones de Benítez Reyes.[18] Mayhew lee a éste mediante el enfoque deliberadamente polémico y muy de su tiempo de García Montero, y tal vez arriesgue olvidarse de las múltiples ambigüedades de tono manifestadas en las intervenciones del poeta gaditano; además, por lo menos en el seudo-manifiesto original, García Montero había hablado de 'construir una sentimentalidad distinta, libre de prejuicios, exterior a la disciplina burguesa de la vida', y de 'una otra sentimentalidad distinta con la que abordar la vida', de 'la ternura' como 'forma de rebeldía',[19] enfoques en sí muy poco afines con el conservadurismo (aunque, claro está, todo depende de lo que se entiende por aquel sospechoso vocablo universalizante 'la vida').

No obstante, las referencias a la normalidad y sus exclusiones que Mayhew lee entre líneas en los escritos que analiza –y el hecho de que 'the concept of normality always, and by definition, entails a regulatory system that excludes the abnormal and the marginal'[20] ('el concepto de normalidad siempre implica, y por definición, la existencia de un sistema regulatorio que excluye lo anormal y lo marginado')– no dejan de tener interés a la hora de acercarnos a los poemas villenianos de 'la vida ágil y sucia'. Los conceptos de normalidad y exclusión son de obvia importancia para una lectura de un poemario y una poética que con los años se han mostrado tan enfáticamente marcados por la disidencia sexual (tanto como lo son por erudición, seriedad, belleza, compromiso, etc.) y que abordan tantas perspectivas cercanas a las preocupaciones de la teoría *queer*. En Villena siempre hay un empuje hacia los márgenes para allí establecer nuevas bases de poder, para rehusar todo intento de normalización, y evitar la imposición de etiquetas. Su poesía es un espacio híbrido donde sus preocupaciones novelísticas (sus 'asuntos'), sus experimentos en personificación dramática, y su entrega al placer que él llama 'delirio' – todo trabaja junto para suprimir toda demarcación genérica y estética, de escuela, método o tradición. Esta fluidez radicalizada se presta a entendimientos *queer* (por mucho que Villena en persona rechace tales etiquetas) precisamente porque se nutre de una representación de sujetividades sexualizadas, del flujo del deseo, del goce del cuerpo en contextos no heterosexuales, y de una concepción altamente sofisticada de las interconexiones entre identidad, diferencia, disposiciones pre-verbales, y la potencia del verbo.[21]

Como lo sabe todo el mundo informatizado hispanoparlante, o lo puede saber si quiere, a los treinta años de flamante rechazo de la normalidad en la obra literaria y biográfica de Villena se han sumado y superpuesto poco menos de diez años de visibilidad en la vida pública como defensor abiertamente no heterosexual de libertades cívicas, del crecimiento de una comunidad y una cultura gay y lésbica, y de una política personal siempre recelosa de la política institucionalizada e instalada (sea de izquierdas o de derechas).[22] No debería sorprendernos, pues, la paulatina introducción de la toma de conciencia del poeta como actor social. Lo que es más, él, o mejor dicho las identidades poéticas que sus textos de los años 90 encarnan, no está haciendo más que tomar un tema ya establecido en su poesía, un tema que le alinea con vanguardistas de varia índole, el de la 'repulsa hacia [la] sociedad mercantil' y del 'cultivo de los sentidos' dentro de una 'actitud vitalista'[23] que le permite declarar, 'detesto la normalidad. Y detesto a quienes han levantado el ominoso monumento a esa Normalidad, que nos lleva a todos —con los ojos vacíos— a la grisalla y a la muerte' (*Asuntos de delirio*, p. 73). Y de nuevo volvemos a un terreno marcado por la contradicción productiva: en gran número de los poemas de *Marginados* y *Asuntos de deliro* el rechazo de la normalidad requiere la indagación social y psicológica de los temas de la muerte y el sufrimiento, y Villena se ve obligado a alejarse de su antigua querencia por lugares glamorosos, de juventud, brillo, y placer para abrazarse si no a la grisalla al menos a tonalidades tristes, a verse con tragedias cotidianas. En estas páginas, envejecimientos, decepciones, y absurdidades macabras son sus 'asuntos de delirio' en igual medida que lo siguen siendo viejos temas favoritos como son el arte de la antigüedad, figuras del clasicismo, el malditismo, el 'anhelo de destrucción y lujo', y los 'ángeles desolados' (*Asuntos de delirio*, p. 23).

III

De los veintitrés poemas de *Marginados* diez son retratos de protagonistas que viven al borde de la sociedad convencional (putas, artistas sin mucho éxito, pordioseros, estetas); siete de los poemas son presentados directamente en primera persona, narrando vidas ajenas, o en soliloquio; y los seis poemas restantes presentan un sujeto de enunciación que se alinea con sus protagonistas a través de expresiones de admiración y confesiones de gustos compartidos. A menudo, el verdadero 'extranjero' o marginado en estos poemas no es tanto el protagonista presentado como actor o partícipe en el micro-drama desarrollado como la persona levemente idealizada del poeta mismo (en obvia imitación de Cernuda, de Gil de Biedma, o de Brines). En 'Mauvais Garçon' (*Marginados*, p. 47) un joven trata de impresionar a sus amigos citadinos a la vista del narrador, que se mantiene en la otra acera: el chico –se le supone guapo– tiene 'En la mano el casco de la moto, y revuelto el pelo, y la camisa fuera'. El poema da entrada a un monólogo (empezando, 'Te diría'), el cual proyecta una historia convincente y real para el joven y también le impone valores poéticos y morales que no tienen nada que ver con él pero que son más bien un compendio de valores estéticos villenianos. Por una parte, este joven es construido como un ser bastante banal, narcisista, oportunista –aunque no exento de encantos–: 'Sólo amas la imagen de tu espejo. Dejarás que te quiera, que [...] / [...] / te cubran de regalos y ofrendas merecidas'. Por otra parte se aparta de la trivialidad y venalidad urbana para verse traducido a un contexto francés y refinado (en el título) y por vía del *modernismo* (en un eco de Rubén Darío): 'esquivo poderoso / de la norma. Dominador, salvaje, sensitivo...', 'señor del viento', 'vivo contra el fluir del mundo'. El juvenil ser rubendariano iba en horcajadas del 'potro sin freno' del instinto en el primer poema de *Cantos de vida y esperanza* (donde la bella estatua contiene, como recordará el lector, un alma que es 'sentimental, sensible, sensitiva'); nuestro joven maldito madrileño está a horcajadas no solo del asiento de su moto sino entre dos mundos y dos posiciones del sujeto. Él sabe del mundo de la calle y está en control, vive el día a día urbano del cual el poeta *flâneur*-voyeurista es excluido por el prospectivo 'Te diría'; pero en su calidad de *sensitivo* este chico tiene acceso a lo trascendente, desafía la realidad (al igual que muchos de los protagonistas del Villena novelista). Thom Gunn sugiere de sus ennoblecidos e idealizados moto-ciclistas en *The Sense of Movement* (1957) 'A minute holds them, who have come to go: / The self-defined, astride the created will / They burst away', ('Un minuto les sujeta, llegados sólo para irse: / Auto-definidos, a horcajadas de la voluntad creada / Ya salen de golpe'). El 'Te diría' de los poemas de Villena tiene algo de tímido y mudo, y parece que acentúa el patetismo de la inaccesibilidad; pero es también un acto performativo que le permite al sujeto marginado captar, a través de su admiración por su momentáneo héroe, ese minuto antes que 'salga de golpe'. Si no fuera por la presencia del observador y por su habilidad de insertar a los objetos de su deseo en ese otro mundo de la literatura, este pequeño grupo seguiría fumando, riéndose, y flirteando mientras la noche creciera, Madrid decayera, y los años pasasen. La labor tradicional del poeta de antaño –la de aislar el momento de belleza, de poder, de sorpresa– se mezcla con la tarea de la desinteresada observación teñida de sentimiento que caracteriza a la poética de la experiencia: y en un movimiento contrario, según lo expresa Villena, repasando los poemas de *Marginados*, '[q]uería ser objetivo, no íntimo. Pero todo se llenaba de fisuras –si no personales– cálidas' (*Marginados*, p. 56). La identificación sujetiva y la observación objetiva se enriquecen mutuamente en este sub-género villeniano; hay una marcada inclinación por lo marginal, ya no solamente en los sentidos estético y afectivo, como en poesías anteriores, sino en el sentido sociológico; y las 'fisuras' de las que habla Villena revelan al abrirse una poesía humana llena de realismo psicológico, de traumas, y de incertidumbres.

En *Marginados* una voz que se asocia con la 'Puta Vieja', protagonista del poema del mismo nombre (p. 25), se pregunta '¿Qué ha quedado de la vida sino la vida misma?'; una larga rutina nocturna de trabajo en la calle, los tristes detalles de las preparativas, 'arreglada y pintada / todas las noches en la misma esquina' han reducido todo a 'vida y duración / continuar aquí'. Antes –y paralelamente– en poemas más fastuosos, para Villena el vocablo 'vida' se empleaba –todavía se emplea– para señalar el intenso placer del momento trascendente, habitualmente el momento de rebelión contra la 'normalidad'; aquí la normalidad se impone, invade los territorios de lo marginado, deja su mancha de impureza en estos personajes que deberían ser héroes en la lucha contra 'el ominoso monumento'. En los poemas 'Tony' (p. 23) y 'Candilejas' (p. 33) también son insistentes las referencias a vida perdida, malgastada, sin sentido. Un mendigo ('Mendigo', p. 35) reconoce el fracaso en términos de identidad y de lenguaje al decir, desde la sucia plataforma de una estación de metro, 'A veces me pregunto, ¿me llamo algo?'. Una mujer sola ('Sola', pp. 41-42) dice:

> Y ahora, vieja y sola, entre viejos callados,
> lo comprendo:
> Aquí no empieza nada. Esto era el final natural del camino.
> Sólo un instrumento, un amor dándose,
> una medalla en el pecho viril, escoba, olla a presión. (p. 41)

Éstos son momentos de monotonía tonal, que contienen clichés deliberados, y hay una mezcla disonante de lo coloquial y lo literario (por ejemplo, el endecasílabo difícilmente conseguido en 'Sólo un instrumento, un amor dándose'). Nos encontramos muy lejos de las típicas mujeres villenianas de otras obras suyas, tan sabias, tan triunfantes, bellas, y, casi siempre, adineradas.

La escoba y la olla a presión dan al poema un afán enfáticamente social y, lo que es más, la dolorosa conciencia de una vida sacrificada a intereses machistas le da un toque feminista que nunca se percatara en los viejos poetas sociales de antaño.

Interesantes también son las transiciones de tono y sorprendentes yuxtaposiciones de imágenes, narradores y fragmentos narrativos que al poeta le permite hallar y ocupar múltiples posiciones del sujeto. Hay un constante ir y venir entre una grandilocuencia supuestamante temida por los poetas de la escuela granadina y voces si no del pueblo por lo menos del barrio bajo de la ciudad. Puede que sea paradigmático un encuentro entre un poeta (viejo) y un joven en una sauna masculina: el poeta, en un momento levemente escandaloso, se prepara a hacerle al chico una felación pintándose los labios (un poco para marcar cierta distancia de lo que llama 'la crápula / de las saunas'): se pregunta,

> ¿Qué pensará de ese viejo sucio?
> ¿Qué pensará algún día de los versos de la vida,
> planos, difíciles a la felicidad, llenos de liquen? ('Cuarto de duchas', *Asuntos*, p. 31)

Mientras que la barra de labios viene a significar algo así como un alegre acto de resistencia contra los valores normales –un acto de poesía a la vieja usanza finisecular o vanguardista– los versos planos, el liquen, son, otra vez, el reconocimiento de esa mancha que se va introduciendo en el puro mundo del deseo.[24] ¿No será precisamente este reconocimiento prueba de la 'ternura' de la que habla García Montero? Y los deslizamientos de registro y permeabilidad de espacios mentales, textuales y materiales, además de ser marcadamente *queer*, ¿no indicarán el espíritu resistente de cierta 'tercera fase' de la poesía novísima –supuesta enemiga de la estética anti-vanguardista de la otra o nueva sentimentalidad– que antes privilegiaba 'los tonos que modulan y modelan la emoción' y el monólogo interior?[25] Esta sauna es un lugar de textualidad en la que se encuentran por lo menos dos tradiciones; se tocan y se trastruecan dos generaciones (el viejo sucio viene a ser más moderno que el chico porque éste representa tan sólo el mundo de los sentidos, y apenas habla, mientras que aquél ve más allá y realmente puede hablar de realismo).

De modo harto tradicional, la mancha en el cuarto de duchas es la del tiempo, de la vejez, de la transitoriedad. Villena –o bien una voz suya– se confirma como hijo de los que Olivio Jiménez años atrás llamó los 'poetas del tiempo':[26] la mortalidad y lo pasajero se rehúsan a ser separados de la extraña belleza del verso. En un sentido más moderno, y post-Freudiano, la mancha es también la que fatalmente atrae la mirada, asociando erotismo y muerte en un escalofriante impulso psíquico, y es la que se asocia con lo prohibido, con lo indecible, con el crimen, con la absoluta otredad de no ser.[27] Algunos de estos poemas, eso sí, se ocupan del tema de la vejez en un contexto más desenfadado de nostalgia por los placeres perdidos más que de compasión o compromiso; incluso hay uno, 'Viejos Verdes' (*Asuntos*, pp. 53-54) que celebra 'la vejez' como un espacio lúdico y contra-cultural en el cual una meretriz es enjuiciada por manejar una 'casa indecente' (La Residencia Orquídeas) donde cuida de la gente vieja con entusiasmo y dedicación, facilitando a su clientela, por ejemplo, 'Bálsamos de papaya para prácticas dulces de sexo acariciante...' (p. 53); ella es condenada por un juez que viene siendo una caricatura de los moralismos reaccionarios y es aplaudida por una galería de sus conocidos –'Amo la inmortalidad, declara' (p. 53)– y así escucha la sentencia 'guiñando el ojo a un policía guapo de la última hornada' (p. 54). Pero en otros poemas 'la vejez' se convierte en un espacio marginal. Para el diletante colector de arte en *Marginados*, que lamenta la pérdida de su juventud, las tardes de verano son un tormento hecho de 'ardientes bulevares con chicos que patinan, / ajenos al dolor y a la vejez, / lejos, sí, insoportablemente lejos...' ('Dilettante', *Marginados*, p. 29). En 'Cenando en el Ritz' (pp. 9-10) 'un papaíto de azúcar' se ve eclipsado por la vitalidad y la belleza de su acompañante, Miguel, que rápidamente le abandona: y al final 'Al viejo le resta la neurosis / y un libro' (p. 10). La pregunta clave del poema es '¿qué es el viejo para Miguel?' (p. 9), pregunta que combina –con el apoyo de una imagen extravagante del chico como un ser alado, y la sugestión de su nombre– el mundanal desinterés con la otredad celeste, con un guiño a *La muerte en Venecia* y una pizca de nostalgia por los buenos tiempos de elegancia y fracaso sentimental.

Tales combinaciones de ludismo y rareza –lujo, placer, arte, melancolía pero siempre con un exquisito plato delante– son las señas del Villena *auteur* de otros tiempos. Con resonancias más politizadas, y con más conciencia de aquella mancha de muerte simbólica, en el poema 'La vía empedrada de la historia' (p. 49) 'grandes bandadas de viejos' salen a las calles del triángulo gay de Madrid, sólo para darse cuenta de que sus años de lucha por cambiar el mundo, por conseguir cierta libertad, se han convertido en el fracaso de la comercialización del placer y la globalización de la prepotencia de la juventud: 'todo pide la perfección publicitaria', 'Tedio y vejez es lo demás: Lo decretamos así. ¿Recordáis?'. Así entendemos que estos viejos son los sobrevivientes de los tardíos años setenta y los comienzos de la plasmación de la identidad gay, o más precisamente, en el contexto español-madrileño, de los años ochenta y la remodelación de vidas, actitudes, y espacios urbanos que se asocian con esa década. 'Hemos plantado altos árboles', dicen, con seca ironía, pero 'henos aquí: / cazadores. Somos sólo vulgares cazadores / en esta selva oscura'. Así se extiende por el alegre barrio gay de Chueca una sombra que es un sarcasmo, el reconocimento de la fugacidad de los ideales, del estropeo de esperanzas, vidas y cuerpos, en una visión verosímil que no deja de tener sus resonancias sociológicas.[28]

Siguiendo la temática fantasmal, en 'Madrugada en Madrid. Agosto, 1990' (p. 15) los detalles realistas de una dejadez urbana están mezclados con una modalidad expresionista, fantástica, apocalíptica y gótico-moderna. También responde a un interesante sub-tópico de la poesía madrileña posmoderna —parte del diálogo continuado de la poesía con la cultura visual popular— el de Madrid como mundo subterráneo, o ciudad llena de oscuros secretos.[29] Los años noventa se diluyen y se conectan con el pasado urbano: la Gran Vía está llena de gente, 'en este fin de milenio macilento' con 'sidosos fantasmas que murieron, / temor a casi todo, mientras la leche cae del *tetrabric* abierto' pero también está marcada por el pasado, siendo 'un hondo pasillo de antracita' (el combustible del viejo Madrid) con sus 'casas nobles y polvorientas de principio de siglo' a cada lado. Esta ciudad de pesadilla es un espacio mental en el cual esa tan sobre-determinada leche derramada —con su tradicional fuerza proverbial pero también con sus ecos de las imágenes de la 'abyección' kristeviana—[30] señala el horror y la culpa colectivos, una verdad ya no reprimible, la verdad del daño social que nos causamos y de los estragos psicológicos que son su consecuencia.

Carlos Marzal (unos diez años más joven que Villena) también se ve marcado por el sentimiento trágico de la insensatez de la existencia en su poema 'La historia':[31]

> Todas estas escenas son mis contemporáneas.
> Tal vez alguien advierta una razón final
> que logre atribuirles un sentido.
> Yo no acierto a encontrarla.
> Antes bien, me parecen los delirios estériles
> de un contumaz borracho que sueña nuestras vidas.[32]

El poema 'Lobo-hombre' de Villena (*Marginados*, p. 51), también indaga en la razón final por la indiferente crueldad de la vida. El poema de Marzal tiene como punto de partida y emblema la siguiente escena: 'Junto a un apeadero de tren, ya fuera de servicio / [...] un corro de muchachos apalean a un perro'.[33] El de Villena comienza con uno de sus personajes marginados —'Arrastrándose —astilla y no bastón— recorre la acera una mendiga'— para luego, en su segunda estrofa, enfocarse en el escenario de crueldad:

En una vieja estación abandonada —cuenta un amigo— unos chavales apalean a un perro bajo el sol. El animal se arrastra, ensangrentado,

> y muere: Imagen del mundo –cuenta– somos el can escuálido
> que agoniza de daño vivo, la mendiga, somos los insultados, los dolidos.
>
> Lenitivo es sentirse llagas puras. Verdad que nos dañan
> y pegan, incluso sin querer. Pero este absurdo sentido de ser hombre
> consiste unidamente en ser mendiga y perro ensangrentado, heridos,
> y los rudos chavales que golpean. Perro y palo. A la par, agredido y
>   agresor.

Se solapan distintos estratos temporales y estilísticos: hay mendigas, de un lado, y chavales, de otro; cierta resonancia alegórica, pero una fuerte dosis de realismo social contemporáneo. Hay connotaciones del desengaño de la poesía clásica de la edad de oro en su léxico y patrón. Pero nos parece que la búsqueda de la razón final va más allá de meras estrategias literarias y narrativas. Aunque el título encierra, principalmente, el tema de la brutalidad humana, nuestra doble naturaleza –'la bestia que se agita en las oscuridades / de nuestro ser', en palabras de Luis Alberto de Cuenca;[34] y tema predilecto, desde luego, de la edad de oro– sería difícil, en un contexto como es el de estos poemas, de incertidumbre, de culpabilidad, y de referencias a manchas, sombras, horror, y dolor espiritual, no pensar en Freud y el famosísimo Caso del Hombre Lobo, 'Desde la historia de una neurosis infantil'.[35] Esa palabra *lenitivo*, del poema, nos lleva, después de todo, hacia el consultorio. El caso es una enrevesada red de simbolizaciones, muchas de la cuales coinciden con ciertas actitudes e imágenes del poema –de varios poemas– de este nuevo y cambiado Villena. Hay en el caso de Freud un paciente que descubre dentro de sí mismo a un niño que tiene fantasías en las cuales golpea a animales, fantasías que se convierten en su propia fantasía de ser golpeado; el niño, cuando ve a un mendigo o a un lisiado, aguanta la respiración a fin de evitar el riesgo de contaminación; se plasma una convulsionada asociación entre mendigos, el padre del niño, y el coco.[36] Comentando el caso, decía Freud, 'it was a most remarkable experience to see how [...] each piece of homosexual libido which was set free sought out some application in life and some attachment to the great common concerns of mankind' ('ha sido una de las experiencias más increíbles que he visto [...] cada pieza de líbido homosexual que fue liberada estaba buscando alguna aplicación en la vida de esta persona y estaba atada a los grandes problemas del hombre').[37] Este niño –luego paciente adulto– vacila entre la fijación erótica y la hostilidad para con su padre, lo cual le lleva a poner en entredicho los (supuestos) atributos de la sexualidad, lo 'activo' y 'lo pasivo'. Es, en los términos de nuestro poema, 'mendiga y perra', 'a la par, agredido y agresor'.

No hemos querido asociar al narrador villeniano de una manera arqueológica y simplista con el caso freudiano, sino más bien señalar el lado más oscuro de la 'imagen del mundo' que en todos estos poemas parece vislumbrarse. En esta novedosa poesía social de la experiencia, hay que buscar bajo el disfraz de la solidaridad con lo marginado. Utiliza de nuevo las estrategias de fina diferenciación entre el sujeto hablante y pensante que era tan común en la obra de Gil de Biedma, y en la obra de Cernuda, fruto también de una larga tradición de diálogo entre la poesía española del siglo XX con la filosofía y teoría sobre la sujetividad, el lenguaje, y la diferencia.[38] En su 'afán de búsqueda, de conocimiento y de sorpresa' la sujetividad lírica se manifiesta en múltiples personas, personajes, ficciones, deseos, estructuras de sentimientos, y nuevos tonos de voz. Todo esto lo hace de manera terapeútica, tal vez. Freud consideraba que sus pacientes, al hablar, al descubrirse en el proceso de reconversión masoquista, 'coloca[ban] su sentido de culpabilidad en reposo'.[39] Y el poeta va descubriendo el horror y la belleza según va hablando: porque, José Ángel Valente *dixit*, 'el poeta no opera sobre un conocimiento previo del material de la experiencia, sino que ese conocimiento se produce en el mismo proceso creador'.[40] Lo cual sugiere, o podría sugerir, que ésta es en realidad una nueva poesía social de la experiencia no de la vida exterior sino de la interior, llena de agilidad vitalista, y suciedad existencialista; muy estratificada, con muchísimas deudas para con varias tradiciones extrañamente yuxtapuestas.[41]

NOTAS

1 Villena, 'La mayoría moral, intachable y serena', en *Asuntos de delirio* (Madrid: Visor, 1996), p. 37.
2 *Marginados* (Madrid: Visor, 1993).
3 Por ejemplo, mediante la antología *Posnovísimos*, editado e introducido por Villena (Madrid: Visor, 1986).
4 Véanse Juan M. Godoy, *Cuerpo, deseo e idea en la poesía de Luis Antonio de Villena* (Madrid: Pliegos, 1997) y Chris Perriam, *Desire and Dissent: An Introduction to Luis Antonio de Villena* (Oxford: Berg, 1995).
5 Véanse Javier Egea, Álvaro Salvador, Luis García Montero, *La otra sentimentalidad* (Granada: Don Quijote, 1983); Juan Carlos Rodríguez, *Dichos y escritos (sobre 'La otra sentimentalidad' y otros textos fechados de poética)* (Madrid: Hiperión, 1999); y Luis Antonio de Villena, 'Tradición y renovación en la poesía española última', en Villena (ed.), *10 menos 30: La ruptura interior en la 'poesía de la experiencia'* (Madrid: Pretextos, 1997), pp. 9-42.
6 Ángel Vivas, '"Los desheredados de las grandes ciudades son los que duelen", afirma Luis Antonio de Villena', *El Mundo*, 25 de noviembre de 1993, p. 14.
7 Anthony L. Geist, 'Poesía de la experiencia / experiencia de la poesía' [conferencia

dada en el Palacio de Madraza, Universidad de Granada, Granada, 1998]. http://www.mellon-nwlc.org/willamette/G2/granada/poetas-granadinos.html (12 de febrero de 2001).
8 Véanse Villena, 'Tradición y renovación'; Álvaro Salvador, '*The Poetry of Experience*: La poesía española de los últimos quince años', en Julián Jiménez Heffernan (trad.), Robert Langbaum, *La poesía de la experiencia* (Granada: Comares, 1996), pp. 11-16; y Juan Carlos Suñén, 'La escritura reciente', *El Crítico*, no. 3 (marzo/abril 1999). http://www.ocnos.net/crítico/nac/6crit3.htm (13 de febrero de 2001).
9 Villena, 'Tradición y renovación', p. 19.
10 Villena, 'Tradición y renovación', p. 20. Villena cita del ensayo 'Como a sí mismo, al fin', de 1977.
11 Villena, 'Tradición y renovación', pp. 22-23.
12 Villena, 'Tradición y renovación', p. 24.
13 Villena, 'Tradición y renovación', p. 25.
14 Villena, 'Tradición y renovación', pp. 31 y 32.
15 Villena, 'Tradición y renovación', p. 31.
16 Jonathan Mayhew, 'The Avant-Garde and its Discontents: Aesthetic Conservatism in Recent Spanish Poetry', *Hispanic Review*, 67 (1999), 347-64.
17 Luis García Montero, 'La otra sentimentalidad' [Publicado en *El País*, 8 de enero de 1983; también en Egea, Salvador, y García Montero, *La otra sentimentalidad*]. http://www.ideal.es/poesia/laotrasentiment.html (6 de diciembre de 2001).
18 Mayhew, 'The avant-garde', p. 351.
19 García Montero, 'La otra sentimentalidad'.
20 Mayhew, 'The avant-garde', p. 350.
21 Véase, Ricardo Llamas, *Teoría torcida: Prejuicios y discursos en torno a 'la homosexualidad'* (Madrid: Siglo Veintiuno, 1998), estudio que ofrece un resumen analítico de las perspectivas teóricas pertinentes e intenta una breve adaptación de las mismas a circunstancias españolas; Alfredo Martínez-Expósito, *Los escribas furiosos: configuraciones homoeróticas en la narrativa española* (New Orleans: University of the South, 1998) estudia, en relación a la novela y el relato, la política textual de la homosexualidad en la España del último tercio del siglo XX e incluye al Villena prosista entre '[ciertos] escritores de primera fila' cuyos argumentos 'no son discursos *sobre* sino discursos *desde* la homosexualidad' (p. 53).
22 Por ejemplo, en su columna semanal en el periódico *El Mundo*, e importantes intervenciones ocasionales en la prensa gay madrileña.
23 Godoy, *Cuerpo, deseo e idea*, p. 29.
24 Tema favorito de Villena, tratado por Godoy, *Cuerpo, deseo e idea*, pp. 23-34, 71-136, y 181-200.
25 Las señas de indentidad de esta tercera fase las identifica Jaime Siles, 'Ultimísima poesía española escrita en castellano: rasgos distintivos de un discurso en proceso y ensayo de una posible sistematización', en Biruté Ciplijauskaité (ed.) *Novísimos, postnovísimos, clásicos: la poesía de los 80 en España* (Madrid: Editorial Orígenes, 1990), pp. 141-67.
26 José Olivio Jiménez, *Cinco poetas del tiempo: Vicente Aleixandre, Luis Cernuda, José*

Hierro, Carlos Bousono, Francisco Brines (Madrid: Ínsula, 1964).
27 Véanse los ensayos contenidos en Slavoj Žižek (ed.), *Everything You Always Wanted to Know About Lacan (But Were Afraid to Ask Hitchcock)* (Londres: Verso, 1992).
28 Véanse los micro-ensayos 'Gueto' y 'Mercado' en Alberto Mira, *Para entendernos: Diccionario de cultura homosexual, gay y lésbica* (Barcelona: Ediciones de la Tempestad, 1999), pp. 322-23 y 490-91.
29 Por Luis Alberto de Cuenca, entre otros; véanse el poema: 'El otro barrio de Salamanca', en *La caja de plata* (Sevilla: Renacimiento, 1985), p. 59, y el ensayo: 'Madrid, Camelot, Uruk', en VVAA., *La nave de Alceo* (Madrid: Comunidad de Madrid, 1999), pp. 21-32.
30 Véase Julia Kristeva, *Poderes de la perversión*, traducción de Nicolas Rosa (Siglo XXI: México, 1988).
31 De *La vida de frontera* (1998), reproducido en VVAA., *El último tercio del siglo (1968-1998): Antología consultada de la poesía española* (Madrid: Visor, 1998), pp. 741-42.
32 *Antología consultada de la poesía española*, p. 742.
33 *Antología consultada de la poesía española*, p. 741.
34 *Homo homini lupus* (Almería: Aula de Poesía del Ayuntamiento de Almería, 2000) [panfleto]. El Hombre Lobo es de especial interés para de Cuenca: véanse 'Paul Naschy' y 'Licántropo', en de Cuenca, *Señales de humo* (Valencia: Pre-textos, 1999), pp. 245-46 y 263-64 (publicados en marzo de 1994 y abril de 1997 respectivamente). Para más detalles, véase Francisco Javier Letrán, *Aproximación a la estética postmoderna en la poesía de Luis Alberto de Cuenca*, tesis doctoral presentada el 17 de diciembre de 2001, Universidad de Birmingham, a la que debo esta información.
35 Sigmund Freud, *The Complete Psychological Works*. Vol 17, *An Infantile Neurosis and Other Works*, edición y traducción de James Strachey (Londres: Hogarth Press, 1955). Véase también, Lee Edelman, *Homographesis: Essays in Gay Literary and Cultural Theory* (Nueva York y Londres: Routledge, 1994), pp. 173-91.
36 Freud, *Infantile Neurosis*, p. 60.
37 Freud, *Infantile Neurosis*, p. 71.
38 Estudiado por Silvia Bermúdez, *Las dinámicas del deseo: subjetividad y lenguaje en la poesía española contemporánea* (Madrid: Ediciones Libertarias, 1997). Incluye un ensayo sobre García Montero: pp. 129-58.
39 Freud, *Infantile Neurosis*, p. 28.
40 José Ángel Valente, 'Conocimiento y comunicación', en Valente, *Sobre el lugar del canto: (1953-1963)* (Barcelona: Seix Barral, 1963), pp. 155-61.
41 Quisiera agradecer a Gustavo Subero de la Universidad de Newcastle su inestimable ayuda en la traducción de este ensayo.

11
La reescritura como rasgo postmoderno en la obra de Luis Alberto de Cuenca

Francisco Javier Letrán
Universidad de Stirling

En algún lugar anotaba Oscar Wilde que el único deber que tenemos para con la historia es el de reescribirla.[1] Para Luis Alberto de Cuenca, sobre todo a partir de la publicación de su poemario *Scholia*,[2] ése parece ser precisamente el deber del escritor para con la literatura: reescribirla. En la 'Nota del autor' que precedía a los poemas del citado libro declaraba el poeta: '... glosar es hoy la única actividad creativa –en lo literario– que me parece honesta y divertida. La tan buscada "originalidad" es una fábula sin el menor sentido, torpe y vulgar'.[3] Publicado en 1978, *Scholia* suponía a partir de estos planteamientos prologales un distanciamiento –si no total, sí importante– de la primera producción poética luisalbertiana, caracterizada sobre todo por un neovanguardismo esteticista que la hace entroncarse, junto al grueso de la poesía novísima, con la poética de la modernidad. Será, por tanto, a partir de *Scholia*, cuando el autor asuma la naturaleza hipertextual de la creación literaria, renunciando al concepto de 'originalidad' en su sentido más duro, es decir, en el de creación de un objeto artístico radicalmente nuevo. Esta imposible aspiración a la originalidad la exponía de una manera clarividente Octavio Paz en su ensayo 'Traducción: literatura y literalidad':

> Cada texto es único y, simultáneamente, es la traducción de otro texto. Ningún texto es enteramente original porque el lenguaje mismo, en su esencia, es ya una traducción: primero, del mundo no-verbal y, después, porque cada signo y cada frase es la traducción de otro signo y de otra frase. Pero ese razonamiento puede invertirse sin perder validez: todos los textos son originales porque cada traducción es distinta. Cada traducción es, hasta cierto punto, una invención y así constituye un texto único.[4]

Es decir: la literatura es una construcción lingüística, y el lenguaje de por sí no es original; la literatura implica, además, la existencia de un espacio 'literario' formado por obras 'literarias' anteriores y en relación al cual cualquier obra literaria nueva cobrará sentido, tanto si lo acepta como si lo rechaza. Ese espacio literario es precisamente aquello a lo que llamamos 'tradición'.

Scholia marca, así, un momento de transición en la obra de Luis Alberto de Cuenca, un momento a partir del cual el paradigma estético postmoderno va a asentarse a través de la crítica del concepto de 'originalidad' tal como era entendido por la poética de la modernidad.

En 1967, el mismo año en que Julia Kristeva acuñaba el término 'intertextualidad',[5] el novelista y profesor de literatura norteamericano John Barth anunciaba en su libro *The Literature of Exhaustion and the Literature of Replenishment* que habíamos entrado en una nueva fase en la historia literaria,

> a phase dominated by the 'Literature of Exhaustion', a terminal phase in which all creative impetus is spent and in which originality will only survive in the form of sophisticated games with extant texts and traditional structures, i.e. in the form of allusion, quotation, parody and collage.[6]

El concepto de originalidad para esta 'literatura del agotamiento' ya no se fundamentará en la creación *ex nihilo*, sino que adoptará una actitud lúdica y paródica, entre el homenaje y la irreverencia, con respecto a la producción literaria precedente, a la que utiliza como privilegiado material de construcción del nuevo texto. En este sentido escribe Manfred Pfister:

> Postmodernist culture presents itself as a playful *mise en scène* of pre-given materials and devices, and these may be taken either from the imaginary museum of historical styles, from consumer society's storehouse of pop artefacts yet untouched by High Culture, or from the repertoire of modernist aesthetics and practices.[7]

Para el escritor postmoderno la creación literaria supone sobre todo una clara y abierta conjuración de la ingenuidad. Permítaseme el uso de una extensa cita de Umberto Eco, que creo que contribuirá a esclarecer todo esto que venimos diciendo:

> Pienso que la actitud postmoderna es como la de aquel que ama a una mujer muy culta y sabe que no le puede decir 'te amo desesperadamente', porque él sabe que ella sabe (y ella sabe que él sabe) que estas frases ya las ha escrito Liala [una especie de Corín Tellado a la italiana]. Hay una solución, no obstante. Podría decir: 'Te amo desesperadamente, como diría

Liala'. En este momento, habiendo conjurado una falsa ingenuidad, habiendo dicho bien claro que ya no se puede hablar ingenuamente, habrá dicho no obstante a la mujer aquello que quería decirle: que la ama, pero que la ama en una época de ingenuidad perdida. Si la mujer sigue el juego, habrá recibido igualmente una declaración de amor. Ninguno de los dos interlocutores se sentirá inocente, ambos habrán aceptado el reto del pasado, de aquello ya dicho que no se puede eliminar, ambos jugarán conscientemente y de su grado al juego de la ironía... Pero ambos habrán conseguido una vez más hablar de amor.[8]

En la última colectánea poética de Luis Alberto de Cuenca hasta el momento, *Fiebre alta*, encontramos el siguiente poema amoroso:

Demasiado tarde

Luna de cuernos de oro, y vosotras, estrellas
que brilláis como el fuego y a quienes el océano
recibe en sus praderas de plata, ¿la habéis visto?
Se fue sin dejar rastro de lágrimas o sangre,
sin llevarse sus libros, ni la bisutería
con que se engalanaba, ni las cartas de amor
atadas con un lazo granate, ni las fotos
que le hice desnuda. Se marchó y no sé dónde
buscarla, pero sé que seguiré buscándola
hasta que los sabuesos de mi amor la descubran,
cuando ya nada tenga arreglo.[9]

El tema del poema es archiconocido en la tradición literaria: la amada abandona a su amante, quien se queja amargamente de su mísera situación al mismo tiempo que manifiesta su pertinaz amor por ella y su intención (imposible) de recuperarla. Si el poema se quedara ahí, a pesar de su innegable impacto emocional y de su impecable factura, algún lector avezado podría echarle en cara su excesivo confesionalismo, su edulcorada inmediatez. Y no cabe duda de que, en parte, no le faltaría razón, pero acabaría olvidando que el poeta al que hipotéticamente acusa de neorromántica sensiblería es perfectamente consciente de ello y ya se ha procurado una coartada infalible que puede terminar invirtiendo los términos de la acusación. Me explico: si el poema puede ser leído, en un primer momento –lo que Michael Riffaterre llama fase de lectura inicial o 'lectura heurística'–[10] de manera argumental o referencial (y quiero resaltar el hecho de que esta primera lectura podría resultar suficiente a efectos pragmáticos para un lector medio), en un segundo momento podríamos percatarnos de la razón que pueda justificar la anormalidad resultante de contrastar un título y un cuerpo principal del texto de meridiana sencillez retórica con un inicio de poema tan artificioso: 'Luna de cuernos de oro, y vosotras, estrellas / que brilláis como el fuego y a quienes el océano / recibe en sus praderas de plata, ¿la habéis visto?'. A través de este contraste el poeta nos está dando la clave para poder apreciar el texto en su justa medida. Esa elocuente invocación inicial a la luna y a las estrellas parece remitirnos a otra época literaria, como efectivamente sucede. Si la amada 'se fue sin dejar rastro de lágrimas o sangre' (v. 4), el poeta nos ofrece sutilmente el rastro literario que debemos seguir para alcanzar una lectura completa del poema. El 'como diría Liala' de Umberto Eco, se convierte ahora en el 'como diría Argentario' de Luis Alberto de Cuenca. Porque, de manera inequívoca, el poeta madrileño está *reescribiendo* el primero de los epigramas que de Marco Argentario se recogen en la *Antología Palatina* para así llevar a cabo su particular y postmoderno conjuro de la ingenuidad. Ofrezco a continuación la traducción que el propio Luis Alberto de Cuenca publicó en 1996 en una delicadísima edición bilingüe de los epigramas de Argentario:

> Luna de cuernos de oro, y vosotras, estrellas que resplandecéis como el fuego y a quienes Océano recoge en su seno, ¿la habéis visto? La del aliento perfumado, Ariste, se ha ido y me ha dejado solo; hace seis días que no puedo encontrar a esa hechicera. Seguiré, sin embargo, buscándola; enviaré a los sabuesos plateados de Cipris tras sus huellas.[11]

Como podemos constatar, los comienzos de ambos poemas son prácticamente idénticos, precisamente porque sobre ellos nos está el autor señalando su sentido hipertextual. Las transformaciones que De Cuenca opera sobre el hipotexto 'palatino' encajan dentro de lo que Gérard Genette llama, por una parte, 'transposición diegética', es decir, la transformación del marco espacio-temporal del hipotexto, que en este caso consiste en un acercamiento a la realidad contemporánea y, por otra parte, 'transposición pragmática', a través de la cual se modifican los acontecimientos y las conductas constitutivas de la acción.[12] Ambas contribuyen a la transformación del sentido del hipotexto, que en este caso pierde la mordacidad satírica de la posibilidad de que la perfumada Ariste aparezca gracias a 'los sabuesos plateados de Cipris' (es decir, gracias al dinero de su quizás temporalmente abandonado amante –por sabuesos de plata debemos entender las monedas de plata–) para subrayar la desesperación y el amargo escepticismo del moderno protagonista poético, que ya no cree en la reversibilidad de su situación: 'pero sé que seguiré buscándola / hasta que los sabuesos de mi amor la descubran, / cuando ya nada tenga arreglo'.

Aunque la reescritura es, sin duda, uno de los procedimientos compositivos que con mayor insistencia practica De Cuenca en su producción posterior a *Scholia*, este particular tipo de transformación que se da en el poema 'Demasiado tarde' no es el más habitual. La norma no es que el hipertexto 'solemnice' al hipotexto, sino más bien todo lo contrario. El procedimiento más utilizado será así lo que Genette llama *travestimiento burlesco* del hipotexto, donde el poema nuevo actúa como una reescritura de un texto noble conservando su *acción*, es decir, su contenido fundamental y su movimiento (su *inventio* y su *dispositio*), pero imponiéndole una *elocución* (un estilo) muy diferente, de tipo coloquial.[13] Claro que este cambio de estilo o de registro del hipotexto se lleva a cabo en la mayoría de los casos mediante un proceso de transdiegetización, en el que la aproximación geográfica y temporal del texto clásico supone su degradación y su parodia, aunque sin olvidar que el texto clásico es precisamente el anclaje fundamental para la pervivencia del hipertexto. Tomemos como ejemplo representativo el poema 'Gudrúnarkvida', perteneciente al libro *El otro sueño* (1987):

Gudrúnarkvida

Carmen en estos casos se supera.
Se dispone a sufrir sin una lágrima.
No se golpea el pecho con las manos,
ni gime, ni los ojos se le nublan.
A su lado se sientan sus amigas,
todas muy maquilladas, con modelos
exclusivos y oscuros, lamentando
la muerte de Ricardo entre sollozos.
Carmen está tan triste que no llora.
Tanto dolor le sube a la cabeza
que no sabe qué hacer para alojarlo.
Mientras, María rompe el fuego y dice:
«No sé si va a servirte de consuelo,
pero he sufrido mucho en esta vida.
Mi familia murió en un accidente
de coche, en pleno estado de embriaguez:
mis dos maridos, hijos, hijas, todos.
Me he quedado solísima en el mundo.»
Como Carmen seguía sin llorar,

habló Julia, la de ojos transparentes,
y entre lágrimas dijo estas palabras:
«Más he sufrido yo. Mis siete hijos
murieron peleándose entre ellos
y mis padres se ahogaron en la playa
el verano pasado, uno tras otro.
Yo sola preparé los funerales
y encargué las guirnaldas de sus tumbas.
Para mí ya no existe la alegría.»
Marta la triste habló, sumida en llanto:
«A mí me odia Fernando, pero teme
quedarse sin dinero si me deja.
Sale con una chica, últimamente,
que no ha cumplido aún los veinte años.
Me obliga a descalzarla cuando viene
y a servirle en la cama el desayuno.
¡No puedo más de fiestas y de drogas
y de esa horrible gente de la noche!»
Pero Carmen no llora. Se levanta,
quita la tela que cubría al muerto,
ve el pelo enmarañado por la sangre,
ve los brillantes ojos apagados,
ve el pecho roto, las mejillas frías,
los labios negros y los pies blanquísimos,
ve el despojo que ayer fuera Ricardo.
Y Carmen ya no puede seguir viendo.
Cae hacia atrás, como si aquello fuese
a desaparecer si no lo mira,
y sus amigas corren a atenderla.
Y cuando su cabeza se refugia
en un cojín que apunta al cielorraso,
no puede evitar Carmen que una lágrima,
una caliente lágrima de amor,
resbale de sus ojos.[14]

El hipotexto de 'Gudrúnarkvida' es uno de los poemas que componen la *Edda Mayor* o *Edda Poética* escandinava, concretamente el que se conoce como *Guðrúnarkviða I* o 'Primer poema de Gudrun'.[15] La *Edda Poética*, compuesta entre los siglos IX y XII, atribuida falsamente durante siglos a Saemund Sigfússon (1179-1241), apodado 'el sabio', se compone de poemas referidos a los dioses (*Götterlieder*) y de poemas referidos a los héroes (*Heldenlieder*).[16] *Guðrúnarkviða I* pertenece a este segundo grupo. El tema del texto es el planto del héroe muerto: Gudrun, la esposa del rey Sígurd, vela el cadáver de su marido sin derramar una sola lágrima. Tratando de brindarle consuelo, a ella se acercan, primero, varios nobles y, luego, sus mujeres, quienes, con los relatos de sus desgracias, intentan que Gudrun rompa a llorar y desahogue su dolor. Ninguna lo consigue, hasta que Gullrond, la hermana de Gudrun, llega y levanta la tela que cubría al finado. La visión del desfigurado cuerpo de su esposo muerto provoca, por fin, el llanto de la hasta entonces silente y absorta esposa. Todo esto sucede en dieciséis estrofas, aunque el poema se compone de diez más. En las estrofas restantes –que no transcribiré porque Luis Alberto de Cuenca no se ha ocupado de ellas– Gudrun elogia a su esposo y culpa de su desgracia a Brynhild (la Brunilda del *Cantar de los Nibelungos*), a quien se le acusa de haber tramado la muerte del héroe en venganza porque éste la olvidó después de liberarla y se casó con Gudrun. Ahí van las dieciséis primeras estrofas, según la traducción al inglés de Lee M. Hollander:

1. Erst Gjúki's daughter
as o'er Sigurth she sate
she whimpered not,
nor wept, either,
unto death was nigh,
sorrowfully;
nor her hands she wrung,
as do women else.

2. Went to the widow
the heavy heart
nor yet Guthrún
in her bosom though
wise earls kindly,
of her to ease;
her grief could weep,
her heart would burst.

3 Sate then with her
with Gjúki's daughter
their greatest griefs
the fellest which
the wives of earls,
gold-dight women:
they gan tell her,
had befallen them.

4. Then quoth Gjaflaug,
'On earth am I
five highborn husbands
three of my daughters
and eight brothers;
Gjúki's sister:
most utterly wretched:
have I buried,
three of my sisters,
yet on I live.'

5. Nor yet Guthrún
so sore her sorrow
so cold her heart
her grief could weep,
o'er Sigurth's fall,
o'er the king's body.

6. Then quoth Herborg, the Hunnish queen:
'Sadder sorrow suffered I still:
my seven sons in the Southland all
fell whilom in battle, my husband the eighth.

7. 'Both father and mother and four brothers
I lost in the waves, on wind-tossed ship,
when the billows brake 'gainst the ship's bulwarks.

8. 'Myself needs buried the bodies all,
needs laid them out and their limbs straightened.
This woe befell me in one half year–
to soothe my sorrow no soul did try.

9. As captive was I kept in bondage,
that very half year this happened to me;
then trimmed I the tresses, and tied the shoes,
for the earl's housewife every morning.

10. 'With jealous scorn she scolded me,
urged me to work with angry stripes;
more friendly master found I never,
but harsher housewife had I never.'

11. Nor yet Guthrún her grief could weep,
so sore her sorrow o'er Sigurth's fall,
so cold her heart o'er the king's body.

12. Then quoth Gullrond, Gjúki's daughter:
'Though old and wise, but ill know'st thou,
foster mother, how the mourner to comfort,'
and bade them bare the king's body.

13. She swept the sheet from Sigurth's corse
and brought the bolster to the brooding one's knees:
'To the lief one's lips lay thou thy mouth,
as when didst hug when hale, the warrior!'

14. Then cast one glance Guthrún on him,
saw the dear one's hair all dank with blood,
saw the folk-warder's flashing eyes dimmed,
and the baron's breast breached by the sword.

15. Then sank Guthrún her hair loosened, a rain of tears	swooning on bolster– her cheeks grew hot, ran to her knees.
16. Then wept Guthrún, that through her tresses and in the garth the far-famed fowl	Gjúki's daughter, the tears did flow, the geese sang out, which the fair one owned.

Como podemos observar, la transdiegetización que se produce en el poema luisalbertiano consiste en la traslación (el acercamiento) a un marco hispánico contemporáneo del poema medieval escandinavo. Para ello, De Cuenca efectúa numerosas transformaciones sobre el hipotexto: por ejemplo, desde un punto de vista onomástico, los protagonistas ya no se llaman Gudrun, Sígurd, Gjaflaug, Herborg o Gullrond, sino Carmen, Ricardo, María, Julia, Marta y Fernando; la sociedad heroica en la que se sitúa el poema islandés da paso ahora a una sociedad consumista postmoderna, en la que las asistentes al velatorio acuden 'todas muy maquilladas, con modelos / exclusivos y oscuros': el poema de *El otro sueño* se convierte así en una especie de crónica costumbrista de la clase alta actual, a la que el poeta retrata con un humor muy irónico rayano en lo sarcástico y surrealista.

En términos generales, la estructura argumental del poema se conserva prácticamente íntegra en su totalidad: Gudrun/Carmen no puede llorar su amargura; sus familiares/amigas acuden a consolarla con el relato de sus infortunios personales, intentando transmitirle el tópico mensaje de que a pesar de todo la vida sigue e intentando también provocar el llanto que mitigue el dolor incalculable de la viuda; finalmente, las lágrimas inundan los ojos de la doliente tras mirar el cadáver de su esposo. Sin embargo, es en los detalles donde De Cuenca opera sus transformaciones más significativas, las que terminan dándole un giro radicalmente novedoso al anónimo texto islandés. En los versos 10 y 11, por ejemplo, castellaniza literariamente el texto aludiendo a dos famosos versos de la no menos famosa elegía a Ramón Sijé de Miguel Hernández: no podemos negar que 'Tanto dolor le sube a la cabeza / que no sabe qué hacer para alojarlo' (De Cuenca) nos remite a 'Tanto dolor se agrupa en mi costado / que por doler me duele hasta el aliento' (Hernández), donde, aparte de las coincidencias léxicas, las estructuras rítmicas y sintácticas son casi idénticas. Pero las mayores modificaciones se producen en los discursos de las tres mujeres que intervienen en el poema. En el hipotexto, la primera mujer en intervenir es Gjaflaug, tía de Gudrun: en su discurso se lamenta de su infortunio, pues ha sobrevivido a cinco maridos, tres hijas, tres hermanas y ocho hermanos, y sin embargo no se ha suicidado.

Las causas de estas muertes no se nos aclaran en el texto, aunque, aparte quizá de alguna que otra muerte natural, podemos inferir que la mayoría de los varones habrá caído en combate, así como que las hembras podrán haber sido víctimas de algún saqueo del enemigo. En el hipertexto luisalbertiano, la primera en intervenir es María (vv. 13-18):

> «No sé si va a servirte de consuelo,
> pero he sufrido mucho en esta vida.
> Mi familia murió en un accidente
> de coche, en pleno estado de embriaguez:
> mis dos maridos, hijos, hijas, todos.
> Me he quedado solísima en el mundo.»

El registro heroico del hipotexto se degrada en el hipertexto pasando a convertirse en un registro 'alcohólico'. De Cuenca o, más exactamente, el narrador omnisciente del poema, sí nos da la causa de las muertes de todos los miembros de la familia de María: nada de hordas invasoras ni de audaces asedios a fortalezas, sino en un probablemente evitable accidente automovilístico, provocado por una estupenda y aparentemente colectiva intoxicación etílica. El hecho de que los dos maridos de María se encontrasen en el coche siniestrado aporta una cínica nota de humor, al tiempo que nos informa acerca de las nuevas relaciones sentimentales y matrimoniales contemporáneas.

La segunda intervención en el hipotexto medieval islandés corre a cargo de Herborg, de quien se nos dice que es 'reina de los hunos', probablemente un epíteto honorífico. La intervención de Herborg es la más larga de las tres que se producen en la parte del hipotexto que estamos analizando, extendiéndose a lo largo de cinco estrofas (estrofas 6-10). El discurso de Herborg se divide en dos partes: en la primera (estrofas 6-8) nos explica cómo perdió, por una parte, a sus siete hijos y a su esposo en la guerra, y, por otra parte, a sus padres y a sus cuatro hermanos ahogados en un naufragio, todo ello en seis meses, y cómo ella misma tuvo que enterrarlos. En la segunda parte nos habla de cómo fue hecha cautiva de un anónimo conde, cuyo trato recuerda con cierta nostalgia ('more friendly master found I never'), aunque también recuerda agriamente cómo la mujer del conde, a la que tenía que calzar y componerle el pelo cada mañana, la trataba, celosa de la 'amabilidad' de su esposo para con la prisionera, a latigazos.

En el hipertexto luisalbertiano las transformaciones son importantes. Las dos partes del relato de Herborg pasan a pertenecer a dos personajes independientes: Julia y Marta. La intervención de Julia, que deja de ser 'reina de los hunos' para ser calificada como 'la de ojos transparentes', reza de esta manera:

> «Más he sufrido yo. Mis siete hijos
> murieron peleándose entre ellos
> y mis padres se ahogaron en la playa
> el verano pasado, uno tras otro.
> Yo sola preparé los funerales
> y encargué las guirnaldas de sus tumbas.
> Para mí ya no existe la alegría.»

Aquí no aparecen ni el marido ni los hermanos, pero sus hijos, en vez de morir luchando en la batalla contra los enemigos, mueren peleándose entre ellos mismos, no sé sabe por qué rencillas; los padres no fallecieron en ningún naufragio, sino ahogados en una pacífica y burguesa playa; los seis meses negros del poema medieval se acortan en el texto contemporáneo, pues todos murieron 'uno tras otro'.

La intervención de Marta, la triste, se corresponde con la segunda parte del discurso de Herborg, y dice así:

> «A mí me odia Fernando, pero teme
> quedarse sin dinero si me deja.
> Sale con una chica, últimamente,
> que no ha cumplido aún los veinte años.
> Me obliga a descalzarla cuando viene
> y a servirle en la cama el desayuno.
> ¡No puedo más de fiestas y de drogas
> y de esa horrible gente de la noche!»

Si Herborg, en la segunda parte, era hecha prisionera y obligada a servir a la esposa del guerrero que la raptó, Marta es obligada por su esposo a descalzar a su joven amante y a servirle el desayuno en la cama, además de tener que soportar las juergas nocturnas que el tal Fernando se monta con sus amigos. Se trata, de nuevo, de la radiografía social de un matrimonio moderno que se mantiene unido por los intereses económicos del marido, que depende de los fondos bancarios de su esposa, y por el amor inconmensurable y patético que Marta siente por su cónyuge, hasta el punto de seguir con él a pesar de darse cuenta de que éste sólo continúa a su lado por su dinero y de que se está aprovechando impunemente de sus sentimientos. El humor sutil del texto escandinavo se mantiene ('more friendly master found I never, / but harsher housewife had I never'), aunque agriado en el texto moderno por un patetismo sin paliativos: aquí ya no hay celos, sólo resignación.

Como en el hipotexto, los discursos 'consoladores' de las mujeres no provocan las lágrimas de Carmen. Sólo la visión del cadáver de su esposo, tras levantar la tela que lo cubría, lo logrará. La diferencia radica en que si en el hipotexto es la hermana de Gudrun, Gullrond, quien destapa el cuerpo, en el texto luisalbertiano es la propia Carmen quien lo hace, subrayando así la soledad de la protagonista. A Sígurd le atravesaron el pecho con una espada ('the baron's breast breached by the sword'), las heridas adquiridas durante el combate con sus asesinos le llegan hasta la cabeza ('saw the dear one's hair all dank with blood') pero, ¿por qué tiene Ricardo el pecho roto? ¿por qué 'el pelo enmarañado por la sangre'? ¿Qué tipo de combate provocó su muerte? ¿Unos disparos quizás? ¿Por qué? ¿A cuenta de qué? Preguntas y más preguntas, a las que sólo podríamos contestar con hipótesis, pues carecemos de la evidencia textual necesaria para responderlas. Lo único que queda claro, como en el poema épico escandinavo, es el amor de Carmen por su esposo, así como el dolor seco provocado por su posiblemente instantánea e inesperada muerte. Los discursos de sus sofisticadas amigas, más que a llorar, de cómicos, extravagantes y patéticos, incitan a reír, y ésa es la paradoja irónica que sostiene al texto luisalbertiano.

No nos puede caber la menor duda de que la 'Gudrúnarkvida' de De Cuenca es un palimpsesto en el que podemos reconocer perfectamente los trazos de la 'Guðrúnarkviða I' de la *Edda Poética*. El cambio de tradición lingüística y literaria, de coordenadas geográficas y temporales, así como el del régimen del hipotexto, nos proporcionan un hipertexto evidentemente nuevo, donde lo lúdico y lo irónico se dan la mano. El planto del héroe escandinavo se convierte en las manos de De Cuenca en un humorístico retrato de sociedad situado en un banal velatorio contemporáneo, donde ignoramos casi por completo las causas de la muerte de Ricardo. Y si podemos hacer una lectura lúdica y satírica, también podemos hacer otra seria, si atendemos al dolor y la soledad profundos de Carmen, con el cadáver presente de su marido y la estulticia de sus amigas.

Espero que los dos textos analizados hayan servido para ilustrar, aunque sea mínimamente, algunas de las estrategias de reescritura empleadas por Luis Alberto de Cuenca en su poesía de madurez.[17] Esta reescritura no es una simple imitación del texto tradicional, sino, como he tratado de demostrar, una recreación que contiene al mismo tiempo un homenaje y una parodia del texto recreado. La escritura hipertextual se manifiesta, utilizando la expresión de Umberto Eco que citábamos al principio, como 'un conjuro de la ingenuidad': el poeta sabe que lo que quiere decir ya ha sido dicho anteriormente y que sólo desde la consciencia de esa tradición podrá *volver a escribir*. El texto garantiza así dos niveles de lectura: un primer nivel de lectura 'inmediato' y un segundo nivel de lectura 'metaliterario' o 'lúdico-hipertextual'. De la interacción entre ambas surge el poema postmoderno, un verdadero palimpsesto de la era informática en el que se translucen los versos satíricos de un poeta de la *Antología Palatina* o las lágrimas de Gudrun contenidas en un viejo manuscrito escandinavo.

NOTAS

1. 'The one duty we owe to history is to rewrite it' (Citado en Linda Hutcheon, *A Poetics of Postmodernism. History, Theory, Fiction* (New York and London: Routledge, 1988), p. 96).
2. Luis Alberto de Cuenca, *Scholia* (Barcelona: Antoni Bosch, 1978).
3. Cuenca, *Scholia*, p. 7.
4. Octavio Paz, 'Traducción: literatura y literalidad', en *Traducción: literatura y literalidad* (Barcelona: Tusquets, 1971), pp. 7-19 (9).
5. Julia Kristeva, 'Bakhtine, le mot, le dialogue et le roman', *Critique*, 23 (1967), 438-65.
6. John Barth, *The Literature of Exhaustion and The Literature of Replenishment* (Northridge, Calif.: Lord John Press, 1982); citado en Manfred Pfister, 'How Postmodern is Intertextuality?', en H. F. Plett, *Intertextuality* (Berlin and New York: Walter de Gruyter, 1991), pp. 207-24 (208).
7. Pfister, 'How Postmodern is Intertextuality?', p. 208.
8. Umberto Eco, *Apostilla a 'El nombre de la rosa'*; citado en Pere Ballart, *Eironeia. La figuración irónica en el discurso literario moderno* (Barcelona: Quaderns Crema, 1994), p. 506.
9. Luis Alberto de Cuenca, *Fiebre alta* (México D. F.: Consejo Nacional para la Cultura y las Artes, 1999), p. 16.
10. Michael Riffaterre, *Semiotics of Poetry* (Bloomington & London: Indiana University Press, 1978), p. 5.
11. Argentario, *Epigramas*, edición bilingüe a cargo de Luis Alberto de Cuenca (Logroño: AMG, 1996), p. 13. En la breve introducción De Cuenca nos ofrece la siguiente información sobre Argentario: 'El autor ha sido identificado con el prétor Argentario, discípulo de Cestio Pío (*fl.* 20 a. C.-16 d. C.) que interviene mucho en las *Controversias* y *Suasorias* de Séneca el Viejo y a quien podríamos fechar teniendo en cuenta la cronología de su maestro, pues ni en las piezas de la *Anthologia Palatina* ni en la aportada por Planudes hay ninguna referencia datable. Como poeta, Argentario es uno de los más atractivos de la *Guirnalda* tejida por Filipo. Se sitúa en la estela expresiva y en la rica variedad de registros de Meleagro, su tutor estilístico indudable, y utiliza un vocabulario selecto y refinado. Es elegante, pintoresco y lúcido, muy en la línea de los epigramistas helenísticos –el citado Meleagro, Calímaco, Asclepíades, Posidipo...–, de quienes hay numerosos ecos en sus poemas. Sobresale en los temas amorosos y satíricos, poco frecuentes en su *Guirnalda*' (pp. 8-9).
12. Gérard Genette, *Palimpsestos. La literatura en segundo grado*, trad. Celia Fernández Prieto (Madrid: Taurus, 1989), pp. 263-93 y 355-78.
13. Genette, *Palimpsestos*, p. 75.

14 L. A. de Cuenca, *El otro sueño* (Sevilla: Renacimiento, 1987), pp. 43-45.
15 Consultamos la *Edda Mayor* según la edición en inglés de Lee M. Hollander, *The Poetic Edda*, 2ª ed. (Austin: University of Texas Press, 1990). El poema al que nos referimos ocupa las páginas 247-51. Imaginamos que De Cuenca conoce este texto a través de la traducción española efectuada por Luis Lerate y publicada por Alianza Editorial en 1986, edición que aún no hemos podido consultar. Nos consta que el autor también tenía noticia de la traducción de Ángel de los Ríos y Ríos en 1856 (Madrid, Imprenta de la Esperanza), aunque ésta no sea una traducción del antiguo islandés, sino del francés. Véase L. A. de Cuenca, 'Los dioses de los germanos', en *El héroe y sus máscaras* (Madrid: Mondadori, 1991), pp. 58-71 (61). De Cuenca utiliza los temas de la mitología germana y sus antiguos poemas heroicos en otros textos de *El otro sueño*, como 'Los Gigantes de Hielo' o 'El crucifijo de los invasores'. También abría la primera sección de *Elsinore* (1972) con una cita tomada del texto islandés en que se basa el poema que nos ocupa.
16 Véase L. A. de Cuenca, 'Los dioses de los germanos', p. 60.
17 Para un análisis hipertextual extenso y pormenorizado de las estrategias de reescritura de Luis Alberto de Cuenca, véase el segundo capítulo de la tesis doctoral inédita de Javier Letrán, *Aproximación a la estética postmoderna en la poesía de Luis Alberto de Cuenca* (Universidad de Birmingham, 2002), pp. 94-186.

Indice

Abrams, Myers, 9
Alberti, Rafael, 20, 48, 50-53, 59, 71-72, 75
Aleixandre, Vicente, 48, 71-72, 112
Alemany Bay, Carmen, 33
Alma-Tadema, Sir Lawrence, 25
Alonso, Dámaso, 34, 72
Anaxarte, 133
Apollinaire, Guillaume, 33, 85, 100
Apolo, 25-27
Argensola, Bartolomé Leonardo de, 64-66
Argentario, Marco, 171
Auden, W.H., 74, 80, 95, 111, 113, 122

Baco, 26
Baehr, Rudolf, 140
Barbey d'Aurevilly, Jules-Amédée, 16
Barbosa-Torralba, Carmen, 52
Barral, Carlos, 70-92, 95, 103
Barth, John, 169
Bataille, Georges, 121-22
Baudelaire, Charles, 16, 85, 94-95, 113, 119-20
Bécquer, Gustavo Adolfo, 5, 56, 129, 148
Bell, Aubrey Fitzgerald, 53
Belsey, Catherine, 107
Benet, Juan, 70
Benítez Reyes, Felipe, 156-57
Bergamín, José, 56-67
Berman, Marshall, 94-95
Bermúdez de Castro, Salvador, 111
Blanquat, Josette, 19
Bloom, Harold, 130
Bocángel y Unzueta, Gabriel, 126
Bonet, Laureano, 83
Bóreas, 25-26
Borges, Jorge Luis, 108
Bornelh, Giraut de, 78
Brecht, Bertold, 77
Brines, Francisco, 71, 73, 82, 159

Cabada, Juan de la, 60
Caballero Bonald, José Manuel, 71, 83
Cabells Potras, Gregorio, 133
Cabrera Infante, Guillermo, 70
Calderón de la Barca, Pedro, 56, 62, 65

Calvet, Ramón, 88
Camino, Jaime, 77
Camões, Luis de, 132
Campbell, Federico, 116
Camprubí, Zenobia, 11
Cano Ballesta, Juan, 35
Cañas, Dionisio, 111, 113, 115-16
Cárdenas, Lázaro, 59
Cardwell, Richard, 3, 5
Carner, Josep, 60, 71
Carnero, Guillermo, 34
Carreño, Antonio, 99
Carrillo y Sotomayor, Luis, 142, 148
Carvajal, Antonio, 130, 132-49
Castaño, Francisco, 127-30
Castellet, José María, 71-73, 83-84
Castro, Américo, 1
Catulo, 113
Celaya, Gabriel, 71, 75, 82, 155
Cernuda, Luis, 59, 71-72, 112-14, 118-20, 129, 155, 159, 165
Cervantes Saavedra, Miguel de, 25, 56, 58, 64-66
Chejov, Antón, 105
Chicharro, Antonio, 146
Cirlot, Juan Eduardo, 71
Conrad, Joseph, 105
Corral, Gabriel del, 126
Costafreda, Alfonso, 72-73, 84
Crémer, Victoriano, 82
Cruz, san Juan de la, 129
Cuenca, Luis Alberto de, 45, 49, 54, 164, 168-79

Dafne, 25-27
Daniel, Arnaut, 147
Dante Alighieri, 147
Darío, Rubén, 2, 129, 159
Debicki, Andrew, 49
Derrida, Jacques, 18, 26, 28
Diego, Gerardo, 34-35, 71
Dionisio, 26
Dostoievski, Fedor, 105, 107
Duchamp, Marcel, 20

Eagleton, Terry, 28

Eco, Umberto, 169, 171, 179
Eliot, T.S., 47, 74, 80, 108, 113, 118, 122
Endimión, 21, 24
Enríquez, José Ramón, 114, 116
Ernst, Max, 20
Esclasans, Agustín, 120
Espinosa, Pedro, 50, 148
Espriu, Salvador, 71
Espronceda, José de, 16, 100, 111, 113

Faetonte, 139
Feal Deibe, C., 19, 23
Felipe II, 65
Fernández de los Ríos, Luis Beltrán, 19
Ferrán, Augusto, 56
Ferrán, Jaime, 71
Ferraté, Juan, 83-84, 95-96
Ferrater, Gabriel, 71, 73-74, 84, 89, 116, 120
Firbank, Ronald, 117
Foix, Josep Vicens, 71
Folch, Jorge, 72, 84, 86
Fonte, Ramiro, 74
Franco, Francisco, 60
Freud, Sigmundo, 17, 21, 164-65
Fuentes, Carlos, 70
Fuertes, Gloria, 82

Gallego, Vicente, 47
Gamoneda, Antonio, 71
García, Álvaro, 156
García, Concha, 156
García Berrio, Antonio, 113, 115
García Lorca, Federico, 16-28, 59, 72, 75, 101, 114, 117-18, 130, 132, 134, 136
García Martín, José Luis, 47
García Montero, Luis, 74, 83, 156-57, 161
García-Posada, Miguel, 102, 132
Garcíasol, Ramón de, 82
Geist, Anthony, 155
Genette, Gérard, 125, 171-72
Gibson, Ian, 22
Gide, André, 119
Gil de Biedma, Jaime, 71-85, 88, 91, 94-108, 111-23, 129, 155, 159, 165
Gil-Albert, Juan, 71
Giménez Frontín, José Luis, 113
Gimferrer, Pere, 71
Gómez de la Serna, Ramón, 42
Góngora, Luis de, 33-35, 40-41, 56, 61, 125-30, 132-33, 148
González, Ángel, 71-72, 115, 129
Goytisolo, José Agustín, 71-76, 81
Goytisolo, Juan, 83
Goytisolo, Luis, 70

Gracián, Baltasar, 132
Guillén, Jorge, 33, 49-50, 53, 59, 71-72, 74, 85, 129
Gullón, Ricardo, 13
Gunn, Thom, 159

Harris, Derek, 17, 19
Havard, Robert, 17, 19
Heráclito, 45, 50
Hernández, Miguel, 33-43, 176
Hierro, José, 82
Hölderlin, Friedrich, 112
Hollander, Lee M., 174
Horacio, 113
Hoyo, Arturo del, 42

Ícaro, 139, 141

Janés, Josep, 70
Jiménez, Juan Ramón, 4-13, 19, 71
Johnston, David, 17, 22, 27
Jordan, Barry, 83
Joyce, James, 105
Junco, Alfonso, 60-61
Júpiter, 21

Kavafis, C.P., 100
Keats, John, 9-10, 21, 25
Keeley, Edmund, 100
Kristeva, Julia, 125, 169

Lacan, Jacques, 21
Lafora, Gonzalo, 60
Laforgue, Jules, 19
Langbaum, Robert, 105, 155
Larra, Mariano José, 16
Larrea, Juan, 60
Leitch, Vincent, 18
Leopardi, Giacomo, 132
López, Ignacio-Javier, 131, 136
Luis, Leopoldo de, 82

Machado, Antonio, 8, 19, 45, 47-51, 53, 56, 72, 76
Machado, Manuel, 3-4, 19, 71, 132
Mallarmé, Stéphane, 33, 75, 85
Mallo, Maruja, 20
Mangini, Shirley, 98-99, 107, 112
Manrique, Jorge, 48, 50-53
Margarit, Joan, 74
Marsé, Juan, 70, 74, 79
Martín-Santos, Luis, 85
Martín Vivaldi, Elena, 142
Marx, Karl, 95

Marzal, Carlos, 156, 163
Masip, Paulino, 60
Mateos, José, 47-48
Mayhew, Jonathan, 47, 157
Meléndez Valdés, Juan, 132
Mexía, Pedro, 132
Musset, Alfred, 16

Narciso, 36, 96, 99, 101-02, 106-08
Neruda, Pablo, 81
Nolan, James, 117
Nora, Eugenio de, 52, 82
Novo, Salvador, 62

Oliart, Alberto, 83-84
Olivio Jiménez, José, 161
Orbe, Timoteo, 4
Oritía, 25-26
Ortega y Gasset, José, 85
Otero, Blas de, 52-53, 71-73, 129
Ovidio, 99, 141

Pacheco, Manuel, 82
Pan, 20, 26
Pardo Bazán, Emilia, 2
Paz, Octavio, 60, 168
Pellicer, Carlos, 60
Pessoa, Fernando, 80
Petrarca, Francesco, 133
Pfister, Manfred, 169
Picabia, Francis, 20
Pino, Francisco, 71
Poe, Edgar Allen, 5, 105, 107
Prat, Ignacio, 136, 147
Prometeo, 38
Proust, Marcel, 105

Quevedo, Francisco de, 41, 50, 56, 61, 125, 127-29, 132

Ramond, M., 19
Ramsden, Herbert, 19-26
Reichman, Jorge, 156
Rejano, Juan, 60
Riba, Carles, 74
Ribes, Francisco, 71
Riera, Carme, 76, 83, 89
Riffaterre, Michael, 170
Rilke, Rainer Maria, 74, 85
Rimbaud, Arthur, 85
Rodríguez, Claudio, 71, 73, 82
Rodríguez Padrón, Jorge, 118
Romero de Torres, Julio, 19
Romero López, Dolores, 1, 5
Rovira, José Carlos, 37, 43
Rovira, Pere, 74, 96, 99-100

Rueda, Salvador, 25
Ruiz de Alarcón, Juan, 62, 64

Sacristán, Manuel, 73, 84
Salinas, Pedro, 46, 59, 85, 100, 129
Sánchez Vázquez, Adolfo, 60
Sánchez Vidal, Agustín, 35, 37, 42
Selene, 21, 24
Shakespeare, William, 10-11
Shelley, Percy Bysshe, 9-12
Sherrard, Philip, 100
Sigfússon, Saemund, 173
Sijé, Ramón, 176
Sileno, 26
Silva y Mendoza, Diego (conde de Salinas), 126
Sitjá, Francisco, 89
Sócrates, 12
Soto de Rojas, Pedro, 130, 132-49
Stevenson, Robert Louis, 105
Swansey, Bruce, 114, 116

Tafalla Negrete, Joseph, 126
Terry, Arthur, 105, 116
Tirso de Molina (Fray Gabriel Téllez), 62
Tortosa Linde, Dolores, 132, 144, 146, 149

Unamuno, Miguel de, 56, 98
Usigli, Rodolfo, 62-63

Valente, José Ángel, 42, 71-73, 102, 129, 165
Valéry, Paul, 33, 85, 101, 132
Valle-Inclán, Ramón del, 1-2
Vargas Llosa, Mario, 70
Vega, Garcilaso de la, 127-30
Vega Carpio, Lope Félix de, 56, 58, 61-62, 125
Verga, Giovanni, 85
Verge, Joan, 88
Verlaine, Paul, 1, 19
Villaespesa, Francisco, 19, 25
Villaurrutia, Xavier, 62-63
Villena, Luis Antonio de, 46-48, 53, 154-64
Vinyoli, Joan, 71

Wilde, Oscar, 105-06, 117, 168
Wolfe, Roger, 156
Woolf, Virginia, 105

Yanke, Germán, 46
Yeats, William Butler, 8, 11
Young, Howard, 12, 25

Zorrilla, José, 100

www.ingramcontent.com/pod-product-compliance
Lightning Source LLC
Chambersburg PA
CBHW070639300426
44111CB00013B/2171